绩效认知升级
——基本理论与数字化

文跃然　张月强　王丹阳　｜ 编著
韩　玥　刘秀华

电子工业出版社
Publishing House of Electronics Industry
北京·BEIJING

内 容 简 介

绩效认知升级的研究主线先从"绩效考核"发展为"绩效管理",再从"绩效管理"升级到"绩效发生";而数字化转型则是绩效认知升级的重要推手。本书主要从西方学者对绩效问题百年研究的综述,绩效驱动力、绩效管理洁癖和绩效发生原理,绩效管理中的数字化问题等三个方面探讨了绩效认知升级的基本理论与数字化问题。其中,第一篇从西方学者对绩效问题百年研究的视角出发,着重介绍了绩效考核与绩效管理的联系和区别、研究意义和研究进展;第二篇主要从绩效发生视角出发,探讨了绩效驱动力、绩效管理洁癖和绩效发生原理,以及国有企业三项制度改革(管理人员能上能下、员工能进能出、收入能增能减)的绩效问题;第三篇从数字化时代背景出发,为企业在数字化转型过程中如何应对和解决绩效问题提供了思路和建议。

希望本书可以给从事绩效管理工作、参与国有企业三项制度改革的管理者和从业人员,以及对绩效管理理论和实践有研究兴趣的学者和研究者提供一些参考。

未经许可,不得以任何方式复制或抄袭本书之部分或全部内容。
版权所有,侵权必究。

图书在版编目(CIP)数据

绩效认知升级:基本理论与数字化 / 文跃然等编著. —北京:电子工业出版社,2023.12
ISBN 978-7-121-47051-6

Ⅰ. ①绩… Ⅱ. ①文… Ⅲ. ①企业绩效—研究 Ⅳ. ①F272.5

中国国家版本馆 CIP 数据核字(2023)第 251910 号

责任编辑:邢慧娟
印　　刷:中国电影出版社印刷厂
装　　订:中国电影出版社印刷厂
出版发行:电子工业出版社
　　　　　北京市海淀区万寿路 173 信箱　邮编:100036
开　　本:710×1000　1/16　印张:15.75　字数:308 千字
版　　次:2023 年 12 月第 1 版
印　　次:2023 年 12 月第 1 次印刷
定　　价:68.00 元

凡所购买电子工业出版社图书有缺损问题,请向购买书店调换。若书店售缺,请与本社发行部联系,联系及邮购电话:(010)88254888,88258888。

质量投诉请发邮件至 zlts@phei.com.cn,盗版侵权举报请发邮件至 dbqq@phei.com.cn。
本书咨询联系方式:zhangruixi@phei.com.cn。

前　言

纵观国内外学者对绩效问题的百年研究，绩效认知升级的研究主线先从"绩效考核"发展为"绩效管理"，再从"绩效管理"升级到"绩效发生"。本书基于绩效认知视角，梳理国内外学者对绩效问题的研究脉络，在此基础上深入探讨其与国有企业三项制度改革的关系，为实现三项制度改革的有效落地提供现有理论成果和实践经验。本书由中国人民大学劳动人事学院文跃然教授团队（文跃然教授、王丹阳博士研究生、韩玥博士研究生）和用友网络科技股份有限公司（简称"用友"）团队（张月强副总裁、刘秀华）合作完成，相信人力资源管理专业的学者与企业管理者的通力协作，能为广大读者提供有价值的理论和实践参考，推动绩效研究和国有企业三项制度改革的不断深入。

出版缘起

本书的出版缘起于2022年7月，文跃然教授与闫睿颖（国家能源集团）就"国有企业三项制度改革中的绩效考核问题"进行了一次交流。这位经理提出，针对国有企业三项制度改革工作的深入展开，需要一套完整的绩效考核体系，但目前很难找到有关绩效考核方面的系统性资料可供借鉴。文跃然教授从这一次对话中得到了启发，萌生了撰写一本关于"国有企业三项制度改革和绩效考核问题"书籍的念头。

用友致力于为企业及公共组织提供数字化、智能化服务。为了更好地帮助众多企业的绩效管理实践工作，文跃然教授与用友副总裁张月强、人力资源数字化资深咨询专家刘秀华取得了联系，并希望通过合作的方式完成这本书的撰写工作。张月强认为，在国有企业数字化转型过程中，缺少关于三项制度改革成效总体评价的理论和实践指导书籍，本书的出版可以对国有企业的相关从业者提供帮助。在得到用友的大力支持后，双方对合作内容及分工达成了共识：文跃然教授团队主要负责撰写理论部分，用友团队主要负责撰写实践和数字化部分。

写作过程

本书写作过程历时近10个月,作者在深入研究和实践的基础上,进行了大量的资料搜集、文献整理和实际讨论。在撰写初期,文跃然教授首先基于自身多年对绩效问题研究方面的积累,从绩效考核指标选择、考核实施、考核结果评估、考核结果运用、考核流程完善五个大类涉及的26个主题入手,指导两位博士研究生收集每个主题的相关文献并进行研究。在研究文献的过程中发现,从20世纪80年代开始,关于绩效问题的研究已经从早期的"绩效考核"视角拓展到了范围更大的"绩效管理"视角。为了与现有研究相统一,并紧密结合企业的数字化转型趋势,文跃然教授提出将书籍名称确定为《绩效认知升级——基本理论与数字化》。

为了更全面地了解关于绩效认知相关的已有研究成果,文跃然教授团队梳理了发表在管理学知名期刊上的相关文献,最终确定以Denisi等学者于2017年发表在期刊 *Journal of Applied Psychology* 上的 "Performance Appraisal and Performance Management:100 Years of Progress" 一文为重点参考文献,形成绩效考核和绩效管理研究进展的框架,并据此明确了本书的提纲。同时,以这篇文章为基础进行拓展,在对其参考文献及引用该文的文献进行精读的基础上,系统地综述西方学者目前关于绩效考核和绩效管理的研究历程,以期为绩效管理的实践提供理论支撑。同时,文跃然教授将其对绩效问题二十多年的理论积累划分为三个部分:GREP系统与绩效驱动力、去除绩效管理洁癖、绩效发生原理,反映了其对绩效问题的深入思考。在对绩效问题有了深刻理解之后,本书从数字化视角,深入探讨了国有企业三项制度改革中的绩效考核问题。

篇章结构及主要内容

本书共包括三篇十一章,文跃然教授先完成了整体规划和组织工作,之后又和王丹阳博士研究生共同负责了整体统稿工作。

第一篇为西方学者对绩效问题百年研究的综述:第一章为绩效考核与绩效管理研究发展历程,由王丹阳撰写,介绍了绩效考核与绩效管理的联系和区别、研究意义、研究进展等问题,为读者了解绩效问题研究的演进和现状提供了详尽的介绍和概览。第二章为绩效考核的科学性问题，由文跃然、王丹阳、韩玥共同编写，深入探讨了影响绩效考核的科学性问题，比如方法的科学性、评级的不完整性、考核角色、考核工具、考核过程、考核的认知结构等，为提高绩效考核的科学性和有效性提供了理论支撑。第三章为绩效考核的认知问题，由韩玥编写，通过对绩效考核认知过程的影响因素进行深入的剖析，提醒读者在实施绩效考核时应注意认知因素对评价结果的影响。第四章为绩效管理，由王丹阳撰写，在探讨了个人绩效与组织绩效关系的基础上，论述了绩效管理及其有效性评估模型，帮助读者了解绩效管理的全过程和实施要点。

第二篇为绩效驱动力、绩效管理洁癖和绩效发生原理：第五章为GREP系统与绩效驱动力，由文跃然撰写，探讨了GREP系统作为一种绩效管理系统，如何通过激发绩效驱动力来促进组织和员工的绩效改进，有助于企业健康程度的改善。第六章为去除绩效管理洁癖，由文跃然撰写，提出"让成功成为必然"的理念也许是一个不可能达到的目标，警示读者在实施绩效管理时要避免绩效洁癖的陷阱。第七章为绩效发生原理，由文跃然撰写，从结构主义视角探讨了绩效发生问题，并提出TTPM激励模型，为读者提供了一种思考绩效问题的新视角和思路，从而有助于科学、有效地进行绩效管理。文跃然撰写的这三章提出了很多原创性的概念和观点。其中，主要概念包括GREP绩效驱动力、绩效管理洁癖、非人绩效、创意执行力、绩效发生、绩效问题中的时间性、TTPM激励模型等。核心观点主要包括战略学说与人力资源战略学说要一体化；绩效管理的最高目标不是100%完成任务，而是活着；如果把时间概念引入绩效问题的思考中，绩效可以分为过去已完成的绩效和未来的绩效；绩效管理的最高境界是驱使未来绩效发生等。第八章为国有企业三项制度改革中的绩效问题，由文跃然、张月强和王丹阳共同撰写，探讨了绩效与国有企业三项制度改革的关系，提出需以绩效管理为工具、绩效发生为理念落地制度改革，为国有企业的绩效管理实践提供了理论指导。同时，通过对国有企业三项制度改革实践经验和案例的分享，为国有企业三项制度改革提供了参考和借鉴。

第三篇为绩效管理中的数字化问题：第九章为数字化时代绩效管理的前世今生，由文跃然撰写，分析了人力资源管理系统的测量之谜，探索了人力资源数据化的前世、今生和未来，并从数字化人力资源技术出发，对数字化时代绩效问题的理论思考进行了综述。第十章为数字化时代绩效管理的创新与实践，由张月强、刘秀华共同撰写，从人力资源管理的数字化转型、绩效管理变革的创新探索、数字化绩效管理流程和实践经验方面进行了探讨。第十一章为总结与展望：绩效问题的误区与数字化创新，由张月强撰写。主要从绩效应用视角系统分析总结了企业绩效管理的常见误区，并结合数字化应用前瞻性展望了新时期绩效管理创新的探索，这一章可以理解成某种意义上全书的总结。此部分更多的是从数字化角度展开，为企业在数字化转型过程中如何应对和解决绩效管理的问题提供了思路和建议。

本书的部分章节整合并归纳了已有文献，属于"编"；而部分章节则由作者原创，包含最具前沿的观点，属于"著"。因此，经本书作者共同商定，采用"编著"的方式呈现。

本书兼具理论和实践部分，为确保内容的针对性与可读性，特建议对西方绩效考核和绩效管理研究感兴趣的读者可从第一篇开始阅读；对绩效驱动力、绩效管理洁癖和绩效发生原理感兴趣的读者可从第二篇开始阅读；对数字化时代绩效管理感兴趣的读者可从第三篇开始阅读。三篇内容的阅读不分先后，读者可以根据自身的兴趣和需求选择阅读顺序。同时，这三篇内容也可以互相参照和交叉阅读，相互之间有着相互关联和相互补充的特点。

贡献与不足

本书的主要贡献为：对如何用"绩效认知"指导国有企业三项制度改革、如何用数字化落地组织绩效管理等问题进行了深入的理论探讨和实践研究。同时，还就绩效发展问题进行了比较深入的哲学思考。

首先，本书通过对绩效考核和绩效管理进行全面的综述，系统地梳理了相关概念、理论和方法，为读者提供了一个全面的绩效管理理论框架，有助于深入理解绩效管理的核心概念和原则。

其次，本书在西方学者研究的基础上，系统呈现了我们对绩效问题的思考、探索和成果。具体而言，梳理了GREP系统与绩效驱动力的关系，有助于在企业战略、人力资源管理驱动力、关键绩效驱动力和组织绩效之间形成真正的因果关系；通过对绩效管理的洁癖思想进行批判和反思，本书倡导摒弃传统的狭隘和刻板的绩效观念，引领读者从新的视角去认识和实践绩效管理；通过对生命意义的探讨，指出强制员工接受与其生命意义不相符合的考核系统是不符合伦理的；从结构主义视角探讨了绩效发生原理，并提出了TTPM激励模型，从系统性和整体性的角度，为读者揭示了"绩效产生的关键是动作，动作与激励是一个硬币的两面"等观点，为绩效管理实践提供了新的理论参考。

此外，本书针对国有企业三项制度改革实践及数字化时代绩效问题等方面，通过丰富相关理论框架和实践经验，为解决国有企业三项制度改革中的难题提供了有力的理论支撑；通过深入的理论和案例研究，为国有企业在数字化时代下如何进行绩效管理提供了有益的参考。

然而，本书也存在一些不足之处。首先，由于篇幅限制，对于部分绩效问题和国有企业三项制度改革的案例没有进行深入探讨；其次，绩效管理和国有企业改革问题是复杂的，随着时代的变迁和环境的变化，本书的研究成果可能存在一定的时效性，需要与时俱进地微调或更新；再次，本书的研究主要集中在理论和实践层面，可能对于一些实际操作层面的读者来说，缺乏具体的实施细节指导；最后，鉴于企业的组织文化、业务性质、发展阶段等因素的不同，每个企业在绩效与薪酬管理方面都有其独特的特点和需求，但本书探讨的仅是总体性和通用性的理论框架。

对本书的缺点和不足之处深感抱歉，并希望广大读者能够提供宝贵的意见和建议（wangdanyang@ruc.edu.cn），以便在后续的研究和写作中不断改进和完善。

读者范围

本书适合广大对绩效问题和国有企业三项制度改革感兴趣的读者，特别适合从事绩效管理工作、参与国有企业三项制度改革的管理者和从业人员，以及对绩效管理理论和实践有研究兴趣的学者和研究者。

为了确保绩效与薪酬管理政策的有效实施，读者如果有绩效和薪酬方面的咨询需求可与文跃然教授团队联系（essemoon@126.com）。

致谢

在本书的写作过程中，作者借鉴了大量的文献资料和实践案例，并结合自身的研究和实践经验，进行了深入的理论探讨和实践研究。在此向所有为本书的完成和出版付出辛勤汗水的劳动者和支持者表示诚挚谢意。特别感谢用友对本研究和出版项目的大力支持！感谢刘洽言、任锡廉、王轶和任真如对校稿工作的大力支持！感谢各位专家、学者、管理者和从业人员的悉心指导和宝贵建议！感谢所有提供研究材料和实践案例的单位和个人！感谢家人和朋友对笔者在写作过程中的支持和鼓励！最后，要特别感谢电子工业出版社的相关工作人员，他们对本书的出版提供了全面的支持和协助，使本书得以顺利呈现。

谨以此书献给所有关心和支持绩效管理和国有企业改革事业的人们，愿我们共同努力，推动绩效管理和国有企业改革取得更加显著的成果！

本书编著者

2023 年 9 月

目　录

第一篇　西方学者对绩效问题百年研究的综述

第一章　绩效考核与绩效管理研究发展历程 ········ 3
　　第一节　绩效考核与绩效管理研究概述 ········ 3
　　第二节　绩效考核的研究进展 ········ 5
　　第三节　绩效管理的研究进展 ········ 14

第二章　绩效考核的科学性问题 ········ 17
　　第一节　绩效考核方法的科学性问题 ········ 18
　　第二节　绩效评估中的不完整性问题 ········ 23
　　第三节　绩效考核方法涉及的关键问题 ········ 24

第三章　绩效考核的认知问题 ········ 36
　　第一节　认知在绩效考核中的作用：结构与经验研究 ········ 36
　　第二节　认知过程的影响因素 ········ 38
　　第三节　绩效考核过程模型及相关理论 ········ 49

第四章　绩效管理 ········ 55
　　第一节　个人绩效与组织绩效的关系 ········ 55
　　第二节　绩效管理系统模型 ········ 67
　　第三节　绩效管理有效性评估模型 ········ 71

第二篇　绩效驱动力、绩效管理洁癖和绩效发生原理

第五章　GREP 系统与绩效驱动力 ········ 79
　　第一节　什么是 GREP 假说 ········ 79
　　第二节　GREP 考核体系——组织绩效驱动力、企业人力资源驱动力 ········ 84

第六章　去除绩效管理洁癖 ········ 101
　　第一节　对"让成功成为必然"理念的探讨 ········ 101
　　第二节　绩效伦理问题 ········ 107

第七章　绩效发生原理 ········ 116
　　第一节　如何认识结构主义对绩效分析的重要性 ········ 116

第二节　绩效管理中的时间问题 ……………………………………… 119
　　第三节　TTPM 模型动作与激励 ………………………………………… 122
第八章　国有企业三项制度改革中的绩效问题 …………………………… 126
　　第一节　从认知视角看国有企业绩效问题 …………………………… 126
　　第二节　国有企业三项制度改革的绩效管理框架 …………………… 138
　　第三节　国有企业三项制度改革的案例 ……………………………… 147

第三篇　绩效管理中的数字化问题

第九章　数字化时代绩效管理的前世今生 ………………………………… 155
　　第一节　管理测量之谜与数据分析防火墙 …………………………… 155
　　第二节　艰难探索：人力资源数据化的前世、今生和未来 ………… 158
　　第三节　数字化时代绩效问题的技术解决方案的进步 ……………… 165
第十章　数字化时代绩效管理的创新与实践 ……………………………… 171
　　第一节　人力资源管理的数字化转型 ………………………………… 171
　　第二节　新时期绩效管理变革的创新探索 …………………………… 182
　　第三节　数字化绩效管理流程：一个实际的系统介绍 ……………… 200
　　第四节　某汽车集团数字化手段赋能绩效管理 ……………………… 205
第十一章　总结与展望：绩效问题的误区与数字化创新 ………………… 210
　　第一节　企业为何"谈绩效而色变" …………………………………… 210
　　第二节　绩效管理的八大误区 ………………………………………… 215
　　第三节　绩效管理正本清源 …………………………………………… 222
　　第四节　数字时代绩效管理创新与变革及应用实践 ………………… 227
　　第五节　结语 …………………………………………………………… 233
附录　专业术语中英文对照 ………………………………………………… 235

第一篇
西方学者对绩效问题百年研究的综述

绩效考核（Performance Appraisal）和绩效管理（Performance Management）一直以来都是人力资源管理学者研究和企业管理者关注的重点领域。本篇主要以西方学者对绩效考核和绩效管理百年研究成果为基础，探讨绩效考核和绩效管理研究的发展历程、绩效考核的科学性和认知问题、绩效管理问题。其中，第一章为绩效考核与绩效管理研究发展历程，第二章为绩效考核中的科学性问题，第三章为绩效考核中的认知问题，第四章为绩效管理。

第一章　绩效考核与绩效管理研究发展历程

为了能够更好地理解绩效考核与绩效管理研究的来龙去脉，本章结合近百年来西方学者对绩效考核和绩效管理研究进展的框架[1]，对相关研究内容进行了综述。

第一节　绩效考核与绩效管理研究概述

一、绩效考核与绩效管理的联系与区别

1. 绩效考核与绩效管理的联系

绩效考核通常指一种在组织中不常发生的正式流程，由评估者根据一组给定的维度对被评估者的表现进行考核，给被评估者打分。组织通常会根据这一等级做出有关员工的各种决定，比如奖励、晋升、培训等。绩效考核不是一项简单的判断任务，而是一项发生在复杂环境下且要求较高的任务，涉及动机和认知变量。为了将个人绩效与组织绩效更好地联系起来，我们应该将绩效考核视为更广泛活动的一部分。这些活动包括人员配备、绩效反馈、激励措施和监督程序等，它们都必须与组织的战略目标相一致，以确保绩效考核的合理性与有效性。

绩效管理是指旨在帮助员工提高绩效的各种活动、政策、程序和调节行为，它是一个持续的过程，用于识别、衡量和提高个人和团队的绩效，并使绩效与组织战略目标保持一致。该过程包括绩效考核，还包括反馈、目标设定、培训及薪酬制度。因此，绩效管理系统以绩效考核为出发点，并以与战略目标和提高组织绩效的最终目标相一致的方式，关注个人绩效的提高[2]。

2. 绩效考核与绩效管理的区别

绩效考核与绩效管理有许多重要的区别，具体体现在以下三点。第一，与绩

---

[1] Denisi A S, Murphy K R. Performance appraisal and performance management: 100 years of progress?[J]. Journal of Applied Psychology, 2017, 102(3): 421-433.

[2] Pierce C A, Aguinis H. Enhancing the relevance of organizational behavior by embracing performance management research[J]. Journal of Organizational Behavior, 2008, 29: 139-145.

管理相反，绩效考核通常不包括在组织发展战略之中。第二，同样与绩效管理相反，绩效考核系统通常不包括广泛和持续的反馈。第三，绩效考核被理解为一种独立的、正式的、组织认可的活动，通常一年只发生一次或两次，由人力资源管理部门推动。而绩效管理则被视为一系列旨在管理和帮助员工提高绩效的持续活动，是由管理者推动的管理组织日常业务的方式，由于强调战略一致性，绩效管理可以成为帮助管理层提高组织绩效的工具[1]。

二、绩效管理的意义

在全球范围内，越来越多的组织认识到绩效管理的价值。早在2006年的调查便显示，在来自美国等15个国家和地区的278个组织中，约91%的组织已经实施了正式的绩效管理系统[2]。无论是跨国企业还是国内企业，绩效管理已经成为一种适应市场竞争和组织发展的必要手段。实施绩效管理系统的主要意义如下。

第一，全面提高绩效水平。研究表明，拥有正式绩效管理系统的组织，在财务结果方面表现出色，其财务业绩较未采用绩效管理系统的组织高出51%；在客户满意度、员工保留率及其他重要绩效指标方面，这些组织的表现较未采用绩效管理系统的组织提高了41%。绩效管理的实施使得组织能够更好地了解和衡量自身在各项关键领域的表现，从而能够更精准地制定改进策略，持续提高绩效水平。

第二，支持人力资源决策。绩效管理系统不仅为绩效评估提供了客观的依据，还为其他人力资源管理和发展规划提供了可信的信息。通过对员工表现的准确评估，组织能够更好地进行人员选拔、培训、晋升和奖惩等，从而构建高效的人力资源管理体系，促进员工职业发展，并为组织创造更具竞争力的人力资源优势。

第三，持续对话与反馈。进入21世纪以来，绩效管理在全球范围内逐渐流行。与传统的绩效考核制度不同，良好的绩效管理系统强调管理者和员工之间的持续对话、反馈交流。这种沟通模式能够及时发现并纠正问题，调整目标，提供指导，从而使员工快速成长，同时也增进了员工与管理者之间的信任和合作。

---

[1] Denisi A S, Pritchard R D. Performance appraisal, performance management and improving individual performance: a motivational framework[J]. Management and Organization Review, 2006, 2(2): 253-277.

[2] Nankervis A R, Robert-leigh compton. performance management: theory in practice?[J]. Asia Pacific Journal of Human Resources, 2006, 44: 83-101.

第四，目标管理与个人发展计划。绩效管理系统的一个核心原则在于，将关注点从单一的绩效评估转移到了目标管理和个人发展计划上。通过持续的年中和年终反馈，员工能够更清晰地了解自己的目标进展情况，更好地规划自身的职业发展路径。

第五，多维度评价与持续改进。良好的绩效管理系统采用多来源的反馈，综合评价员工表现。这样不仅能够更全面地了解员工的贡献和发展需求，也有助于减少评价的偏差和主观性。此外，系统还能够评估目标的进展，确定改进的方向，从而促进组织的持续改进和创新。

第二节　绩效考核的研究进展

Journal of Applied Psychology（简称JAP）作为管理学科知名期刊，近百年来为各界人士理解绩效考核做出了实质性的贡献。基于绩效研究的时间线和发文数量，我们认为，绩效考核的研究分为萌芽期、发展期、全盛期和成熟期四个阶段。

第一阶段，绩效考核研究萌芽期（1920年以前）。19世纪末至20世纪初，就已经有组织开展绩效考核工作，但尚未形成理论研究体系。

第二阶段，绩效考核研究发展期（1920—1970年）。绩效考核的心理学研究发端于20世纪20年代，Thorndike在《心理评级中经常出现的偏差》一文中提出了晕轮效应[1]。在之后有研究指出"图形评分法"尤其容易出现这类偏差。这些研究推动了自那以后至少50年的绩效考核研究[2][3]。1970年之前，JAP期刊上发表了94篇主要涉及绩效测量或绩效考核的文章，但大多数文章研究的主题是评级方法和减少评级"偏差"的方法。

第三阶段，绩效考核研究全盛期（1970—2000年）。在此期间，JAP期刊上发表了187篇相关文章，其中与绩效考核相关的评级方法研究、评级有效性研究、培训研究、认知过程研究等是主要话题。Denisi和Murphy通过分析全盛时期（1970—2000

---

[1] Thorndike E L. A constant error in psychological ratings[J]. Journal of Applied Psychology, 1920, 4(1): 25-29.

[2] Rugg H. Is the rating of human character practicable?[J]. Journal of Educational Psychology, 1921, 13(1): 30-42.

[3] Remmers H H, Reliability and halo effect of high school and college students' judgments of their teachers[J]. Journal of Applied Psychology, 1934, 18(5): 619-630.

年）发表在JAP期刊上的绩效考核相关研究的文献，主要发现了三个研究趋势：第一，量表研究非常流行，尤其是在1970—1979年期间（占这一时期发表的绩效考核文章的40%以上）。量表研究有助于推动绩效考核领域的发展，但是有学者指出了量表格式研究的低效性，并呼吁暂停对量表格式的研究[1]。第二，从20世纪80年代开始，逐渐出现对评分标准的研究（如评估者主观偏差、评估标准一致性、评分准确性等）。虽然部分观点有偏差或误导，但这些研究帮助我们理解了，为什么减少评级偏差不是评估系统的最终目标。第三，20世纪80年代，对评估绩效认知过程的研究大幅增长。然而，自1990年开始，绩效考核中的认知过程研究大幅下降，因为学者们越来越关注绩效考核实践[2]。尽管如此，这些研究对我们理解如何评估绩效做出了贡献，并为改进组织中的绩效考核提供了有用的建议（例如，行为日记）[3]。

第四阶段，绩效考核研究成熟期（2000年以后）。研究视角逐渐从绩效考核转向绩效管理。

为了更好地探讨关于绩效考核研究的进展，Denisi和Murphy将绩效考核的相关文章分为了八个类别，分别是评级方法研究、评级数据质量研究、评估者培训研究、评估反应研究、评估目的研究、评级来源研究、人口影响因素研究、认知过程研究[4]。本节将以此分类及相关内容为依据，探讨关于绩效考核的八类研究进展。

一、评级方法研究

回顾关于绩效考核评级方法的研究历程，可以发现，从绩效考核研究萌芽期伊始，人们就已经提出了不同的评估方法，并应用于实践中。学者Thorndike和Rugg为20世纪20年代以后50多年的绩效考核研究奠定了基础[5][6]。在20世纪20—30年代，评

---

[1] Landy F J, Farr. J. L. Performance rating [J]. Psychological Bulletin, 1980, 87(1), 72-107.

[2] Ilgen D R, Barnes-Farrell J L, McKellin D B. Performance appraisal process research in the 1980s: What has it contributed to appraisals in use?[J]. Organizational Behavior and Human Decision Processes, 1993, 54(3): 321-368.

[3] Denisi A S, Pritchard R D. Performance appraisal, performance management and improving individual performance: a motivational framework[J]. Management and Organization Review, 2006, 2(2): 253-277.

[4] Denisi A S, Murphy K R. Performance appraisal and performance management: 100 years of progress?[J]. Journal of Applied Psychology, 2017, 102(3): 421-433.

[5] Thorndike, E. L. A constant error in psychological ratings[J]. Journal of Applied Psychology, 1920, 4(1): 25-29.

[6] Rugg H. Is the rating of human character practicable?[J]. Journal of Educational Psychology, 1921, 13(1): 30-42.

级方法研究主要涉及改进图表评价等级或排序法的方式[1]。此后，Knauft提出了使用加权清单来评估绩效的想法[2]，这项研究引入到员工行为列表中，其他寻求进一步改进的研究紧随其后[3]。但清单领域最重要的发展是关键事件法的引入，Flanagan在 *Personnel Psychology* 期刊上发表的一篇文章中介绍了这一方法，后来在 *Psychological Bulletin* 期刊上发文进行了详细阐述[4]。强制分布法的综述发表在 *Psychological Bulletin* 期刊上[5]，随后这种评级方法因Sisson[6]及Berkshire和Highland[7]的文章而流行起来，一些学者在JAP期刊上发表的文章中提出了改进方法[8][9]。1963年，Smith和Kendall[10]的经典文章基于关键事件法，采用了Champney[11]提出的量表评分法来制定绩效考核量表，这种方法通常被称为行为锚定评分法。学者们普遍认为，行为锚定的使用为考核维度和不同绩效水平提供了明确的定义和一致的参考框架。Blanz和Ghiselli[12]在 *Personnel Psychology* 期刊上发表的文章指出，要求评估者确定被评估者的表现是好于、差于还是大致等于行为标准的绩效水平。后来Saal[13]将这种方法引入评分系统中。

Landy和Farr在 *Personnel Psychology* 期刊上发表了一篇关于绩效考核研究的综

---

[1] Ream M J. A statistical method for incomplete order of merit ratings[J]. Journal of Applied Psychology, 1921, 5(3):261-266.

[2] Knauft, Edwin B. Construction and use of weighted check-list rating scales for two industrial situations[J]. Journal of Applied Psychology, 1948, 32(1): 63-70.

[3] Meyer, Herbert H. Methods for scoring a check-list type rating scale[J]. Journal of Applied Psychology, 1951, 35(1): 46.

[4] Flanagan J C. The critical incident technique[J]. Psychological Bulletin, 1954, 51: 327-358.

[5] Travers R M. A critical review of the validity and rationale of the forced-choice technique[J]. Psychological Bulletin, 1951, 48: 62-70.

[6] Sisson, Donald E. Forced choice—the new army rating1[J]. Personnel Psychology, 1948, 1: 365-381.

[7] Berkshire J R, Highland R W. Forced-choice performance rating: A methodological study[J]. Personnel Psychology, 1953, 6: 355-378.

[8] Lepkowski, Richard J. Development of a forced-choice rating scale for engineer evaluation[J]. Journal of Applied Psychology, 1963, 47(2): 87-88.

[9] Obradovic, Josip. Modification of the forced-choice method as a criterion of job proficiency[J]. Journal of Applied Psychology, 1970, 54(3): 228-233.

[10] Smith P C, Kendall L M. Retranslation of expectations: an approach to the construction of unambiguous anchors for rating scales[J]. Journal of Applied Psychology, 1963, 47(2): 149-155.

[11] Champney H, The measurement of parent behavior[J]. Child Development, 1941, 12: 131-166.

[12] Blanz F, Ghiselli E E. The mixed standard rating scale: a new rating system[J]. Personnel Psychology, 1972, 25: 185-199.

[13] Saal F E. Mixed standard rating-scale-consistent system for numerically coding inconsistent response combinations[J]. Journal of Applied Psychology, 1979, 64(4): 422-428.

述,他们认为,量表格式的变化对评级数据的质量只有适度的影响[1]。可以说,这篇综述标志着绩效考核当时主流研究路线(寻找能够解决主观性、不准确性和缺乏可信度等问题的量表)的终结,这些问题长期以来一直导致人们对绩效考核领域的担忧。之后,只有少数学者继续研究绩效考核的评级方法。

二、评级数据质量研究

许多绩效考核研究都与考核评级数据的质量有关,即数据质量影响绩效考核的可靠性、有效性或准确性。第一,可靠性。比如,Rugg使用可靠性测量评级系统的质量[2]。如果一个系统能产生可靠的评级,那么它就是"好的"[3],如果它能以更少的时间和精力产生同样可靠的评级,那么它就是"更好的"[4]。第二,有效性或准确性。在1920年~1970年期间,从JAP期刊发表的第一篇绩效考核的文章开始,学者们提出了"三位一体"的评估者偏差(晕轮效应、宽大效应/严苛效应、居中趋势)[5]。有部分学者试图更直接地评估评级的准确性,例如,Mullins和Force假设实际评估与测试分数接近的评估者更准确[6]。Wiley和Jenkins将单个评估者的评分与许多评估者评分的平均值进行比较,并认为最接近平均值的评估者更可信[7]。Borman开发了一种评估评分准确性的方法,该方法将单个评估者的评分与在最佳评分条件下工作的多个专家评分的平均值进行比较[8][9]。在实践中,这种方法需要严格控制被评估的因素,通常包括让受试者和专家对录像的表演片段进行评定。在20世纪80年代,大量发表在JAP期刊上的文章应用了这些方法。这一领域的研究者指出,传统的评估系统有效性标准存在问题,尽管随后的研究表明,评级准确性可能不是最好的测量

---

[1] Landy F J, Farr. J. L. Performance rating [J]. Psychological Bulletin, 1980, 87(1), 72-107.

[2] Rugg H. Is the rating of human character practicable?[J]. Journal of Educational Psychology, 1921, 13(1): 30-42.

[3] Remmers H H. Reliability and halo effect of high school and college students' judgments of their teachers[J]. Journal of Applied Psychology, 1934, 18(5): 619-630.

[4] Mccormick E J, Roberts W K. Paired comparison ratings: 2. the reliability of ratings based on partial pairings[J]. Journal of Applied Psychology, 1952, 36(3): 188-192.

[5] Thorndike E L. A constant error in psychological ratings[J]. Journal of Applied Psychology, 1920, 4(1): 25-29.

[6] Mullins C J, Force R C. Rater accuracy as a generalized ability[J]. Journal of Applied Psychology, 1962, 46(3): 191-193.

[7] Wiley L, Jenkins W S. Selecting competent raters[J]. Journal of Applied Psychology, 1964, 48(4): 215-217.

[8] Borman W C. Consistency of rating accuracy and rating errors in the judgment of human performance[J]. Organizational Behavior & Human Performance, 1977, 20: 238-252.

[9] Borman W C. Format and training effects on rating accuracy and rater errors[J]. Journal of Applied Psychology, 1979, 64(4): 410-421.

标准，但这条研究路线将我们从传统的偏差测量引向准确性测量，并最终引向对公平性和准确性感知的测量。

三、评估者培训研究

在JAP期刊中，Levine和Butler首次描述了评估者培训计划。他们使用了多种培训方法，比如向评估者讲述评估者偏差的本质，并告诫评估者要避免这些偏差[1]。这种培训在某种意义上说是有用的，它意味着较少的晕轮效应和宽大效应。例如，在对评估者错误的讨论中，加入对评估方法中行为锚的描述，增加关于准确记录行为的培训等方面的详细讨论[2][3]。之后，Borman提供了一种评估者培训方法，即参考框架（Frame of Reference，简称FOR）培训[4]。他向评估者展示绩效相关的录像带，让评估者给录像带评分，然后讨论每个候选人最合适的评分（"真实分数"）及为什么合适。Bernardin和Buckley[5]正式引入了FOR培训的概念，Woehr[6]将其定义为包括绩效维度、代表每个维度的行为事件样本、代表每个事件样本绩效水平的指标组合，然后使用这些指标组合进行实践并获得反馈。之后有关FOR培训的研究，为评估者开展有效的工作绩效管理提供了理论依据[7][8][9]。

关于评估者培训的研究，主要包括两大主题：第一，如何培训评估者；第二，如何确定培训的有效性。结果是，前者比后者取得了更大的进展。学者们一致认为，培训评估者不要做什么（例如，培训评估者如何避免犯错）是无效的；而培训什么

---

[1] Levine J, Butler J. Lecture vs. group decision in changing behavior[J]. Journal of Applied Psychology, 1952, 36(1): 29-33.
[2] Ivancevich, John M. Longitudinal study of the effects of rater training on psychometric error in ratings[J]. Journal of Applied Psychology, 1979, 64(5): 502-508.
[3] Thornton G C, Zorich S. Training to improve observer accuracy[J]. Journal of Applied Psychology, 1980, 65(3): 351-354.
[4] Borman W C. Format and training effects on rating accuracy and rater errors[J]. Journal of Applied Psychology, 1979, 64(4): 410-421.
[5] Bernardin H J, Buckley M R, Tyler C L, et al. A consideration of strategies in rater training[J]. Research in Personnel and Human Resources Management, 1981, 18: 221-274.
[6] Woehr D J. Understanding frame-of-reference training: the impact of training on the recall of performance information[J]. Journal of Applied Psychology, 1994, 79(4): 525-534.
[7] Athey T R, Mcintyre R M. Effect of rater training on rater accuracy: levels-of-processing theory and social facilitation theory perspectives[J]. Journal of Applied Psychology, 1987, 72(4): 567-572.
[8] Gorman C A, Rentsch J R. Evaluating frame-of-reference rater training effectiveness using performance schema accuracy[J]. Journal of Applied Psychology, 2009, 94: 1336-1344.
[9] Pulakos, Elaine D. A comparison of rater training programs: Error training and accuracy training[J]. Journal of Applied Psychology, 1984, 69(4): 581-588.

代表"好的绩效"和"差的绩效"是有效的。

四、评估反应研究

直到20世纪70年代，很少有关于绩效考核反应的研究，仅有的研究主要集中在被评估者的满意度和公平感上。关于公平感的研究可以看到Landy等学者的研究结果，他们发现，"确定改善目标"、"频繁地评估"和"评估者的知识"是感知公平性和评分准确性的重要预测因素，保持反馈来源的一致性也很重要[1][2]。之后Levy和Foti的元分析报告表明，员工各种形式的参与度与其反应程度高度相关，报告还表明公平感在这一过程中的重要性[3]。同时，也有文章关注了对公平的感知在绩效考核反应中的作用[4]。我们认为，对考核反应的研究非常重要，其与评级偏差研究相结合，有助于推动将绩效考核结果运用于人力资源管理活动中。总之，公平感已经成为后来的绩效管理模型的重要组成部分，它也是今后研究的一个重要领域。

五、评估目的研究

绩效考核通常用于多种目的，这些目的会导致评估目标冲突[5]。已有研究表明，使用评级的目的会影响所寻求的信息种类及如何使用该信息来做出决策[6][7]；尽管组织在评级时有目的，但评估者在评级时也有自己的目的和目标[8]；评估者在评级时的目标会影响评价的性质。但总体而言，这项研究对绩效考核的实践产生的影响不大，因为很少存在组织出于多个不同目的而进行的绩效考核。

---

[1] Landy F J, Barnes J L, Murphy K R. Correlates of perceived fairness and accuracy of performance evaluation[J]. Journal of Applied Psychology, 1978, 63(6): 751-754.

[2] Landy F J, Barnes-Farrell J L, Cleveland J N. Perceived fairness and accuracy of performance evaluation: A follow-up[J]. Journal of Applied Psychology, 1980, 65(3): 355-356.

[3] Levy P E, Foti C. Reactions to appraisal discrepancies: performance ratings and attributions[J]. Journal of Business & Psychology, 1998, 12(4): 437-455.

[4] Folger R, Konovsky M A, Cropanzano R. A due process metaphor for performance appraisal[J]. Research in Organizational Behavior, 1992, 14(6): 129-177.

[5] Cleveland J N, Murphy K R, Williams R E. Multiple uses of performance appraisal: prevalence and correlates[J]. Journal of Applied Psychology, 1989, 74(1): 130-135.

[6] Williams K J, Cafferty T P, Denisi A S. The effect of performance appraisal salience on recall and ratings[J]. Organizational Behavior & Human Decision Processes, 1990, 46(2): 217-239.

[7] Zedeck S, Cascio W F. Performance appraisal decisions as a function of rater training and purpose of the appraisal[J]. Journal of Applied Psychology, 1982, 67(6): 752-758.

[8] Murphy K R, Cleveland J N, Skattebo A L, et al. Raters who pursue different goals give different ratings[J]. Journal of Applied Psychology, 2004, 89(1): 158-64.

六、评级来源研究

绩效考核通常从主管处获得信息来源，但学者们很早就认识到，可以利用其他信息来源（例如，下属、员工个人）进行绩效考核。早在20世纪40年代，Ferguson通过同事、主管和下属等信息来源制定评估标准，但他没有同时从这三个来源获得绩效考核的信息[1]。Springer第一个提出"主管人员和员工的评分是否一致"的问题，并在JAP期刊上发表文章，他发现，同事和上司对相同维度的评分结果存在正相关关系，这为后续的研究奠定了基础[2]。这项研究在推动多来源或"360度评估"（即从多个来源收集反馈进行评级的系统）方面产生了很大的影响。关于评级多来源的研究结果存在一定的分歧，学者London和Smither认为，来自多个来源的反馈信息可能会影响后续的目标和绩效[3]；但Greguras和Robie的研究表明，没有一个评级信息来源显示出了高水平的可靠性[4]；而Seifert、Yukl和McDonald建议提供辅助方法以提高这些方案的有效性[5]。

针对评级来源的研究经历了一系列阶段，首先是关于是否可以从多个来源获得绩效考核的信息；其次是关于这些来源的评级是否具有可比性；最后是关于多源反馈是否有效。

七、人口影响因素研究

长期以来，绩效考核可能受到种族、性别或年龄等人口统计特征的影响，这种可能性被认为是"就业歧视"的潜在来源。在早期发表的一项关于绩效考核的种族差异的研究中，Dejung和Kaplan发现黑人评估者偏爱黑人被评估者，但白人评估者

---

[1] Ferguson L W. The development of a method of appraisal for assistant managers[J]. Journal of Applied Psychology, 1947, 31(3): 306-311.

[2] Springer, Doris. Ratings of candidates for promotion by co-workers and supervisors[J]. Journal of Applied Psychology, 1953, 37(5): 347-351.

[3] London M, Smither J W. Can multi-source feedback change perceptions of goal accomplishment, self-evaluations, and performancerelated outcomes? Theory-based applications and directions for research[J]. Personnel Psychology, 1995, 48: 803-839.

[4] Greguras G J, Robie, C. A new look at within-source interrater reliability of 360-degree feedback ratings[J]. Journal of Applied Psychology, 1998, 83: 960-968.

[5] Seifert C F, Yukl G, McDonald R A. Effects of multisource feedback and a feedback facilitator on the influence behavior of managers toward subordinates[J]. Journal of Applied Psychology, 2003, 88: 561-569.

不偏爱白人被评估者[1]。后续也有相关研究得到了类似的结果[2]。然而，这些实验室研究的结果高估了人口统计学特征在评估过程中的影响。Wendelken和Inn认为，在实验室研究中，人口统计学特征的差异尤其显著，因为在这些研究中，评估者的其他特征受到严格控制，评估者未经训练，对被评估者事先没有了解，也与被评估者没有关系[3]。Murphy等学者的元分析证实，实验室研究确实比实际绩效的研究产生更大的影响[4]。基于以上研究，Denisi提出，在某些情况下（尤其是实验室研究）人口统计特征会影响绩效考核，但这些变量不会对绩效考核产生很大的影响[5]。年龄、性别或种族等特征会影响组织中发生的许多事情，但绩效考核的结果似乎不会受到这些人口统计特征的强烈影响。Bowen、Swim和Jacobs的元分析表明，尽管不同性别、不同民族的成员在绩效考核方面存在一些差异，但这些差异通常很小[6]。究其原因，Denisi认为，有可能随着时间的推移，人们获得了关于绩效的信息，这些信息最终会淹没在那些会影响判断的、产生刻板印象的、信息不丰富的环境中。但是，目前这还只是一个假设，有待进一步检验。

八、认知过程研究

关于认知过程研究的文章主要集中在20世纪80年代，一些综述和理论文章激发了学者们对绩效考核认知过程的兴趣。在接下来的10～15年间，大量的研究（主要

---

[1] Dejung J E, Kaplan H. Some differential effects of race of rater and ratee on early peer ratings of combat aptitude[J]. Journal of Applied Psychology, 1962, 46(5): 370-374.

[2] Bass A R, Turner J N. Ethnic group differences in relationships among criteria of job performance[J]. Journal of Applied Psychology, 1973, 57(2): 101-109.

[3] Wendelken D J, Inn A. Nonperformance influences on performance evaluations: A laboratory phenomenon?[J]. Journal of Applied Psychology, 1981, 66(2): 149-158.

[4] Murphy K R, Herr B M, Lockhart M C, et al. Evaluating the performance of paper people[J]. Journal of Applied Psychology, 1986, 71(4): 654-661.

[5] Denisi A S, Murphy K R. Performance appraisal and performance management: 100 years of progress?[J]. Journal of Applied Psychology, 2017, 102(3): 421-433.

[6] Bowen C, Swim J K, Jacobs, R. Evaluating gender biases on actual job performance of real people: A meta-analysis[J]. Journal of Applied Social Psychology, 2000, 30: 2194-2215.

是实验室研究）在JAP期刊上发表，主要涉及绩效考核信息的获取、组织和编码，以及这些信息的回忆和整合。已有研究考察了评级目的[1][2]、评估者影响[3]及个体差异[4]在认知过程中的作用，并发现记录行为日记可以帮助回忆编码[5]。还有研究者发现，在观察行为之前，评估者大脑中存在的类别会影响回忆中信息的组织[6]，评估者组织信息的模式影响了所关注的内容和后来回忆的内容[7]，因此，实际观察和回忆的内容可能会影响准确性[8]。有趣的是，这些发现与FOR培训相关，表明该培训可以引导评估者采用一组一致且适当的类别来组织信息，从而提高回忆和评估的准确性[9][10]。值得注意的是，尽管在涉及认知过程的少数几个领域研究中，已证明了，日记和结构化回忆任务的类似效果[11]，但评估绩效考核的准确性与观察和编码行为的准确性基本无关[12]。此外，许多研究表明，行为回忆受到一般印象和总体评价的强烈影响[13]，甚至还受到基于行为的评级量表中使用的锚的影响[14]。更为关键的是，

---

[1] Kinicki A J, Hom P W, Trost M R, et al. Effects of category prototypes on performance-rating accuracy[J]. Journal of Applied Psychology, 1995, 80(3): 354-370.

[2] Williams K J, Cafferty T P, Denisi A S. The effect of performance appraisal salience on recall and ratings[J]. Organizational Behavior & Human Decision Processes, 1990, 46(2): 217-239.

[3] Robbins, Tina, L, et al. A closer look at interpersonal affect as a distinct influence on cognitive processing in performance evaluations[J]. Journal of Applied Psychology, 1994, 79(3): 341-353.

[4] Bernardin H J, Cardy R L, Carlyle J J. Cognitive complexity and appraisal effectiveness: Back to the drawing board?[J]. Journal of Applied Psychology, 1982, 67(2): 151-160.

[5] Denisi A S, Robbins T, Cafferty T P. Organization of information used for performance appraisals: Role of diary-keeping[J]. Journal of Applied Psychology, 1989, 74(1): 124-129.

[6] Kozlowski S W, Kirsch M P. The systematic distortion hypothesis, halo, and accuracy: An individual-level analysis[J]. Journal of Applied Psychology, 1987, 72(2): 252-261.

[7] Nathan B R, Lord R G. Cognitive categorization and dimensional schemata: A process approach to the study of halo in performance ratings[J]. Journal of Applied Psychology, 1983, 68(1): 102-114.

[8] Lord, Robert G. Accuracy in behavioral measurement: An alternative definition based on raters' cognitive schema and signal detection theory[J]. Journal of Applied Psychology, 1985, 70(1): 66-71.

[9] Athey T R, Mcintyre R M. Effect of rater training on rater accuracy: levels-of-processing theory and social facilitation theory perspectives[J]. Journal of Applied Psychology, 1987, 72(4): 567-572.

[10] Woehr D J. Understanding frame-of-reference training: the impact of training on the recall of performance information[J]. Journal of Applied Psychology, 1994, 79(4): 525-534.

[11] Denisi A S, Peters L H. Organization of information in memory and the performance appraisal process: Evidence from the field[J]. Journal of Applied Psychology, 1996, 81: 717-737.

[12] Murphy K R, Al E. Relationship between observational accuracy and accuracy in evaluating performance[J]. Journal of Applied Psychology, 1982, 67(3): 320-325.

[13] Murphy K R, Balzer W K. Systematic distortions in memory-based behavior ratings and performance evaluations: Consequences for rating accuracy[J]. Journal of Applied Psychology, 1986, 71(1): 39-44.

[14] Murphy K R, Constans J I. Behavioral anchors as a source of bias in rating[J]. Journal of Applied Psychology, 1987, 72(4): 573-577.

这些影响可能会胜过评估者对具体行为的实际回忆[1]。

总之，认知过程影响绩效考核结果的准确性，认知过程研究对绩效考核做出了决定性的贡献，它考虑了评估者获取、处理和检索绩效信息的方式。另外，这一系列研究主要集中在20世纪80年代，但到20世纪90年代中期急剧减少。这种转变在一定程度上是由于人们认识到，绩效考核是一项发生在复杂环境下且要求较高的任务。

第三节　绩效管理的研究进展

相比绩效考核，关于绩效管理整体性的研究较晚。然而，绩效管理的一些重要组成部分，例如反馈和目标设定，其研究历史也较长。如何通过个体绩效水平的提高来实现组织绩效水平整体提高是一个非常有意义的研究[2]。Denisi和Murphy将绩效管理的相关研究分为三大类：绩效管理流程、提高个人绩效、提高组织绩效。本节将以此分类及相关内容为依据，探讨关于绩效管理三个方面的研究进展。

一、绩效管理流程

尽管绩效考核通常被视为绩效管理的一个重要方面，但绩效管理不只是组织使用绩效考核信息来提高绩效水平的方式，它还包括更广泛的人力资源管理实践[3][4]。针对绩效管理的研究绝大多数是基于模型和方法的，而不是实际测试这些绩效管理过程的有效性。

明确绩效管理的要素对于有效地实施绩效管理至关重要。Aguinis认为，绩效管理是一个持续的过程，主要包括以下阶段：前期准备、绩效规划、绩效执行、绩效考核、绩效审查、绩效更新和修订[5]。这些阶段以循环和持续的方式发生。第一阶

---

[1] Murphy K R, Al E. Relationship between observational accuracy and accuracy in evaluating performance[J]. Journal of Applied Psychology, 1982, 67(3): 320-325.

[2] Denisi A, Smith C E. Performance appraisal, performance management, and firm-level performance: a review, a proposed model, and new directions for future research[J]. Academy of Management Annals, 2014, 8(1): 127-179.

[3] Denisi A, Smith C E. Performance appraisal, performance management, and firm-level performance: a review, a proposed model, and new directions for future research[J]. Academy of Management Annals, 2014, 8(1): 127-179.

[4] Kinicki A J, Jacobson K J L, Peterson S J, et al. Development and validation of the performance management behavior questionnaire[J]. Personnel Psychology, 2013, 66(1): 1-45.

[5] Aguinis H, Pierce C A. Enhancing the relevance of organizational behavior by embracing performance management research[J]. Journal of Organizational Behavior, 2008, 29: 139-145.

段，前期准备，指的是对组织的使命、战略目标和相关工作的了解。第二阶段，绩效规划，包括对管理者和员工需要做什么（结果）和如何做（行为）的讨论和协商，并制订计划。第三阶段，绩效执行，员工通过一系列行为实现绩效目标，并努力满足发展需求。第四阶段，绩效考核，涉及员工和主管，评估期望行为的表现程度，以及是否达到了期望的结果。虽然可以使用多来源（例如领导、下属等）的方式来收集绩效信息，但在大多数情况下，信息是由直接主管提供的。第五阶段，绩效审查，比如召开员工和主管之间的绩效讨论会议，评估和审查绩效考核结果。绩效讨论会议非常重要，因为它提供了一个正式的环境，员工可以在其中获得绩效反馈。第六阶段，绩效更新和修订。本质上，这与绩效规划部分是相同的。主要区别在于，绩效更新和修订阶段使用了从其他阶段获得的建议和信息。例如，考虑到当年的经济下行，此前部分目标可能定得过高，需要及时修订。

二、提高个人绩效

已经有相当多的研究探讨了提高个人绩效和生产力的方法。例如，ProMES（生产力测量与提升系统，The Productivity Measurement and Enhancement System）的研究，该系统结合了反馈、目标设定和激励，试图提高组织的生产力[1][2]。有趣的是，随着研究开始关注绩效管理，基础理论模型从面向测量的模型转变为激励模型[3]。也就是说，研究开始关注什么因素激励员工努力提高绩效，而不是关注评级的准确性。

发表在JAP期刊上旨在提高个人绩效的文章主要包括绩效考核反馈、激励因素和绩效目标等方面的内容。其中包括对20世纪70年代末有关绩效反馈文献的一篇颇

---

[1] Pritchard R D, Harrell M M, Diazgranados D, et al. The productivity measurement and enhancement system: a meta-analysis[J]. Journal of Applied Psychology, 2008, 93(3): 540-567.

[2] Pritchard R D, Jones S D, Roth P L, et al. Effects of group feedback, goal setting and incentives on organizational productivity[J]. Journal of Applied Psychology, 1988, 73(2): 337-358.

[3] Denisi A S, Pritchard R D. Performance appraisal, performance management and improving individual performance: a motivational framework[J]. Management and Organization Review, 2006, 2(2): 253-277.

有影响力的综述[1]，以及研究绩效早期的反馈工作[2]、有关激励因素和绩效目标的文章[3][4]。

三、提高组织绩效

关于提高组织绩效，相关研究主要集中在人力资源实践如何影响组织绩效方面[5][6][7][8][9]。目前，尚不清楚的是，什么样的人力资源实践组合会对绩效产生影响（绩效考核和反馈是不是任意组合都会有效）；以及为什么有些实践有效，而有些实践无效。

---

[1] Ilgen D R, Fisher C D, Taylor M S. Consequences of individual feedback on behavior in organizations[J]. Journal of Applied Psychology, 1979, 64, 349-371.

[2] Butler R P, Jaffee C L. Effects of incentive, feedback, and manner of presenting the feedback on leader behavior[J]. Journal of Applied Psychology, 1974, 59(3): 332-336.

[3] Cammann, Cortlandt, Lawler, et al. Employee reactions to a pay incentive plan[J]. Journal of Applied Psychology, 1973, 58(2): 163-172.

[4] Ronan W W, Latham G P, Kinne S B. Effects of goal setting and supervision on worker behavior in an industrial situation[J]. Journal of Applied Psychology, 1973, 58(3): 302-307.

[5] Huselid M A. The impact of human resource management practices on turnover, productivity, and corporate financial performance[J]. Academy of Management Journal, 1995, 38(3): 635-672.

[6] Jackson S E, Schuler R S, Jiang K. An aspirational framework for strategic human resource management[J]. Academy of Management Annals, 2014, 8(1): 1-56.

[7] Ployhart R E, Moliterno T P. Emergence of the human capital resource: a multilevel model[J]. Academy of Management Review, 2011, 36(1): 127-150.

[8] Aryee S, Walumbwa F O, Seidu E Y M, et al. Developing and leveraging human capital resource to promote service quality: testing a theory of performance[J]. Journal of Management, 2016, 42(2): 480-499.

[9] Crook T R, Todd S Y, Combs J G, et al. Does human capital matter? A meta-analysis of the relationship between human capital and firm performance[J]. Journal of Applied Psychology, 2011, 96(3): 443-456.

第二章　绩效考核的科学性问题

从20世纪20年代至80年代，在工业试验环境中测量工作绩效，一直是心理学家关注的焦点。绩效描述和预测在所有人力决策中起着以下重要作用：（1）判断管理是否有效；（2）判断培训员工是否有效；（3）判断员工的相对价值排序是否有效；（4）判断用于绩效反馈的信息是否有效；（5）判断惩戒员工是否有效；（6）判断员工绩效考核过程是否用于薪酬管理；（7）判断员工是否满意[1]。而做出这些判断的前提是，绩效考核具有一定的准确性，可以真实地反映出员工的绩效水平。20世纪，美国组织评价员工的主要方法是评级。在许多标准下，对绩效的判断、测量都被广泛使用[2]。因此，判断（Judgement）是考核主要的评价方式，如何做出客观的判断就是关键问题。

认识到绩效测量的重要性和实际准确地测量绩效是两件不同的事情。在日常管理中，比较强调考核的程序和动作是否发生，但是并没有特别在意考核中的行动是否真的导致考核的准确性——是否有考核这个动作和考核是否会达到效果，不是一回事情。在某种理想的意义上，完整的绩效测量包括目标与人员考核指标的组合。不幸的是，很难获得许多职位的客观绩效指标。此外，人力资源信息只适用于组织中的一小部分员工（例如，5%的员工可能发生100%的事故，不到8%的员工可能每年有一次以上的无故缺勤，迟到记录没有被很好地保存等）。完整的绩效考核需要具备每一个岗位的客观评价标准。

学者们进行了大量的研究，试图提高绩效考核指标的有效性。这些研究涵盖了各种各样的问题，如评估者和被评估者的个体差异、量表格式及类型、判断过程的条件等。本章将主要从绩效考核方法的科学性问题、评级的不完整性问题、角色问题和量表问题等方面展开，探讨绩效考核的科学性问题。

---

[1] Landy F J, Barnes J L, Murphy K R. Correlates of perceived fairness and accuracy of performance evaluation[J]. Journal of Applied Psychology, 1978, 63(6): 751-754.

[2] Landy F J, Trumbo D A. Psychology of work behavior (book)[J]. Personnel Psychology, 1977, 30(1), 120-122.

第一节　绩效考核方法的科学性问题

Thorndike于1915年对两个工业公司员工的一项研究表明，同一个人的智力、勤奋、技能、可靠性等不同特点是高度相关的。评估者在对其进行评级时，往往不能将这些不同的特点拆分开进行独立分析和评价，此时的整体评级显然会受到某一种明显特点的倾向的影响，认为这个人总体上相当好或相当差[1]。例如，在由Walter.Dill.Scott设计的评级要求中，需要对137名飞行学员的身体素质、智力、领导力和个人素质（包括性格）分别进行独立评定。但在最终分析飞行指挥员的评定结果时发现，智力等级与剩下三个类别的相关性均高于实际情况。Thorndike于1920年在人类历史上提出了心理评级中的常见偏差问题——晕轮效应。如何才能使绩效考核评级更具有科学性呢？Rugg于1921年提出，开发并使用评级量表改进评级技术，可以使"实验性"评级更加有效[2]。因此，评级的有效性与评级量表的质量、评级的方法密切相关。为了确保绩效考核的有效性，使评级结果更加科学，需要关注评级量表的有效性和评级方法的契合性。

针对评级量表的设计和评级方法的科学性问题，Rugg提出了点数等级排名法。即在进行评级排序时，可以将评级量表中需要评价的问题细化为多个维度，再将每个维度细化为多个指标，采用7点计量法的方式对每个指标进行打分，最后加总得出最终得分，使评级过程更加客观化，并可以体现出每个维度的得分结果。绩效考核的目的是给被评估者的改进提供客观诊断依据，而采用上述方式进行排序，可以客观体现出每位被评估者在各个维度上的优势和不足，从而使排序结果更具有效性，并为被评估者的改进提出更细化的指导性建议。但是，并不是所有需要评级的情况都需要进行加权计算。针对不需要按照等级进行排序的情况，可以不采用点数等级排名法，直接对需要判断的内容进行提问（例如，请老师评价某位学生是否诚实）；针对需要简单区分级别的情况，可以按照高、中、低三个等级进行评价（例如，按照优、良、差三个等级对学生的各项表现进行评价）。

此外，评估者对评级结果的有效性至关重要。找到判断准确的评估者可以有效

---

[1] Thorndike E L. A constant error in psychological ratings[J]. Journal of Applied Psychology, 1920, 4(1): 25-29.
[2] Rugg H. Is the rating of human character practicable?[J]. Journal of Educational Psychology, 1921, 13(1): 30-42.

提高评级的有效性。在绩效考核评估时，应仔细甄选评估者，只聘请完全胜任的人进行评估；在进行评估时，需要确保评估者对评估内容和被评估者的充分了解。

Rugg基于对性格测量和评级的研究，指出由于性格是复杂的特质，需要用点数等级排名法进行科学分析、客观评价，而非主观地直接判断或评级。同样，与性格类似，绩效考核往往由多个维度组成，每个维度中又涉及多个考核指标，属于复杂的评级类型。因此，对于绩效考核而言，需要从直接判断走向科学评价，即需要将考核内容细化为可测量的指标进行客观、科学的分析评价，以确保评级的准确性。

一、评估的统计分析方法

Cronbach指出，一个人如何判断另一个人在心理学上是一个重要的理论问题，在群体心理学、评估、教学等方面有着重要的实践意义[1]。20世纪50年代，对于社会认知，研究者主要关注认知者的认知准确性、与他人认知相似倾向等方面的差异。

这些研究通常是建立在一个特定操作中的。在这个操作中，评估者（J）"预测"被评估者（O）的表现，并要求两个人对同一份量表打分，即被评估者（O）进行自评的同时，要求评估者（J）也在同样的量表上给被评估者（O）打分，以此来判断评估者（J）的评分结果与被评估者（O）的自测分数的吻合程度。这种吻合程度也被视作为评估者（J）的社会认知（或"共情""社会敏感性""诊断能力"等）准确性的衡量标准。也就是说，评估者（J）和被评估者（O）的评分差值越接近零，则说明判断的准确性越高。但事实很难解释，一些研究也表现出两者的低一致性，当然，这与个人的洞察力有关，实际也是认知差异的问题。

为了解决这个问题，研究者尝试用数学理论来解释心理认知问题。Cronbach将注意力转移到通常方法未触及的社会认知层面，用测量的方法对社会认知的影响因素进行分析。当然，用数学问题解释心理学问题有可能冒着风险。

二、准确性分数的组成

在一个典型的实验中，研究者先让被评估者（O）在一组量表中对自己进行评分，计为x_{oi}（i是指O_1、O_2、O_K、中的1、2……K等项数）；让评估者（J）也在同一

---

[1] Cronbach L J. Processes affecting scores on" understanding of others" and" assumed similarity. "[J]. Psychological Bulletin, 1955, 52(3): 177-193.

组量表中对被评估者（O）进行评分，计为y_{oij}；如表2-1所示。

表2-1 实验评分量表示例

	选项1	选项2	选项3	选项4	选项5	选项6	选项7	选项8	选项9	...	选项N
O_1	3	5	4	5	6	4	7	3	8		
O_2	5	2	5	6	5	7	4	6	6		
O_3	4	3	4	8	6	6	8	7	4		
O_4	2	5	4	4	7	2	9	9	5		
O_5	6	4	3	3	3	4	5	4	5		
...											
O_K											

每一位被评估者（O）都会在这个量表中给自己评分，形成一份KN矩阵表，即有N个量表条目下的K个自评分数，那么$\bar{x}_{..}$得出被评估者（O）得分的个人中心趋势。

同时，评估者（J）也是在这个相同量表中对被评估者（O）进行打分，同样形成一份KN矩阵表，即在N个量表条目下由评估者（J）打出的K个人的分数，那么$\bar{y}_{..j}$就得出评估者（J）打分的个人中心趋势。

用评估者（J）的中心趋势$\bar{y}_{..j}$减去被评估者（O）的个人中心趋势$\bar{x}_{..}$，两者差的平方为E（Elevation），公式如下：

$$E = (\bar{y}_{..j} - \bar{x}_{..})^2$$

E也就是两个评分的个人中心趋势比较。该公式计算出评估者（J）感知他人的能力，即评价能力，也就是评估者（J）与被评估者（O）的匹配程度是多少。两个个人中心趋势的差值越小，则说明准确性越高。

Cronbach认为，任何来自不同项目结果的指数都存在严重的解释困难[1]。如此看来衡量项的准确性评分只是一个探索性过程。在可能的情况下，评估者（J）对于预测不同水平的被评估者（O）的能力难以解释，需要靠整体衡量标准明确权重，形成最终的结果。

Cronbach's准确度测量是指简单差异分数的总和，它通过按维度划分的矩阵的

---

[1] Cronbach L J. Processes affecting scores on" understanding of others" and" assumed similarity. "[J]. Psychological Bulletin, 1955, 52(3): 177193.

行、列或单元格内的中心趋势计算得出。准确性评分由标高（Elevation，E）、差异高度（Differential Elevation，DE）、定型准确性（Stereotype Accuracy，SA）和差异准确性（Differential Accuracy，DA）四个部分组成。

标高（E），是指由评估者（J）的评分中心趋势和被评估者（O）的自我描述中心趋势之间的差值的平方，被定义为评估者对被评估者的"平均评分"，它反映了评估者如何解释评分标准。

差异高度（DE），它反映了在所有项目集中在一起，评估者（J）的反应中心倾向保持不变的情况下，评估者（J）对被评估者（O）的平均评分与被评估者（O）的评分中心趋势的对应程度。也就是在评分中，评估者（J）判断个人中心趋势值标准时偏离平均水平的差异。

刻板印象准确性（SA），即评估者（J）对被评估者（O）的评估准确性能力，这个分数往往取决于评估者（J）对被评估者（O）的了解程度。

差异准确性（DA）反映了评估者（J）在任何条目上预测O_K之间差异的能力。这个部分是整个矩阵条目的平均数。DA表明评估者在不同维度和不同评估者之间的区别程度，也就是矩阵中的总体准确度；它是指总体平均判断与总体平均标准的比较。

这四个组成部分反映了认知准确性的不同方面，而每个部分的准确性在绩效评估中的相对重要性，取决于如何运用这些判断[1]。在评估者做判断时可根据实际情况，对四个部分的不同重要程度来划分权重，校正得分的分配比例。

三、评估者认知能力差异对评估结果的影响

评估者评分准确性的四个部分已经被分离出来：这四个部分是相关的，任何成分的变化都会改变评分准确性。影响评估者判断的这几个方面最终的相加总分即是评估的最终得分。当然，社会认知的这些方面并不都是反映同一个特质。两个评分相同的评估者，其认知水平不一定相同。判断哪个项目的平均值最高，似乎需要评估者熟知群体的特征；但一个人可能拥有对群体预估的能力，却无法准确区分个体

---

[1] Murphy K R, Garcia M, Kerkar S, et al. Relationship between observational accuracy and accuracy in evaluating performance[J]. Journal of Applied Psychology, 1982, 67(3): 320.

差异。研究发现，只需告诉他们几个样本项目的复杂程度，就极大地帮助了认知较差的评估者。显然，差的、一般的和好的评估者之间的区别在于，好的评估者能够通过对人群的某项测试给出的相关分数得到经验参考；而给差的和一般的评估者提供这种参照，则会导致这种判断的大幅调整或重新定位。由于评估者本身的能力不同，评估能力强的评估者只需观察样本人群，就已经可以了解很多内容，掌握很多关键信息；而如果让评估能力差的评估者去观察样本人群，则有可能会打乱他们本身的评估定位。如果评估者本身具备的人格理论和背景知识不允许进行值得信赖的推断，在不确定或者说不了解被评估者真实背景的情况下，如果评估者无法对被评估者做出相对准确的判断，那么最明智的做法是：不要把分数拉开差距。因为试图通过不充分的信息或数据来对个体评分的话，即使推论的有效性大于偶然性，也会把评分结果引入偏差的方向。

如何区分评估者的评分差别呢？例如，老师在评估班级学生的智商时，其评分可能分布在90分到110分之间，也可能分布在70分到130分。我们希望老师在判断出学生的不同智商差异时，可以采用更加鲜明的教学方法因材施教，以达到更好的教学效果，或者说更好地使学生学有所得。当老师知道智商的预期值是一个固定的数字时，他可能会"试图使预测出的分数结果尽量达到这个数字"。但这仅仅是一个完美的期望，毕竟出现这种情况的概率是非常小的。如果老师的预测结果小于预期值数，那么他的偏差就会小一些，而小多少则取决于他预测的关联准确性。所以在评估者做出判断时很可能出现系统性偏差，如过度乐观或过度分化，当然这些判断偏差是容易被纠正的。对于研究者来说，重要的是，将这些系统性偏差作为独立的组成部分来衡量，并通过对评估者的训练来尽量避免这些偏差产生。

当教师认识到差异化程度对教学的影响时，就有必要重新审视教学计划。教师在接受培训时常听的一句话是：每个学生都有自己的成才模式，教师必须根据这个模式来采取相应的方法，而不是按照平均水平来对待学生。当教师能够准确判断出学生的学习成绩差异时，他们可以对教育方式进行一些适当修改。但目前看来，对学生的独特成才模式了解甚少的教师，用的是一种"标准的"教学模式来对待学生。这种方式适合那些普通类型的学生，在评估信息有限的情况下，大幅度地修改教学计划很可能会对普通学生造成伤害。如果差异化教育的程度超过了社会的普遍认可程度，那么会导致学生被区别对待，进而使得学生产生心理落差，这样看来差异化教育对多数学生来说是不利的。最佳的差异化实际是应该具有普适性的。

这便是早期对绩效评估的研究，是基于评估准确性程度，通过数学的方式解释评估差异化中找到的影响因素，并说明评估的准确性在社会认知层面的个体差异。到了20世纪80年代，人们开始转向过程准确的问题研究，这是因为与其从结果准确的角度出发，不如将对准确性的把握控制在过程中。过程准确有助于提高结果的准确性。

第二节 绩效评估中的不完整性问题

绩效考核排序法，即评估者按照从最好到最差的顺序给一组被评估者评分。这种方法要求每位评估者均给所有被评估者评分，且评估者对每位被评估者都比较了解。满足以上两个条件，才有可能进行比较排序，其评估结果才具有可比性。因此，在采用排序法进行评估时，需要确保评估者对被评估者有较好的了解程度，以使评估结果具有有效性。但在实际操作排序法时，所有评估者真的能够了解所有被评估者吗？即使是同一个部门的领导作为评估者来评估自己部门的员工时，由于不同领导分管部门不同、员工主管任务不同等原因，领导者也可能不完全熟悉每一位被他评价的人，进而影响最终评估结果。因此，一些评估者只能对群体中的一部分人进行评估排序，那么由此产生的排序位置就不具有可比性。在绩效考核中，由于很难找到对每位被评估者的每个特质或考核内容都熟悉的评估者，为了使考核结果具有可比性，则要求评估者只对自己熟悉的内容进行考核评估，也就意味着会出现部分评估者评估的不完整性问题。如何将所有评估者只评价自己熟悉的被评估者的评估结果进行汇总后统一排序，是绩效考核评估排序法中的一个难点[1]。

Thorndike于1916年首次设计出一种方法来合并这种不完全的评分顺序：第一步，将所有评估者对被评估者的评分放到一张表格中；第二步，通过简单的检查以获得初始排序；第三步，比较相邻两位或三位被评估者，明确对他们评估的评估者

---

[1] Ream M J. A statistical method for incomplete order of merit ratings[J]. Journal of Applied Psychology, 1921, 5(3): 261-266.

的排序情况，据此对初始排序进行校正[1]。但在采用此方法对所有被评估者进行排序时，发现校正过程比较复杂，甚至可能会得到矛盾的排序结果，整个过程不仅费力而且令人困惑。

为了使不完整的评估方法更加具有可行性，Ream于1921年在上述方法的基础上改进了不完整评估的排序法：针对评估者不了解所有被评估者的情况，在进行评估时，可以先请评估者仅对熟悉的被评估者进行从最好到最差的排序评估。在完成评估后，再采用以下"赋值—平均值—校正"（Value-Average-Verification，VAV）的方式进行排序。第一，对所有被评估者进行赋值。根据评估者对被评估者的评分多少，参照赋值表（Thorndike's Mental and Social Measurements，Table 22）给每个等级的被评估者进行赋值（例如，评估者仅评价了两名被评估者，则排名第一的被评估者赋值0.8，排名第二的被评估者赋值–0.8）。一般而言，评估者评估的人数越多，则排名越好的被评估者赋值越高、排名越差的被评估者赋值越低；排名在中位以前的被评估者赋予正值，排名正好为中位的被评估者赋值为0，排名在中位以后的被评估者赋予负值；排名越靠前赋值越高，排名越靠后赋值越低。第二，计算每位被评估者的平均值。根据以上赋值，得出每位被评估者的平均值，并根据平均值进行排序。第三，参考评估者的评估结果对排名进行校正。通过相互比较法完成对排序的验证和校正工作（如A、B两位被评估者同时出现在四位评估者的排序名单上，其中三位评估者均判定A优于B，而根据平均值得出的结果相反，则应校正）。在校正时，需要特别注意排名在中间位置的被评估者排序是否合理。

第三节　绩效考核方法涉及的关键问题

多年以来，学者花费很多精力对绩效考核方法进行研究，认为获取信息的工具对所获取信息的准确性和有效性会产生影响[2]。考核方法可以分为直接评估方法和间接评估法。在直接评估方法中，评估者给被评估者一个代表某种绩效水平的数字；而在间接评估方法中，评估者对被评估者做出一系列统计的判断，加权汇总可以得

---

[1] Thorndike E L. The technique of combining incomplete judgments of the relative positions of N facts made by N judges[J]. The Journal of Philosophy, Psychology and Scientific Methods, 1916, 13(8): 197-204.
[2] Landy F J, Farr. J. L. Performance rating [J]. Psychological Bulletin, 1980, 87(1), 72-107.

出绩效的评分。同时，学者们还注重评分中的一些技术问题，如锚的问题。绩效考核的各种方法分别有何优劣、有何利弊，如何去比较它们的利弊，就涉及了"绩效考核方法的优劣利弊应该从哪些角度去把握"的问题。本节内容将探讨绩效考核方法设计中的最核心问题。

一、直接评估方法

精细的评分实际上是一个非常重要又难以做到的事情。不同评估者对评分松紧度的把握是不同的，对待晕轮效应的态度也是如此。如果评估者的态度不同，学识水平不同，则评分结果也会不同。如果不是匿名评审，可能还会涉及很严重的道德风险，如故意提高或压低分数。看上去是以最终分数来决定被评估者的成绩，但实际上在严格的、清晰的分数背后，却存在着很多的准确性疑问。如何保证准确性？哪些关键问题会影响准确性？对于这些问题，学者们进行了长达60年的讨论。本节从量表角度探讨评价的准确性问题。

1. 图形评分法

1922年，Paterson提出了图形评分法（Graph Rating Scale）[1]。在他看来，这种新方法有两个特点：（1）采用了量化的方式对绩效进行评估；（2）评估者能够根据需要做出精细区分。该方法的量表由特征标签、对这些标签的简要定义、用数量和形容词表达的标签等级三个部分组成。这个方法一直流行到第二次世界大战后。但是"人们对图形系统的主观性和任意性越来越不满意"[2]，主要原因是，该评估办法很难消除宽大效应或晕轮效应等不良后果。

1958年，Barrett、Taylor、Parker通过测试，对比了四种结构各不相同的评级格式[3]。具体而言，四种格式均由一条10英寸（25.4厘米）的分割线组成，格式1有15个分割点和一个特质名称，量表上没有特质定义或锚；格式2的特质定义被添加到特质名称中；格式3的分段线由行为锚定义，有特质标签但没有特质定义；格式4包括行为锚和特质定义，但没有特质标签。在这几种格式中，格式3显示出较高的可靠性，

---

[1] Paterson D G. The Scott Company graphic rating scale[J]. Journal of Personnel Research, 1922.
[2] Ryan F J. Trait ratings of high school students by teachers[J]. Journal of Educational Psychology, 1958, 49(3): 124.
[3] Barrett R S, Taylor E K, Parker J W, et al. Rating scale content: I. Scale information and supervisory ratings [J]. Personnel Psychology, 1958, 11(3): 333-346.

较低的宽大效应和晕轮效应。以上实验说明，行为锚、特质名称、特质定义是图形评分法里面的三个重要的组成部分，不同的组合会导致评估方法的效果不同，它们是确保图形评分法能够有效运行的三个关键因素，也是其他工具能够运行的关键。

2. 行为锚定评分法

1963年，Smith和Kendall提出了一种新的开发评分量表的方法——行为锚定评分法（Behaviorally Anchored Rating Scales，简称BARS）[1]。在20世纪70年代，用行为锚定评分法开发的评分量表已经被用于多种场合，足以证明其可以广泛使用的特点。很多学者讨论了行为锚定评分法的效果。比如，Smith和Kendall证明了这种量表可以有效地用于描述护理工作，Maas证明了这种量表在绩效访谈方面的有效性[2]，Landy和Guion证明了该技术在工作动机评分方面的效用[3]。

行为锚定评分法有一个很大的缺点，就是开发成本很高。首先，需要开发小组来开发维度，并对这些维度下定义。其次，是对这些维度的行为进行锚定，开发这些维度不同层次的行为范例并进行分组。最后，为这些范例分配量表值。行为锚定评分法需要做两项工作，一是对每个层级的实际案例进行分析；二是对每个层级进行赋值。行为锚定评分法的有效性依赖于多个因素，包括开发过程中团队的专业性、参与者的独立性，还包括范例和量表值的选择。确保参与开发过程的团队具备相关领域的专业知识和经验，可以提高量表的可信度和准确性。然而，目前对行为锚定评分法的主要反对意见是，这些量表产生的评分是否没有偏差，是否足以证明量表开发的成本是合理的。下面我们将对行为锚定评分法与其他直接评分方法进行比较。

3. 图形评分法和行为锚定评分法的比较

学者们已经做了大量细致的工作，试图评估行为锚定评分法相对于传统的图形评级方法的有效性。Campbell、Dunnette和Arvey等人发现，行为锚定评分法可以有

---

[1] Smith P C, Kendall L M. Retranslation of expectations: an approach to the construction of unambiguous anchors for rating scales[J]. Journal of Applied Psychology, 1963, 47(2): 149-155.

[2] Maas J B. Patterned scaled expectation interview: Reliability studies on a new technique[J]. Journal of Applied Psychology, 1965, 49(6): 431.

[3] Landy F J, Guion R M. Development of scales for the measurement of work motivation[J]. Organizational Behavior and Human Performance, 1970, 5(1): 93-103.

效减少评级的方法差异、晕轮效应和宽大效应[1]。Borman和Vallon发现，采用行为锚定评分法得出的评级在可靠性和评估者信心方面更高[2]。

Burnaska和Hollmann比较了三种不同的方法[3]。第一种方法采用标准的行为锚定评分法。第二种方法包含相同的维度和定义，但是将行为锚点替换为形容词锚点。第三种方法是传统的图形评分法。尽管三种方法都存在宽大效应和晕轮效应，但行为锚定评分法减少了宽大效应并增加了可归因于被评估者差异的方差量。然而，Burnaska和Hollmann得出结论，当使用行为锚定评分法时，在评级的某些方面的改进会伴随着其他领域的问题，比如，"评级的创新虽然很多，但很可能导致拆东墙补西墙"。每种格式似乎都有其独特的问题。我们在使用评估方法时，要注意所选用的评估方法是否有利于解决绩效评价中通常碰到的宽大效应、居中趋势、晕轮效应等问题。一种方法可能对解决某个问题比较有效，但是可能在其他方面无效。

Keaveny和McGann比较了大学教授分别用行为锚定评分法和图形评分法所做的学生评分[4]。行为锚定评分法导致较少的晕轮效应，但它们在宽大效应方面与图形评分法没有区别。在教师评价中的晕轮效应问题包括学生的长相、家庭背景、社会关系、口头表达、着装等。因此，针对这两种评估量表，没有哪种评估方法会比另外一种评估方法有绝对的优势。

Borman和Dunnette将行为锚定评分法与具有特征标签和数值锚点的传统图形评分法进行了比较[5]。结果发现，尽管标准行为锚定评分法格式在心理测量上更优越（就晕轮效应、宽大效应和可靠性而言），但格式差异在评分方差中仅占据了微不足道的比例（大约5%）。如此看来，量表工具的差异对绩效评价的有效性可能影响并不大。

---

[1] Campbell J P, Dunnette M D, Arvey R D, et al. The development and evaluation of behaviorally based rating scales[J]. Journal of Applied Psychology, 1973, 57(1): 15.
[2] Borman W C, Vallon W R. A view of what can happen when behavioral expectation scales are developed in one setting and used in another[J]. Journal of Applied Psychology, 1974, 59(2): 197.
[3] Burnaska R F, Hollmann T D. An empirical comparison of the relative effects of rater response biases on three rating scale formats[J]. Journal of Applied Psychology, 1974, 59(3): 307.
[4] Keaveny T J, McGann A F. A comparison of behavioral expectation scales and graphic rating scales[J]. Journal of Applied Psychology, 1975, 60(6): 695.
[5] Borman W C, Dunnette M D. Behavior-based versus trait-oriented performance ratings: An empirical study[J]. Journal of Applied Psychology, 1975, 60(5): 561.

Bernardin、Alvares和Cranny比较了汇总评分法与行为锚定评分法[1]，研究结果表明，与行为锚定评分法评级相比，汇总评分法的特点是，可获得更小的宽大效应和更大的评级之间的一致性。他们假设，无论量表的格式如何，量表制定的严谨性是减少评级偏差的关键问题。在Bernardin的后续研究中，证明了在行为锚定评分法中使用项目分析程序来选择锚点时，行为锚定评分法评分和汇总评分之间没有差异[2]。因此，量表制作的严谨性是关键，量表工具并不重要，制定工具的严谨性才是重要的。请读者特别注意这个观点。

最后，Friedman和Cornelius比较了三个组的评分：（1）参与开发行为锚定评分法的小组，（2）参与开发图形评分法的小组，（3）没有参与量表开发的小组[3]。第1组和第2组的评分偏差没有差异，第3组的评分偏差（晕轮效应）明显高于其他两组。这说明评估者参与到量表的制作中，可以更好地提高绩效评价的有效性。虽然图形评分法和行为锚定评分法之间的偏差不大，但如果不用这样的工具，偏差就很大。

Bernardin、Friedman和Cornelius认为，好的量表在发展过程中往往经过了严谨的心理测量学设计和个体参与。由此可见，严谨程度和个体参与对评估工具的有效性是非常关键的，比使用哪种量表工具更为关键。总的来说，尽管行为锚定评分法的引入引起了人们的热情，但它的有效性并没有得到实证的支持。

二、间接评估方法

到目前为止，最受欢迎的间接评估方法是强制分布法。杰克·韦尔奇曾指出，管理的最有效方法是区分。在这个系统中，评估者需要从一组可供选择的描述项（通常是四项）中选择最具评估者特征的子集；这种方法的变体要求评估者同时选择最符合与最不符合被评估者特征的描述项。这些描述项的功能类似于直接评级中的锚。锚定法是直接评估，强制分布法是间接评估。在直接评估方案中，评估者使用锚点将个体置于连续的统一体中；在强制选择系统中，描述项对应相应得分，评估者通

---

[1] Bernardin H J, Alvares K M, Cranny C J. A recomparison of behavioral expectation scales to summated scales[J]. Journal of Applied Psychology, 1976, 61(5): 564.

[2] Bernardin H J. Behavioral expectation scales versus summated scales: A fairer comparison[J]. Journal of Applied Psychology, 1977, 62(4): 422.

[3] Friedman B A, Cornelius E T. Effect of rater participation in scale contruction on the psychometric characteristics of two rating scale formats[J]. Journal of Applied Psychology, 1976, 61(2): 210.

过对描述项的选择得出被评估者的分数。

强制分布法的假定优势之一是,它可以降低宽大效应。这是由于评估者不知道各种描述项的偏好和区分指数。Isard发现,模棱两可的描述词比积极或消极的陈述更可靠且更有效,也更不容易产生故意偏差[1]。Obradovic对蓝领和白领表现的一项研究证实了中性陈述的价值[2]。有学者试图使用关键事件作为强制选择格式的描述项,产生了低信度评分[3]。在上述学者的讨论中,有两个问题值得注意:第一,模棱两可的描述比"积极或消极的陈述"更加可靠。第二,在强制分布法中,使用关键事件法来作为区分的标准,效果不佳。

要比较各个工具之间的好坏,不能单一从某个方法的效果角度去看,而要从比较的角度看。从强制分布法与其他方法的比较中学到的东西,比从强制分布法本身内部的变化中学到的东西更多。Berkshire和Highland证明,与图形评分法相比,强制分布法的范围限制更小[4]。这些研究似乎指出了强制分布法的一个主要优势是最大化了个体间的方差,尽管人们对强制分布法对个体内方差的影响知之甚少。由于强制分布法的引入主要是为了降低宽大效应,因此很少有人注意到晕轮效应的问题。Sharon和Bartlett在以下四种情况下,研究了强制分布法和图形评分法对宽大效应的相对阻力:(1)评估者匿名,仅用于研究目的;(2)评估者匿名,反馈给教员;(3)确定评估者,仅供研究用途;(4)确定评估者,与评估者进行后续讨论[5]。这些评分代表了学生对大学教师的评价,结果显示,图形评分法有显著的宽大效应,但强制分布法可以降低宽大效应。也就是说强制分布法的宽大效应比较小,与整体排名的相关性高于图形评分法。Taylor、Schneider和Clay发现强制分布法和图形评分法之间的相关性很高,但强制分布法显示出较少的宽大效应[6]。Cotton和Stoltz在为数不

---

[1] Isard E S. The relationship between item ambiguity and discriminating power in a forced-choice scale[J]. Journal of Applied Psychology, 1956, 40(4): 266.

[2] Obradovic, Josip. Modification of the forced-choice method as a criterion of job proficiency[J]. Journal of Applied Psychology, 1970, 54(3): 228-233.

[3] Kay B R. The use of critical incidents in a forced-choice scale[J]. Journal of Applied Psychology, 1959, 43(4): 269-270.

[4] Berkshire J R, Highland R W. Forced-choice performance rating: A methodological study[J]. Personnel Psychology, 1953, 6: 355-378.

[5] Sharon A T, Bartlett C J. Effect of instructional conditions in producing leniency on two types of rating scales[J]. Personnel Psychology, 1969.

[6] Taylor E K, Schneider D E, Clay H. Short forced-choice ratings work[J]. Personnel Psychology, 1954.

多的关于可靠性的比较研究中发现，当量表是从关键事件发展而来时，图形评分法和强制分布法产生了相同的可靠性[1]。从之前描述项的早期研究中，我们可以得出结论，这些描述符对强制分布法是不利的。

1959年，Cozan回顾了关于强制分布法有效性的研究，并得出结论，除非一个新系统明显优于现有系统，否则不轻易进行变革，因为存在变革成本[2]。也就是说绩效考核的方式一旦使用了，就不要随意变化。由于迄今为止的研究没有提出任何令人信服的理由来选择强制分布法而不是其他方式，Cozan建议保留传统的图形评分法。这一观点与由于成本增加反对开发行为锚定评分法的论点类似。

三、其他考核方法

除了直接评估方法和间接评估方法，学者们还提出了一些其他的考核方法。Blanz和Ghiselli提出了混合标准评级法（Mixed Standard Rating Scale），评估者需要指出被评估者所呈现的行为是好于、等于还是差于标准，即用优秀、合格和不合格区分等级[3]。这有利于减少"好好先生"的状态。由于这些行为之前已经根据它们所代表的绩效水平进行了衡量，因此可以从这些判断中得出评级。然而，许多不同维度的行为是随机排列的，使得评估者很难确定各种陈述的价值顺序，从而难以判断哪个指标更好，也很难确定要测量哪些维度。在只对被评估者进行合格打分的情况下，如果没有定义维度和权重，评估者实际上很难进行评价。对维度和权重的定义，有助于防止有意的偏差。

但是，混合标准评级法的一些早期结果令人失望[4]。尽管这种方法的晕轮效应比图形评分法或行为锚定评分法的要小，但可靠性似乎非常低。因为当人们对一个被评估者下结论为优秀或者不合格的时候，的确会有这个问题。此外，在该方法最初的介绍中所建议的计分格式存在一些严重的问题。Arvey和Hoyle发现，采用Guttman标度技术（混合标准评级法的方法学基础）开发的量表显示出良好的收敛性

---

[1] Cotton J, Stoltz R E. The general applicability of a scale for rating research productivity[J]. Journal of Applied Psychology, 1960, 44(4): 276.

[2] Cozan L W. Forced choice-better than other rating methods[J]. Personnel, 1959, 36(3): 80-83.

[3] Blanz F, Ghiselli E E. The mixed standard rating scale: a new rating system[J]. Personnel Psychology, 1972, 25: 185-199.

[4] Saal F E, Landy F J. The mixed standard rating scale: an evaluation[J]. Organizational Behavior and Human Performance, 1977, 18(1): 19-35.

和区分效度,但试图使用该方法识别较差的评估者并不成功[1]。只有少量的证据表明,在一个工作维度上评分偏差的评估者在其他维度上的评分也很低,或者在给一个人评分时出错的评估者在给其他个人评分时也会出错。基于Guttman标度技术开发的量表,也表现出比更传统的基于行为的量表更高的评级相关性。

四、不同考核方法的共性问题

1. 考核维度和指标数量

绩效考核中的一个关键问题是考核指标的选择,对哪些维度进行评估一直是争议点。Kavanagh认为,实证文献不支持人们明确选择评估量表的内容类型(即绩效结果、可观察的工作行为、在职者的个人特征等)[2]。这是一个重要的观点,也是绩效管理研究的重大转向,表明从个人特质因素转向更多的与绩效有关因素的考核,从而使绩效考核从心理学研究角度转向了更加宽泛的管理角度。Brumback也呼吁取消个人特质作为评分维度,优先考虑绩效因素[3]。此外,Kavanagh认为,适当的评分维度问题只能通过考虑工作要求、个人和绩效因素对该工作的相关性,以及每个内容类型的实证防御性(可靠性、偏差性和构造效度)来回答。

2. 考核类别数目

当量表涉及的异质信息类别过多时,被评估者可能在选择适当答案时感到困扰,从而影响测量结果的准确性和可靠性。因此,有些研究者建议,在设计量表时限制类别数量少于9个,以减少被评估者感到认知负担,从而提高量表的可靠性和有效性。

Bendig的一系列仔细研究提供了关于评分格式最有效的响应类别数量的有力证

---

[1] Arvey R D, Hoyle J C. A Guttman approach to the development of behaviorally based rating scales for systems analysts and programmer/analysts[J]. Journal of Applied Psychology, 1974, 59(1): 61.

[2] Kavanagh M J. The content issue in performance appraisal: A review[J]. Personnel Psychology, 1971.

[3] Brumback G B. A reply to kavanagh's "the content issue in performance appraisal: a review"[J]. Personnel Psychology, 1972, 25(3): 567-572.

据[1][2][3][4]。综合考虑评估量表信度和评估者信度，当类别数从5增加到9时，信度没有提高；而当响应类别小于3或大于11时，信度会下降。Finn研究了类别数量对评分信度的影响，发现当回答类别少于3个或多于7个时，信度下降[5]。Lissitz和Green在蒙特卡罗研究响应类别对量表信度的影响时得出结论，当量表点或响应类别超过5个时，信度几乎没有增加[6]。Bernardin、LaShells、Smith和Alvares比较了连续和非连续的7点反应格式，并没有发现评分偏差的差异[7]。最后，Jenkins和Taber在另一项影响量表可靠性因素的蒙特卡罗研究中，同意Lissitz和Green的观点，即在5个评估量表类别之外添加类别没有多少用处[8]。以上研究为我们选择恰当数量的考核指标提供了理论支持，不过还是需要更多证据来证明考核指标数量应该为多少。

3. 工具中的核心问题：锚

许多研究表明，与简单的数字或形容词锚点相比，行为锚点的相对有效性更强[9][10][11]。什么是锚？举一个销售人员的例子：当一个销售人员面对顾客的询问时，"一问三不知"或"成为顾客可信赖的顾问"，这些都是行为锚。数字锚指的是，某个人在某个方面可以得到几分，如学习勤奋度打5分。由于行为锚定评分法在很大程度上依赖于量表锚点的行为性质，几乎所有对行为锚定评分法持积极态度的研究，

---

[1] Bendig A W. A statistical report on a revision of the Miami Instructor Rating Sheet[J]. Journal of Educational Psychology, 1952, 43(7): 423-429.

[2] Bendig A W. The use of student-rating scales in the evaluation of instructors in introductory psychology[J]. Journal of Educational Psychology, 1952, 43(3): 167-175.

[3] Bendig A W. Reliability and the number of rating-scale categories[J]. Journal of Applied Psychology, 1954, 38(1): 38-40.

[4] Bendig A W. The reliability of self-ratings as a function of the amount of verbal anchoring and of the number of categories on the scale[J]. Journal of Applied Psychology, 1953, 37(1): 38-40.

[5] Finn R H. Effects of some variations in rating scale characteristics on the means and reliabilities of ratings[J]. Educational and Psychological Measurement, 1972, 32(2): 255-265.

[6] Lissitz R W, Green S B. Effect of the number of scale points on reliability: A Monte Carlo approach[J]. Journal of Applied Psychology, 1975, 60(1): 10-13.

[7] Bernardin H J, LaShells M B, Smith P C, et al. Behavioral expectation scales: Effects of developmental procedures and formats[J]. Journal of Applied Psychology, 1976, 61(1): 75-79.

[8] Jenkins G D, Taber T D. A Monte Carlo study of factors affecting three indices of composite scale reliability[J]. Journal of Applied Psychology, 1977, 62(4): 392-398.

[9] Barrett R S, Taylor E K, Parker J W, et al. Rating scale content: I. Scale information and supervisory ratings [J]. Personnel Psychology, 1958, 11(3): 333-346.

[10] Peters D L, McCormick E J. Comparative reliability of numerically anchored versus job-task anchored rating scales[J]. Journal of Applied Psychology, 1966, 50(1): 92-96.

[11] Smith P C, Kendall L M. Retranslation of expectations: an approach to the construction of unambiguous anchors for rating scales[J]. Journal of Applied Psychology, 1963, 47(2): 149-155.

都可能被认为是对行为锚点持积极态度。

尽管如此,还是有一些研究对精心设计的锚的性质提出了一些怀疑。Finn发现,锚是数字的还是描述性的似乎并不重要[1]。Kay发现,使用关键事件锚定评级量表会降低可靠性[2]。他认为,关键事件过于具体,不适合作为锚,可能是由于普遍性不够。

1)锚的重要性与被衡量维度的定义程度有关

锚的类型和数量的重要性可能与维度定义的充分性有关。在没有对要评定的尺寸进行充分定义的情况下,评估者必须依靠锚来提供刻度的含义,即从哪些维度来评价被评估者的确很重要。通常情况是,先区分维度,再做锚定(用锚区分为不同等级),再用锚(被定义的等级)去评价员工。如果维度没有搞好,那么再好的锚(等级区分)也没有用。正如四条腿的桌子,我们不能只评价一条腿。同时,不仅要明确维度,还必须对维度进行定义。Barrett等学者在研究中发现,与有定义但没有锚点的量表相比,具有良好行为锚点的量表具有更高的信度、更少的晕轮效应和更少的宽大效应[3]。总的来说,锚似乎很重要,而且有证据表明行为锚比数字锚或形容词锚更好,但是必须和考核维度及其定义合起来使用才会更有效果。好的考核是一个系统工程,由此可见一斑。

评估量表通常有四种类型的锚点:数字、形容词、行为、关键事件。已经有几项研究旨在确定这些类型的锚点用于锚定系统的相对有效性。例如,Bendig发现随着锚定程度的增加,量表可靠性提高[4][5];Barrett等证明了锚定量表比不锚定量表的有效性有所提高。

---

[1] Finn R H. Effects of some variations in rating scale characteristics on the means and reliabilities of ratings[J]. Educational and Psychological Measurement, 1972, 32(2): 255-265.

[2] Kay B R. The use of critical incidents in a forced-choice scale[J]. Journal of Applied Psychology, 1959, 43(4): 269-270.

[3] Barrett R S, Taylor E K, Parker J W, et al. Rating scale content: I. Scale information and supervisory ratings[J]. Personnel Psychology, 1958, 11(3): 333-346.

[4] Bendig A W. A statistical report on a revision of the Miami Instructor Rating Sheet[J]. Journal of Educational Psychology, 1952, 43(7): 423-429.

[5] Bendig A W. The use of student-rating scales in the evaluation of instructors in introductory psychology[J]. Journal of Educational Psychology, 1952, 43(3): 167-175.

2）锚的有效性取决于锚刻度的细化

Campbell、Hunt和Lewis研究了情境的变化对精神分裂症患者在认知组织评估方面的影响[1]。他们发现，有详细锚定的量表比缺乏详细锚定的量表更不容易失真。由此可知，把锚定得小一些、细一些，对评估的准确性更有利。

3）以偏概全的问题

在强制分布法的形式下，为每个项目确定了区分指数和偏好指数。区分指数是特定项目对高绩效者和低绩效者的区分程度；偏好指数是典型评估者对特征或行为的重视程度。Obradovic发现，中性项目在结果评分的心理测量特征方面优于积极或消极项目[2]。由此，人们可能会得出这样的结论：偏好指数居中的项目比偏好指数高（或低）的项目效果更好。如果人们过分重视某一个人的能力因素，则可能会导致对能力评价的偏差。因此，评估者不能过分偏好某一个要素，以偏概全，否则就会导致在某一个要素上的晕轮效应等问题。如果一个评估者揪住被评估者的某个缺点不放，也可能产生对这个人评价的偏差。

4. 绩效考核的重点在于用什么程序来开发量表而非使用何种量表

在一个研究案例中，Smith和Kendall使用项目分析方法，确定特定的行为锚所具备的区分好护士和差护士的能力[3]。Bernardin等学者的研究表明，评估量表减少传统评级偏差的有效性，在某种程度上取决于量表开发和锚定的严谨性[4]。他认为这种严谨性可以通过标准的项目分析程序提高，这是一个非常值得重视的问题。与其他量表格式相比，行为锚定评分法表现相对令人失望的原因，很可能是由于在锚点的选择和等级方面缺乏严谨性[5]。

人们在锚定过程中，试图消除别的工具中存在的一些问题，但是如果使用不当，

---

[1] Campbell D T, Hunt W A, Lewis N A. The relative susceptibility of two rating scales to disturbances resulting from shifts in stimulus context[J]. Journal of Applied Psychology, 1958, 42(4): 213-217.

[2] Obradovic , Josip. Modification of the forced-choice method as a criterion of job proficiency[J]. Journal of Applied Psychology, 1970, 54(3): 228-233.

[3] Smith P C, Kendall L M. Retranslation of expectations: an approach to the construction of unambiguous anchors for rating scales[J]. Journal of Applied Psychology, 1963, 47(2): 149-155.

[4] Bernardin H J, Walter C S. Effects of rater training and diary-keeping on psychometric error in ratings[J]. Journal of Applied Psychology, 1977, 62(1): 64-69.

[5] Schwab D P, Heneman H, Decotiis T A. Behaviorally anchored rating scales: a review of the literature[J]. Academy of Management Annual Meeting Proceedings, 1975, 1975(1): 222-224.

比方说在锚的等级界定上过多或者过少，就会导致偏差。许多学者都证明了锚定过程会影响最终的项目量表值和标准差[1]。如果锚定过程不够科学，它可能会导致项目量表的数值和标准差被夸大。因此，评估的准确性在评价维度和锚定过程中就已经受到了影响。

通过以上讨论，可以得出如下结论。

第一，从1950年到1980年，学术界虽然致力于绩效考核方法的研究，但在开发一种有效的、心理测量学上能够替代传统图形评分法的方法上并没有取得什么进展。尽管如此，我们已经了解了关于评估量表格式的一般情况。尽管人们可能对高锚和低锚的各种物理安排、图形编号系统等有偏好，但这些偏好对实际评级行为几乎没有影响。也就是说，用哪种方法对绩效考核的有效性并没有什么影响。重点在于，设计评价体系中的维度和刻度的环节，以及锚定过程。

第二，评估者可用的考核类别数量不宜超过9个。如果考虑的是连续的而不是离散的反应连续体，那么明智的做法是进行一些试点研究，以确定潜在评估者能感知多少种反应类别。

第三，使用行为锚比使用简单的数字锚或形容词锚多一些优势。在缺乏良好的维度定义的情况下，这种优势可能会增加。

第四，在编制评分表时重要的是项目选择和采用严格的程序，而不是考虑具体格式。如果采用更严格的程序（比如行为锚定评分法），则可能会比传统方法有所改进。选择评价维度的程序比评估中的评价行为更加重要，而过去比较注重后者。

---

[1] Wells W D. Smith G. Four semantic rating scales compared[J]. Journal of Applied Psychology, 1960, 44(6): 393-397.

第三章 绩效考核的认知问题

前面两章，我们已经讨论了绩效考核与绩效管理研究的发展历程、绩效考核的科学性问题，并介绍了几个常用的绩效考核工具。本章将对绩效考核中的认知问题做专题讨论。绩效考核中的认知问题是指，评估者在评价他人的绩效时，需要收集、存储、回忆和使用有关被评估者的绩效信息，这些环节都与个体的认知能力相关。因此，准确的绩效考核离不开评估者的认知能力。Landy和Farr提出，与其强调工具的好坏、评估者的人格特征，还不如把更多精力放在评估过程的认知上[1]。我们认为认知在绩效考核的研究中，是具有里程碑意义的。

第一节 认知在绩效考核中的作用：结构与经验研究

认知过程是个体认知活动的信息加工过程。认知心理学认为，认知过程是由信息的获得、编码、存储、提取和使用等一系列连续的认知操作组成的，按一定程序进行信息加工的系统。

自20世纪80年代以来，绩效考核的研究转向对绩效考核过程的方法研究，这是一个强调认知的过程。评估者被认为是一个信息处理者，评估者个体间本身存在判断差异，个人在处理信息时如何强化判断的准确性就成了核心问题。

基于社会认知理论，我们根据已有文献，提出了评估者的绩效考核过程框架，如图3-1所示。考核过程包括两个子系统：评估者的认知过程（观察、存储、检索和判断）和组织的管理评估过程。

---

[1] Landy F J, Farr. J. L. Performance rating [J]. Psychological Bulletin, 1980, 87(1), 72-107.

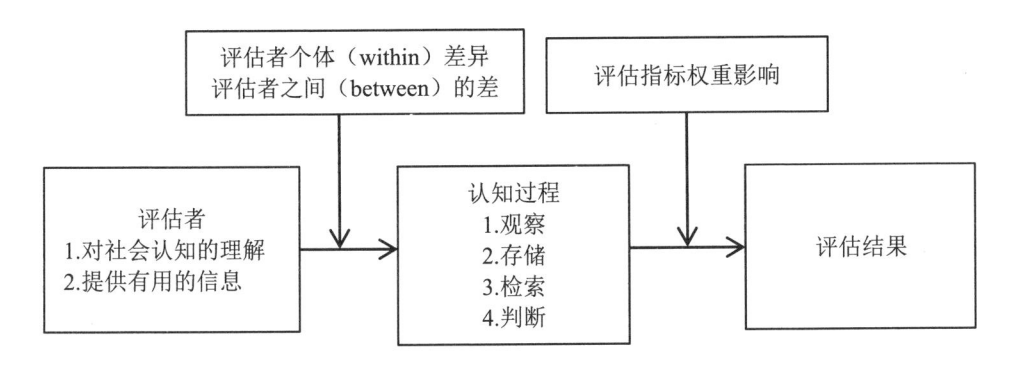

```
        ┌─────────────────────┐  ┌─────────────────┐
        │ 评估者个体(within)差异│  │ 评估指标权重影响 │
        │ 评估者之间(between)的差│  │                 │
        └──────────┬──────────┘  └────────┬────────┘
                   │                      │
┌──────────────┐   ↓   ┌──────────┐       ↓   ┌────────┐
│   评估者     │       │ 认知过程 │           │        │
│1.对社会认知的│──────→│ 1.观察   │──────────→│评估结果│
│  理解        │       │ 2.存储   │           │        │
│2.提供有用的  │       │ 3.检索   │           │        │
│  信息        │       │ 4.判断   │           │        │
└──────────────┘       └──────────┘           └────────┘
```

图 3-1 绩效考核过程框架（基于社会认知理论）

这个过程框架有两个重要贡献：第一，提供基本认知过程的基础研究[1]。第二，提供对考核有用的信息。第一个贡献是合理且重要的，但我们在这里重点讲第二个贡献。

认知的复杂性被Schneier定义为："一个人拥有以多维方式感知行为能力的程度。"[2] 认知复杂的人在感知他人的行为时有一个相对有区别的维度系统，而认知简单的人在感知他人的行为时有一个相对无区别的维度系统[3]。换句话说，认知复杂的人看人千人千面，而认知简单的人看人千人一面。Schneier的研究结果支持前面的假设，这种理论称之为认知兼容性理论。该理论认为，评估者的认知结构与评分格式的认知要求之间的兼容性，在绩效考核中至关重要。Schneier将"复杂"的评估格式定义为：在感知复杂和众多的工作行为时，需要许多具体的判断和精细的鉴别。此外，他还指出，在量表上使用行为锚会给认知简单的评估者带来困难。Schneier发现，认知复杂的评估者更喜欢用行为锚定评分法评分，并且对他们的评分更有信心，而认知简单的评估者更喜欢较简单的格式。与认知简单的评估者相比，认知复杂的评估者在评估时，表现出较少的晕轮效应。以上分析说明，较高的认知水平会带来较好的绩效考核结果。

---

[1] Ilgen D R, Barnes-Farrell J L, McKellin D B. Performance appraisal process research in the 1980s: What has it contributed to appraisals in use?[J]. Organizational Behavior and Human Decision Processes, 1993, 54(3): 321-368.

[2] Schneier C E. Operational utility and psychometric characteristics of Behavioral Expectation Scales: A cognitive reinterpretation[J]. Journal of Applied Psychology, 1977, 62(5): 541.

[3] Berry N H, Nelson P D, McNally M S. A note on supervisor ratings[J]. Personnel Psychology, 1966.

第二节 认知过程的影响因素

一、认知过程的三个阶段

认知过程涉及信息的观察、存储、检索和判断，可以将其分为三个阶段：(1)评估者获取被评估者信息阶段；(2)评估者分类存储信息阶段；(3)评估者提取和使用信息阶段[1][2]。

二、认知过程的四个影响因素

在评估模型的三个主要处理阶段中，有四个因素对评估过程有影响。(1)被评估者特征，如种族、性别、可亲性及其表现出来的真实情况。(2)评估者特征，包括种族、认知风格和对被评估工作的了解。(3)评估量表，它对评估准确性也会产生的影响。(4)评估环境，如评估的目的、是否对评估者进行了培训，以及观察被评估者和评估绩效之间的延迟度[3]。

三、对认知结构的进一步讨论

1. 获取被评估者信息阶段

绩效考核是以评估者获得被评估者的信息为出发点的。评估者必须在绩效考核之前完成三项认知任务：首先，评估者需要认识并关注被评估者的相关信息。其次，这些信息需要被组织和存储，以便日后查阅。新的信息还要与以前收集的信息相结合。再次，当评估者需要做出判断时，例如需要做出工作分配时，必须有组织地回忆相关信息。最后，在上述阶段的不同时期，或者当任务要求（如评估量表）必要时，需将信息整合为某种总结性的判断。由此可知，时间是一个重要的考虑因素，因为认知印象和评估是在连续观察行为的过程中形成的，而最终的判断既基于记忆，

---

[1] Denisi A S, Cafferty T P, Meglino B M. A cognitive view of the performance appraisal process: A model and research propositions[J]. Organizational Behavior and Human Performance, 1984, 33(3): 360-396.

[2] Feldman J M. Beyond attribution theory: Cognitive processes in performance appraisal[J]. Journal of Applied Psychology, 1981, 66(2): 127-148.

[3] Ilgen D R, Barnes-Farrell J L, McKellin D B. Performance appraisal process research in the 1980s: What has it contributed to appraisals in use? [J]Organizational Behavior and Human Decision Processes, 1993, 54(3): 321-368.

也基于当前的观察。

1）被评估者特征

Favero和Ilgen在研究被评估者的特征对注意力和观察力的影响时发现，评估者花在观察更容易定性或分类的被评估者时所花费的时间，明显少于那些不容易分类的被评估者[1]。随着观察被评估者的时间增加，评价的准确性也在增加。Heneman和Wexley发现，花更多时间去观察被评估者绩效情况的评估者做出的评价结果更加准确[2]。Balzer研究了初始印象对绩效信息记录的影响[3]。初始的印象（积极的或消极的）产生了明显的"对比效应"，从而偏离了后来的评估。从理论上讲，种族、职称、被评估者的能力和其他特征都被认为是可能影响观察的变量[4]，但对这些变量的研究还很缺乏。

2）评估者特征

正如被评估者的特征影响绩效考核的准确性一样，评估者的特征在评估过程中也承担着重要作用[5]。评估者的个体差异可能会影响他在观察被评估者行为时得出的结论。Cardy和Kehoe提出，评估者有选择地关注相关信息的能力会影响评分的准确性[6]。Jackson等人使用隐藏数字测试[7]，在研究中让注意力高或低的评估者对教员的绩效进行评分，其结果表明，选择性注意能力高的评估者比选择性注意能力低的评估者能更准确地区分被评估者。观察结果也可能受到评估者对被评估者应该做什么的先入为主想法的影响（即评估者对被评估者任务的了解程度）。虽然不知道有哪些研究直接考察了评估者对被评估者的任务的事先了解程度，但Foti和Lord的研究

---

[1] Favero J L, Ilgen D R. The effects of ratee prototypicality on rater observation and accuracy[J]. Journal of Applied Social Psychology, 1989, 19(11): 932-946.

[2] Heneman R L, Wexley K N. The effects of time delay in rating and amount of information observed on performance rating accuracy[J]. Academy of Management Journal, 1983, 26(4): 677-686.

[3] Balzer W K. Biases in the recording of performance-related information: The effects of initial impression and centrality of the appraisal task[J]. Organizational Behavior and Human Decision Processes, 1986, 37(3): 329-347.

[4] Denisi A S, Cafferty T P, Meglino B M. A cognitive view of the performance appraisal process: A model and research propositions[J]. Organizational Behavior and Human Performance, 1984, 33(3): 360-396.

[5] Ilgen D R, Barnes-Farrell J L, McKellin D B. Performance appraisal process research in the 1980s: What has it contributed to appraisals in use? [J]Organizational Behavior and Human Decision Processes, 1993, 54(3): 321-368.

[6] Cardy R L, Kehoe J F. Rater selective attention ability and appraisal effectiveness: The effect of a cognitive style on the accuracy of differentiation among ratees[J]. Journal of Applied Psychology, 1984, 69(4): 589.

[7] Jackson D N, Messick S, Myers C T. Evaluation of Group and Individual Forms of Embedded-Figures Measures of Field-Independence[J]. Educational and Psychological Measurement, 1964, 24(2): 177-192.

表明事先了解是很重要的[1]。

3）评估量表

有五项研究直接考察了评估量表对观察行为的影响，因为它们与准确性有关[2]。Denisi等人提出，在观察被评估者的绩效之前，接触评价工具可能会提醒评估者注意他们应该注意的那些特征或行为[3]。Denisi和Summers测试了这个假设，在受试评估者通过录像观察三个被评估者之后，他们测量了评估者对每个被评估者行为的回忆程度，以及他们对绩效的准确评价[4]。一半的评估者使用基于特质的评分表对绩效进行评分，而另一半则使用基于任务的评估量表。评估量表在实验过程中的三个阶段呈现给评估者：三分之一的人在观看录像带之前收到评估工具，三分之一的人在观看录像带之后但完成回忆任务之前收到，三分之一的人在完成回忆任务之后收到。结果表明，在观看录像带之前得到评估工具的评估者，在回忆和评估绩效方面更加准确。实验的结论是，在观察前引入评估工具有助于"培养"评估者使用分类系统来组织被评估者的行为[5]，而且使用这种系统的评估者对绩效的评分更准确。

4）评估环境

关于环境特征对观察影响的研究主要集中在观察和评分目的上。Foti和Lord在调查评估者对学校董事会会议进行评估时的认知模式的特点时发现，准确性受到观察目的的影响[6]。具体来说，他们发现，那些被要求记住学校董事会会议录像中事件的人，比那些被要求形成对董事会主席总体印象的人，更能准确地回忆起实际事件。Williams、Denisi、Blencoe和Cafferty的研究更清楚地表明了评估目的对观察的影响[7]。

---

[1] Foti R J, Lord R G. Prototypes and scripts: The effects of alternative methods of processing information on rating accuracy[J]. Organizational Behavior and Human Decision Processes, 1987, 39(3): 318-340.

[2] Ilgen D R, Barnes-Farrell J L, McKellin D B. Performance appraisal process research in the 1980s: What has it contributed to appraisals in use? [J]Organizational Behavior and Human Decision Processes, 1993, 54(3): 321-368.

[3] Denisi A S, Cafferty T P, Meglino B M. A cognitive view of the performance appraisal process: A model and research propositions[J]. Organizational Behavior and Human Performance, 1984, 33(3): 360-396.

[4] Denisi A S, Summers T P. Rating forms and the organization of information: A cognitive role for appraisal instruments[C]annual meeting of the Academy of Management, Chicago, IL. 1986.

[5] Wyer R S, Srull T K. Category accessibility: Some theoretical and empirical issues concerning the processing of social stimulus information[M]Social cognition. Routledge, 1981: 161-198.

[6] Foti R J, Lord R G. Prototypes and scripts: The effects of alternative methods of processing information on rating accuracy[J]. Organizational Behavior and Human Decision Processes, 1987, 39(3): 318-340.

[7] Williams K J, Denisi A S, Blencoe A G, et al. The role of appraisal purpose: Effects of purpose on information acquisition and utilization[J]. Organizational Behavior and Human Decision Processes, 1985, 35(3): 314-339.

他们的结论是，对绩效信息的搜索对环境的要求很敏感，评估者不仅因为要为不同目的做出评估决定而有着不同的动机，而且他们实际上可能需要不同的信息来达成这些决定。因此，在他们的研究中，评估目的确实影响了观察。

对评估过程的注意和对观察阶段的兴趣是建立在这样一个基本假设之上的：观察到的信息会影响评估的准确性[1][2][3]。对评估过程的注意和对观察阶段的兴趣相结合，影响观察到的行为数量和性质。此外，评估用途的线索会影响观察到的行为数量和细节水平[4][5]。这些信息为评估者提供了观察依据。评估环境由对被评估者的刻板印象、评估者关于被评估者任务的知识、评估者对评估量表的熟悉程度[6]和评分目的等因素影响。观察效应往往不是直接测量的，而是从回忆中推断出来的。因此，这个观点就显得特别重要：评估者靠回忆或者推论对被评估者进行评估，而回忆更会受到记忆的影响。

2. 分类存储信息阶段

分类是认知、信息存储和信息组织的基础，它使人们能够处理大量的数据，被定义为"模糊的集合"。Rosch等学者提出，信息的分类是基于给定信息的特征与类别原型的重叠程度，类别原型是总结类别成员之间相似性的抽象模拟或图示。在这个意义上，类别典范可以说或多或少地具有原型性。例如，水暖工比护理人员或实验室技术员更接近于技术工人的原型。分类的发展与自然界中发现的相关关系有关，比如，工作服比白大褂更典型地与手工工具相关。

Srull和Wyer提出了这样一种可能性：当具体信息不可用时，原型被用作猜测的

---

[1] Favero J L, Ilgen D R. The effects of ratee prototypicality on rater observation and accuracy[J]. Journal of Applied Social Psychology, 1989, 19(11): 932-946.

[2] Heneman R L, Wexley K N. The effects of time delay in rating and amount of information observed on performance rating accuracy[J]. Academy of Management Journal, 1983, 26(4): 677-686.

[3] Ilgen D R, Barnes-Farrell J L, McKellin D B. Performance appraisal process research in the 1980s: What has it contributed to appraisals in use? [J]Organizational Behavior and Human Decision Processes, 1993, 54(3): 321-368.

[4] Denisi A S, Cafferty T P, Meglino B M. A cognitive view of the performance appraisal process: A model and research propositions[J]. Organizational Behavior and Human Performance, 1984, 33(3): 360-396.

[5] Foti R J, Lord R G. Prototypes and scripts: The effects of alternative methods of processing information on rating accuracy[J]. Organizational Behavior and Human Decision Processes, 1987, 39(3): 318-340.

[6] Denisi A S, Summers T P. Rating forms and the organization of information: A cognitive role for appraisal instruments[C]annual meeting of the Academy of Management, Chicago, IL. 1986.

基础[1]。一个人的记忆任务可能有解决问题的成分，因此信息的分类就会成为一个受控的而不是自动的过程。人们是错误地记住了信息，还是推断并记住了看不见的信息，这是一个目前无法解决的重要问题[2]。无论哪种过程都符合Wyer的记忆和信息处理模型[3]。当领导有大量的员工需要评估时，他们很少有机会与员工进行长时间的互动，而评估的形式是简单的评价性评分、特质性评分或认可性任务，在使用以行为为基础的评分表或行为检查表时，这种情况尤其明显。请注意，要解释这样的结果，既不需要公开的偏差，也不需要动机上的偏差，这是由分类过程本身的性质决定的。因此，可以说，在允许一个特定的人立即被同化为一个类别原型的条件下，关于这个人的进一步信息将被自动解释并存储在同一类别中，这比其他类别更容易获得。

这一认知过程与绩效考核是有相关性的。当一个员工被分配到一个信息类别时，对该员工的进一步记忆判断就会被类别原型所影响，也就是这一类别所代表的典型信息类别。这个过程在功能上与刻板印象相同，它通过将类别的一般评价与人联系起来，产生对人的错误记忆，或者两者兼而有之，产生对员工的低评价或高评价。

由于绩效考核很少在观察完绩效后立即执行，评估者有必要对观察结果进行分类并存储在记忆中，时间可能长达一年或更长。归类和存储过程会导致一些信息在被提取进行评估之前被丢失、丢弃或歪曲。因此，如果回顾的信息不能反映实际观察到的情况，那么后续评价的准确性就会受到阻碍。由于这个原因，了解观察结果是如何组织和存储的，对于理解促进准确评估的条件至关重要。

1）被评估者特征

Foti和Lord描述的研究集中在用于评估领导者绩效的信息处理策略上[4]。在这种情况下，领导者就是被评估者。作为研究的一部分，Foti和Lord研究了被评估者的一

---

[1] Srull T K, Wyer R S. The role of category accessibility in the interpretation of information about persons: Some determinants and implications[J]. Journal of Personality and Social psychology, 1979, 37(10): 1660.

[2] Ilgen D R, Barnes-Farrell J L, McKellin D B. Performance appraisal process research in the 1980s: What has it contributed to appraisals in use? [J]Organizational Behavior and Human Decision Processes, 1993, 54(3): 321-368.

[3] Wyer Jr R S. The acquisition and use of social knowledge: Basic postulates and representative research[J]. Personality and Social Psychology Bulletin, 1980, 6(4): 558-573.

[4] Foti R J, Lord R G. Prototypes and scripts: The effects of alternative methods of processing information on rating accuracy[J]. Organizational Behavior and Human Decision Processes, 1987, 39(3): 318-340.

个特点，即领导者的行为与一般人认为的典型或预期的行为的相似程度，是如何影响对绩效事件的准确回忆的。他们发现，员工会建立起有效领导力的原型，那些与原型相似的领导者行为，比与原型不相似的行为和事件的回忆准确性要低。这表明，使用原型来存储观察结果可能会干扰回忆的准确性，特别是那些与原型直接相关的行为和事件。

2）评估者特征

有几项研究考察了这样一个前提，即评估者在存储信息的组织过程中存在差异，这些过程会影响对观察到的行为的准确回忆。Nathan和Lord进行了一项实验室研究，他们评估了两种不同的认知过程模型如何恰当地描述评估者对绩效信息的组织[1]。特别是，该研究直接比较了Borman的所谓传统模型和Feldman描述的认知分类模型[2][3]。根据传统模型，评估者在相对独立的维度上存储信息。这意味着，在有利的评分条件下，评估者应该能够区分不同的绩效维度，因此，晕轮效应偏差应该很低。另一方面，认知分类模型提出，信息被更全面地存储为一般印象（例如，"好工人"或"差工人"），而一般描述性类别的原型特征基于总体印象指导回忆。因此，即使在有利的评分条件下，也会有很大的晕轮效应。

3）评估量表

Denisi和Summers对分类过程和评估准确性之间的关系进行了研究[4]。他们研究了评估量表的引入时间如何影响评分的准确性，还确定了评估者对被评估者行为的分类。结果表明，使用基于任务的评分表的评估者和在观察前得到评分表的评估者更可能有可识别的分类方案。此外，使用统一的评估方法来组织信息的评估者在回忆被评估者行为和评估绩效方面都更准确。在使用统一评估方法的评估者中，那些主要是以人为关注点的评估者回忆准确性最高，以任务为关注点的评估者准确性次

---

[1] Nathan B R, Lord R G. Cognitive categorization and dimensional schemata: A process approach to the study of halo in performance ratings[J]. Journal of Applied Psychology, 1983, 68(1): 102-114.

[2] Borman W C. Exploring upper limits of reliability and validity in job performance ratings[J]. Journal of Applied Psychology, 1978, 63(2): 135.

[3] Feldman J M. Beyond attribution theory: Cognitive processes in performance appraisal[J]. Journal of Applied Psychology, 1981, 66(2): 127.

[4] Denisi A S, Summers T P. Rating forms and the organization of information: A cognitive role for appraisal instruments[C]annual meeting of the Academy of Management, Chicago, IL. 1986.

之，而以绩效为关注点的评估者准确性最低。在评分准确性方面，以人为关注点的评估者也是最准确的，以绩效为关注点的评估者是次准确的，以任务为关注点的评估者的准确性与没有可识别分类模式的评估者相近。总的来说，虽然研究不多，但评估工具的特点似乎可以提示信息如何被分类并存储在记忆中。

4）评估环境

评估环境的要求和特点是如何影响信息存储过程及其相对有效性的呢？Foti和Lord发现，评估者观察的预期目的（记忆与印象形成），以及他们对某一事件的目标所拥有的信息量，都会影响评估者对他们观察的事件进行分类[1]。具体来说，为了回忆而观察或者理解了被观察事件目标的评估者，更可能使用草稿模式（Script Schemas）[2]。另一方面，对事件有印象的评估者和不了解事件基本目标的评估者，更有可能使用原型模式来分类和存储观察结果。综上所述，这些差异是很重要的，因为它们影响了评估者准确回忆那些代表被评估者绩效的行为和事件的能力。

3. 提取和使用信息阶段

认知包含两个重要的方面，一是对社会认知的理解，二是能够收集到有用的信息。当评估者需要评价他人的时候，会回忆存储的信息并用于评价，进而得出评估结果。由于大脑会产生遗忘或记忆偏差，因此也会出现认知的偏差问题。由此可知，认知就是把获取的信息分成阶段，这种说法在上文中已经得到证明。认知分成阶段有助于提高认知的准确性，认知能力高的评估者，绩效考核做得更好。更全面的信息获取过程有助于提高绩效考核的有效性，同时会得到更好的存储和更全面的回忆过程。当全面的信息获取、全面的存储、全面的回忆三个方面做到最佳的时候，绩效考核的结果肯定是最好的。

1）被评估者特征

在一项实验室研究中，Schmitt和Lappin调查了评估者和被评估者的种族和性别

---

[1] Foti R J, Lord R G. Prototypes and scripts: The effects of alternative methods of processing information on rating accuracy[J]. Organizational Behavior and Human Decision Processes, 1987, 39(3): 318-340.

[2] Ilgen D R, Barnes-Farrell J L, McKellin D B. Performance appraisal process research in the 1980s: What has it contributed to appraisals in use? [J]Organizational Behavior and Human Decision Processes, 1993, 54(3): 321-368.

对评估者准确性的影响[1]。如果根据种族和性别来选择评估者，研究发现，评估者对同种族被评估者的绩效评价更准确。Dobbins、Cardy和Truxillo报告了另一项关于被评估者性别对评价准确性影响的研究[2]。通过让学生对不同性别的大学教授的教学绩效进行书面绩效描述和评价，并说明他们的评价会用于研究、反馈，并影响教授的工资和晋升。结果表明，被评估者的性别影响了绩效考核的方向，如对男性教授的评价相对于他们的真实绩效水平而言被夸大，而对女性教授的评价相对于她们的真实绩效而言被低估。在一项涉及大学教授绩效评估的研究中，对目标评估者的好感度进行了与绩效水平无关的操纵。他们发现，对被评估者的好感度极大地影响了绩效考核的准确性（而不仅仅是水平）：评估者给绩效好的人的评价，比他们给绩效差的人的评价更准确。这其中的原因并不清楚，一种解释是，大多数人在大多数工作中绩效都相当好，因此，对他人绩效的观察者在处理好的绩效行为时可能比处理坏的绩效行为时有更多的实践，从而能够更好地判断这些行为。

2）评估者特征

一些研究已经考察了评估者的特征对评价准确性的影响。在Schmitt和Lappin的研究中，评估者的种族与被评估者的种族相互影响，当两人的种族同族时，评价比不同族更准确。认知能力及其特征，如认知复杂事件的能力，被认为是影响评估者准确区分员工优缺点的能力的特征。然而，Bernardin、Cardy和Carlyle进行的学生对教授绩效的评价研究发现，认知复杂性不会影响评估者的准确性[3]。另一方面，Smither和Reilly确实发现评估者的智力与总体准确性、刻板印象的准确性和差异性的提升三者呈正相关关系[4]。

评估者的情感状态也被证明会影响评价的准确性。Dobbins等的研究发现，评估

---

[1] Schmitt N, Lappin M. Race and sex as determinants of the mean and variance of performance ratings[J]. Journal of Applied Psychology, 1980, 65(4): 428.

[2] Dobbins G H, Cardy R L, Truxillo D M. The effects of purpose of appraisal and individual differences in stereotypes of women on sex differences in performance ratings: A laboratory and field study[J]. Journal of Applied Psychology, 1988, 73(3): 551.

[3] Bernardin H J, Cardy R L, Carlyle J J. Cognitive complexity and appraisal effectiveness: Back to the drawing board?[J]. Journal of Applied Psychology, 1982, 67(2): 151-160.

[4] Smither J W, Reilly R R. True intercorrelation among job components, time delay in rating, and rater intelligence as determinants of accuracy in performance ratings[J]. Organizational Behavior and Human Decision Processes, 1987, 40(3): 369-391.

者对被评估者的好感度会影响绩效考核的准确性[1]。此外，Sinclair的报告说，评估者的情绪会影响绩效考核过程，因为情绪高涨的状态与使用更广泛的类别和增加对积极信息的关注有关，而处于抑郁状态的评估者的绩效评价可能具有更少的晕轮效应、更高的准确性和有效性[2]。

Kozlowski和Kirsch也研究了评估者对工作的熟悉程度，他们研究了在困难的记忆条件下对棒球运动员绩效的评价[3]。Kirsch发现，在棒球赛季结束三周后，评估者的工作知识和对被评估者的熟悉程度，都与Cronbach的评分准确性成分指数[4]呈正相关。这项研究还支持这样的观点：个人对绩效维度之间概念相似性的感知，与这些维度上的绩效评估之间的协方差的系统性偏差有关，但这种失真取决于评估者对工作的了解和对被评估者的熟悉程度的相互作用。工作知识掌握程度低的评估者在评估熟悉的被评估者时，会出现系统性偏差，反之亦然。

3）评估量表

评估量表特征与被评估者或工作任务的类型有关。这些维度可以分为两个主要组别，即被评估者的特征和被评估者的行为。在一项实验室研究中，Fay和Latham评估了使用三种评估量表方法的相对准确性[5]，即特质量表法、行为锚定评分法和行为观察法。在判断评估者对录像面试者的绩效进行评分的总体准确性时，他们发现，以行为为导向的评估方法都优于特质量表。

Nathan和Alexander对行为锚定评分法和行为观察法所涉及的认知过程进行了出色的讨论[6]。他们同意Bernardin和Kane[7]的观点，即行为观察法受到的认知扭曲并不

---

[1] Dobbins G H, Cardy R L, Truxillo D M. The effects of purpose of appraisal and individual differences in stereotypes of women on sex differences in performance ratings: A laboratory and field study[J]. Journal of Applied Psychology, 1988, 73(3): 551.

[2] Sinclair R C. Mood, categorization breadth, and performance appraisal: The effects of order of information acquisition and affective state on halo, accuracy, information retrieval, and evaluations[J]. Organizational Behavior and Human Decision Processes, 1988, 42(1): 22-46.

[3] Kozlowski S W, Kirsch M P. The systematic distortion hypothesis, halo, and accuracy: An individual-level analysis[J]. Journal of Applied Psychology, 1987, 72(2): 252-261.

[4] Cronbach L J. Processes affecting scores on" understanding of others" and" assumed similarity."[J]. Psychological Bulletin, 1955, 52(3): 177-193.

[5] Fay C H, Latham G P. Effects of training and rating scales on rating errors[J]. Personnel Psychology, 1982, 35(1): 105-116.

[6] Nathan B R, Alexander R A. The role of inferential accuracy in performance rating[J]. Academy of Management Review, 1985, 10(1): 109-115.

[7] Bernardin H J, Kane J S. A second look at behavioral observation scales[J]. Personnel Psychology, 1980, 33(4): 809-814.

比其他量表少。关于行为锚定评分法，Nathan和Alexander认为，开发这些量表的过程对评估者的认知结构没有影响，但它确实增加了评估者分享共同的认知系统来进行评分的概率。

4）评估环境

大多数研究表明，绩效评估的准确性，受到被评估者执行任务和绩效评估之间的时间差异影响。具体来说，观察后立即进行的评价往往比延迟一天或更长时间后的评价更准确。延迟对评估准确性的影响也不是完全稳定的。Smither和Reilly发现，观察和评分之间的24小时延迟并不影响评分的准确性[1]。Barnes-Farrell和Couture发现，虽然观察和评估之间的一周延迟大大降低了被评估者正确识别绩效行为的比例，但它并不影响绩效考核的总体准确性[2]。

另一种会影响评估准确性的环境特征是，评估者对正在进行的评估目的的看法。Murphy等人认为，如果在评估者观察被评估者之前就知道评分的目的，就会影响观察过程中的注意过程和观察后的记忆过程[3]。印象形成的研究表明，目的（无论是形成对他人的总体印象还是回忆关于他人的详细信息）会影响观察和记忆[4][5]。

4. 认知过程模型可能产生系统偏差

Feldman认为，许多与绩效考核相关的问题，可以通过认识到评估者围绕预先存在的、与评估任务相关的认知类别综合信息来解决[6]。然而，这种综合信息可能会产生系统性而非随机性的评价偏差，而大多数评估技术所依据的心理测量理论无法充分处理这种偏差。大多数心理测量技术并没有检测到这种偏差，而是将系统性偏差当作真正的分数差异来处理，从而产生了严重夸大的可靠性或准确性估计。绩效

---

[1] Smither J W, Reilly R R. True intercorrelation among job components, time delay in rating, and rater intelligence as determinants of accuracy in performance ratings[J]. Organizational Behavior and Human Decision Processes, 1987, 40(3): 369-391.

[2] Ilgen D R, Barnes-Farrell J L, McKellin D B. Performance appraisal process research in the 1980s: What has it contributed to appraisals in use? [J]Organizational Behavior and Human Decision Processes, 1993, 54(3): 321-368.

[3] Murphy K R, Balzer W K. Rater errors and rating accuracy[J]. Journal of Applied Psychology, 1989, 74(4): 619-624.

[4] Lingle J H, Ostrom T M. Retrieval selectivity in memory-based impression judgments[J]. Journal of Personality and Social Psychology, 1979, 37(2): 180.

[5] Hamilton D L, Katz L B, Leirer V O. Cognitive representation of personality impressions: Organizational processes in first impression formation[J]. Journal of Personality and Social Psychology, 1980, 39(6): 1050.

[6] Feldman J M. Beyond attribution theory: Cognitive processes in performance appraisal[J]. Journal of Applied Psychology, 1981, 66(2): 127.

考核通过评估者的认知程度，来解决评估任务相关问题，但人们不容易检测出这种非随机的偏差，而是对偏差结果产生过度的处理，使准确性偏离严重。

另一种接近准确性的方法是，关注评估者通常会犯的偏差类型，并通过评估者培训来消除这些偏差。可是，这种方法并不能提高甚至可能降低准确性[1][2]。如果像晕轮效应这样的评分偏差，部分来自基于真实属性或被评估者行为的认知简化，那么减少这样的偏差将消除真实及偏差方差[3][4][5][6]。因此，一般来说，无法判断对评估者的培训或对错误的纠正能否真实提高准确性。研究者试图通过培训评估者来消除偏差，但这种方法并不能提高准确性。因为在消除评估偏差的过程中，消除的不仅是偏差，有可能把真实准确的部分也一并消除了。实验结果说明了确定和测量准确性的固有问题。第一，行为评分可能是基于评估者对特定行为的真实编码和回忆，这就是通常所说的准确的行为测量。第二，行为信息可以被用来准确地分类或形成对目标刺激的总体印象，但只有这种总结性的评价会被存储在长期记忆中。因此，准确度可能只存在于对事物的总体分类方面。尽管它对许多目的来说显然是有用的，但这种分类的准确性并不能为测试行为理论或开发行为导向的训练项目提供充分的基础信息，因为当感知者简化和整合信息时，真正的行为信息就会丢失。第三，实验效果可能只是反映了评估者决策标准的变化[7]。

---

[1] Bernardin H J, Pence E C. Effects of rater training: Creating new response sets and decreasing accuracy[J]. Journal of Applied Psychology, 1980, 65(1): 60-66.

[2] Borman W C. Format and training effects on rating accuracy and rater errors[J]. Journal of Applied Psychology, 1979, 64(4): 410-421.

[3] Harvey R J. The future of partial correlation as a means to reduce halo in performance ratings[J]. Journal of Applied Psychology, 1982, 67(2): 171-176.

[4] Hulin, Charles L. Some reflections on general performance dimensions and halo rating error[J]. Journal of Applied Psychology, 1982, 67(2): 165-170.

[5] Murphy K R. Difficulties in the statistical control of halo[J]. Journal of Applied Psychology, 1982, 67(2): 161-164.

[6] Nathan B R, Lord R G. Cognitive categorization and dimensional schemata: A process approach to the study of halo in performance ratings[J]. Journal of Applied Psychology, 1983, 68(1): 102-114.

[7] Saal F E, Downey R G, Lahey M A. Rating the ratings: Assessing the psychometric quality of rating data[J]. Psychological Bulletin, 1980, 88(2): 413.

第三节 绩效考核过程模型及相关理论

一、绩效考核过程模型

绩效考核研究领域的许多学者指出，在理解判断性绩效测量方面取得任何重大进展之前，某种类型的模型是必要的[1][2][3][4][5]。绩效考核过程模型是一个较精细、连贯和广泛的绩效评估系统的呈现。有学者试图更具体地描述构成更大评估系统的子系统，认为绩效考核过程包括两个子系统：评估者的认知过程（观察、存储、回忆和判断）和组织的管理评估过程[6]。这个观点很值得注意：以往的绩效考核系统更加注重评估者的行为，而现在的绩效考核系统既注重行为，也注重评估者的认知过程。绩效考核过程模型如图3-2所示。

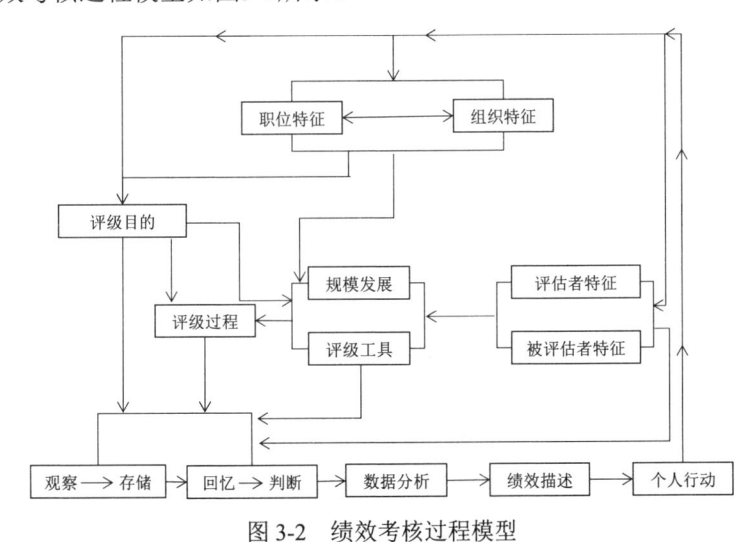

图 3-2 绩效考核过程模型

---

[1] Decoths T A. An analysis of the external validity and applied relevance of three rating formats[J]. Organizational Behavior and Human Performance, 1977, 19(2): 247-266.

[2] Jenkins G D, Taber T D. A Monte Carlo study of factors affecting three indices of composite scale reliability[J]. Journal of Applied Psychology, 1977, 62(4): 392-398.

[3] Kane J S, Lawler E E. Methods of peer assessment[J]. Psychological Bulletin, 1978, 85(3): 555.

[4] Schwab D P, Heneman H, Decotiis T A. Behaviorally anchored rating scales: a review of the literature[J]. Academy of Management Annual Meeting Proceedings, 1975, 1975(1): 222-224.

[5] Zedeck S, Jacobs R, Kafry D. Behavioral expectations: Development of parallel forms and analysis of scale assumptions[J]. Journal of Applied Psychology, 1976, 61(1): 112.

[6] Landy F J, Farr. J. L. Performance rating [J]. Psychological Bulletin, 1980, 87(1), 72-107.

该模型假设在绩效考核中，评估者和被评估者都具有各自的特征，这些特征会影响绩效考核的结果。例如，评估者偏差可能与年龄、性别、种族、领导风格、个人关系等有关。除了这些评估者和被评估者特征所代表的主要影响，评估者和被评估者的特征无疑还存在相互作用。已有研究表明，评估者的种族和被评估者的种族在绩效判断中也有相互作用的可能性[1]。该模型还表明，评估者和被评估者的特征对评估工具的选择和开发有影响，不同特征的人倾向于选择特定的开发工具。这些特征可能包括受教育程度、以前的绩效考核经验，以及在组织中的任期。受教育程度高的人可能倾向于选择难度比较大的评估工具，受教育程度低的人则反之。

评估发生的最直接背景由特定组织和所考虑的特定职位定义。组织规模可以调节一些关键变量，如控制范围、劳动力的季节性变化、员工离职率、兼职与全职员工的比例等。还有学者提议，各组织因其成员所感知的气氛而有所不同。除了组织之间的差异，这些组织内部的职位也有明显的差异。在组织层次结构中，职位因级别而异；不同层次在蓝领和白领在称呼上也有所不同。职位特征和组织特征共同影响评估工具的选择和发展，并且受评估目的的影响。奖励性组织经常使用评估来帮助员工发展，而惩罚性组织可能会使用相同的信息来解雇员工。令人遗憾的是，涉及职位特征和组织特征对绩效考核的影响方面的系统研究还很少。

评估目的是至关重要的。首先，在一个组织的一个级别上使用评估来制定行政决策，但在另一个级别上用于咨询，这是很常见的现象。员工咨询通常需要一种不同于单纯用于管理目的的工具。其次，评估的目的也会影响评估的过程。例如，如果评估目的是用于员工培训或发展，则员工可以知晓评估结果；但如果是用于薪资决策，则员工不会被告知绩效评估结果。最后，绩效评估的目对评估者的认知过程有实质性的影响，为研究目的所做的评估与为管理目的所做的评估有很大的不同。

实际用于收集绩效信息的量表是工具选择系统中的变量。通过量表开发或选择的过程，确定了一种工具，该工具大概能够帮助评估者在不同类别的行为方面对评估进行区分。量表的编制可能涉及开发群体（如行为锚定评分法），或来自对当前员工的研究项目分析（如强制分布法）。无论采用何种开发方法，都将选择或构造一种工具来对绩效进行判断。该工具具有某些特征——锚的类型（行为锚或形容词锚

---

[1] Landy F J, Farr. J. L. Performance rating [J]. Psychological Bulletin, 1980, 87(1), 72-107.

和数量、响应类别的数量（如考核指标数量的多少）、刻度等级的多少（如5或7）等。这些特征将直接受到评估环境（包括职位特征、组织特征和评估目的）、评估者特征、被评估者特征等因素的影响。选择不同的工具，会导致我们认知的不同。如选择图形评分法，获取的信息更多是一些维度上的得分判断；而选择行为锚定评分法则可能会更加关注员工行为特征。不同的关注点会导致不同的信息收集类型与质量。

评估过程是对评估施加的约束。例如，一年收集一次与一年收集两次的评估信息具有不同的特征；在日常收集与在特殊时段（如纪念日等）收集的评估信息具有不同的特征；在嘈杂、公共、分散注意力的环境中进行的评估与在安静、私人、无干扰的环境中进行的评估具有不同的特征；最终会被被评估者看到结果的评估与那些不会被被评估者看到结果的评估具有不同的特征；在评估之前进行培训与没有进行培训所产生的评估具有不同的特征。

评估者的认知过程可以分为两个过程，第一个过程是观察/存储，第二个过程是回忆/判断。这些认知操作受到许多变量的影响：评估目的、评估过程、评估工具及相互作用的被评估者特征。在评估者做出绩效评价后，必须就如何处理该信息做出决定，这些决策可能对绩效考核的准确性有实质性的影响。在最终的绩效考核中，处理信息的方式必须被视为潜在的差异来源。长期以来，关于综合标准与多重标准的争论，证明了这一组成部分在一般绩效测量系统中的重要性[1]。如果信息被不恰当地组合或不准确地输入到人事决策系统中，它将不可避免地对该系统产生负面影响。

绩效描述是指数据分析过程产生的反馈结果。这些描述会反馈给从事验证研究或培训评估研究的人事部门，包括从事薪酬预算或劳动力计划的行政官员、从主管那里得到绩效反馈的员工，这些会影响评估者和被评估者的特征。以非惩罚性的方式反馈的准确绩效数据将帮助个人消除弱点，保持优势。这也是要把绩效考核的目的从惩罚性变成鼓励性的原因所在。

从个人行动到评估目的的反馈循环具有重要的含义，它是指评估者感知评估目的的过程。

一个实质性的理论框架要对理解一种行为现象（如绩效考核）有价值，就必须能够统一这种现象的各种特征；它应该有能力解释似乎相互矛盾的结果，为混乱带

---

[1] Landy F J. Psychology of work behavior[M]. Thompson:Thomson Brooks/Cole Publishing Co, 1989.

来秩序。绩效考核过程模型基于以下两个理论基础，分别是内隐人格理论和心理测量评估理论[1]。

二、内隐人格理论

内隐人格理论的研究对于理解评估行为有着丰富的意义。Bruner和Tagiuri认为，内隐人格理论是指，个体通常在不知不觉中形成关于他人心理和行为假设的理论，这与绩效考核中晕轮效应的定义很接近。Cronbach扩展了这一定义，他认为内隐人格理论不仅包括特征间的差异，还包括特征间差异的均值和方差，这暗示着内隐人格理论与宽大效应、居中趋势之间存在某种关系[2]。

在某种意义上，绩效评估代表了内隐人格理论的具体实例，即评估者在绩效维度上假设的值独立于被评估者在这些维度上的实际行为。这也说明如果评估者对被评估者有不正确的主观假设，评估结果将与实际的结果相差很远。在这方面，Passini和Norman的研究很有趣[3][4]，他们证明，特征之间的相关性可以通过评估者的结构来解释，而不是通过评估中的行为模式来解释。这也说明，在绩效考核中，既要注意到评估者的个人特征，还要注意到评估者是在什么结构中进行评价。

Koltuv的一项早期研究表明，内隐人格理论最有可能在评估者与被评估者熟悉度较低的情况下起作用[5]。因此，人们可以合理地得出这样的结论：绩效评估的均值、方差和协方差在一定程度上取决于评估者与被评估者的熟悉程度。这个结论解释了为什么由直接领导承担对下属的评价很关键。

在内隐人格理论的研究中有这样的观点，即我们对自己不喜欢的人或来自不同阶层的人的信息寻求较少。这类似于Gordon描述的差异准确性现象（DAP），该现象

---

[1] Wherry Sr R J, Naylor J C. Comparison of two approaches—JAN and PROF—for capturing rater strategies[J]. Educational and Psychological Measurement, 1966, 26(2): 267-286.

[2] Cronbach L J. Processes affecting scores on" understanding of others" and" assumed similarity."[J]. Psychological Bulletin, 1955, 52(3): 177-193.

[3] Passini F T, Norman W T. Ratee relevance in peer nominations[J]. Journal of Applied Psychology, 1969, 53(3p1): 185.

[4] Norman W T, Goldberg L R. Raters, ratees, and randomness in personality structure[J]. Journal of Personality and Social Psychology, 1966, 4(6): 681.

[5] Koltuv B B. Some characteristics of intrajudge trait intercorrelations[J]. Psychological Monographs: General and Applied, 1962, 76(33): 1.

使Gordon得出结论，对低绩效者的描述不如对高绩效者准确[1][2]，所以得分不高的员工往往要引起我们的注意。此外，在组织中区分评估者和被评估者的级别相差数量似乎会影响绩效判断的准确性[3][4]。但是，也并非级别相差数量越大就越准确。

内隐人格理论作为考察绩效评估的启发式手段，其有趣之处在于，它为一些古老而令人烦恼的问题带来了新的视角。它要求研究者从新的角度来看待评估偏差，这些偏差成为受个体差异支配的行为现象。Landy等人认为，绩效评估偏差不仅仅是由量表或工具的属性所致。偏差是由许多参数决定的，其中一些参数可能是评估者之间的认知差异。

三、心理测量评估理论

1952年，Wherry提出了心理测量评估理论，这是一个评估过程理论。他指出，评估的准确性取决于被评估者的表现，评估者对被评估者表现的观察或感知，评估者对其绩效观察的回忆。评估的这三个组成部分中的每一个都可以被分解成子部分。这是一个非常有见地的观点，但直到30年后，评估过程理论在20世纪80年代才开始受到重视，并逐渐流行起来。借鉴经典心理测试理论，Wherry假设评估过程的每个组成部分都有系统部分和相应部分。系统部分可以进一步划分为真实方面和偏差方面，其中偏差是系统的。这跟认识论很像，认识论也会认为一些事情是可以看得清楚的，一些事情是看不清的。对被评估者实际表现的感知或观察同样可以分为几个方面。对一个工作绩效的感知可以被认为是被评估者在该实例中的实际表现、对绩效的感知偏差和随机偏差的总和。这样就进一步分解了评估过程。

评估过程的最后一个阶段是回忆和报告先前感知到的工作绩效。这种回忆是由以前对绩效的感知、系统的回忆偏差和随机的回忆错误三者组成的。回忆的偏差因素可以被认为是由三个类似于知觉的因素组成的：真实偏差、局部偏差和总体偏差。

---

[1] Gordon M E. The effect of the correctness of the behavior observed on the accuracy of ratings[J]. Organizational Behavior and Human Performance, 1970, 5(4): 366-377.

[2] Gordon M E. An examination of the relationship between the accuracy and favorability of ratings[J]. Journal of Applied Psychology, 1972, 56(1): 49.

[3] Whitla D K, Tirrell J E. The validity of ratings of several levels of supervisors[J]. Personnel Psychology, 1953, 6(4): 461-466.

[4] Zedeck S, Baker H T. Nursing performance as measured by behavioral expectation scales: A multitrait-multirater analysis[J]. Organizational Behavior and Human Performance, 1972, 7(3): 457-466.

同样，回忆成分的每个元素都根据其对评分的影响程度进行加权。在上述的讨论中，Wherry把对信息的回忆也纳入绩效考核。回忆过程是最容易产生偏差的，但是以前很长时间的理论并不讨论这个因素，这是因为没有把绩效考核看成一个过程。

虽然无法详细地描述所有这些定理和推论，但研究其中的一些定理和推论对更好地理解该理论的实质性质是有指导意义的。例如，有人假设，如果评估者与被评估者有很多相关的接触，则他们的评分就会比较准确，这与Freeberg后来的研究[1]一致。

Wherry还预测，在研究条件下收集的评估将比在管理条件下收集的评估更准确，并且增加观察、判断或评估者的数量往往会减少偏差。特别是，获得关于不同绩效领域的评估往往会减少局部偏差，但对总体偏差没有影响。

Wherry推导出的一个重要定理指出，评估量表的信度传达的关于其有效性的信息很少，因为测量的信度可能是由于认知偏差而不是真实的绩效。由于评估量表的价值是其可靠性，这一定理表明，许多评估研究都被错误地导向了可靠性，而不是有效性和准确性。这个观点非常正确，它提醒我们，在绩效考核中，既要关注可靠性，更要关注有效性和准确性问题。

Wherry指出，评估者培训应包括观察技术的指导，以及在评估期间保持书面绩效观察。他还建议，绩效评估结果既被被评估者看到，又被评估者的上级看到。从对Wherry的心理测量评估理论的简要介绍来看，很明显这种方法对绩效评估研究有很大的帮助。绩效考核研究人员应该仔细回顾这一理论，并进行实证检验。

Wherry的绩效评估过程模型主要考虑了认知元素的组成部分[2]。将评价划分为方差分量也具有启发式价值。当人们认为观察、存储、回忆和判断构成了评估者的任务，而不是试图处理单一的评估现象时，影响评估的因素就易于识别了。Wherry认为，在绩效评估过程模型中，应更多考虑职位特征、过程变化等因素。通过考虑变量之间的相互作用和整个评估系统的明确周期性来扩展绩效评估过程，能更清楚地揭示了影响认知要素的诸多因素。Wherry的这些研究，使得他成为绩效考核要强调认知这一观点的重要代表人物。

---

[1] Freeberg N E. Relevance of rater-ratee acquaintance in the validity and reliability of ratings[J]. Journal of Applied Psychology, 1969, 53(6): 518.

[2] Wherry.Control of Bias in Rating, Final Report, Subproject 7: A Comparison of Various Rating Methods[J]. 1952.

第四章 绩效管理

第一节 个人绩效与组织绩效的关系

个人绩效与组织绩效之间存在密切的关系，个人绩效对于组织绩效具有重要的影响，个人绩效的表现直接影响组织绩效的整体水平。个人绩效定义为：一个人在完成工作任务和职责方面的表现和成就；组织绩效则是指：组织在实现其目标和使命方面的表现和成就。我们一般认为个人绩效和组织绩效相辅相成，互相促进。首先，个人绩效往往正向影响组织绩效。一个组织的绩效往往是由其员工的绩效累积而成的，当组织中的员工表现出色、完成任务质量高、工作效率高，组织的绩效也会相应提高。其次，组织绩效也会影响个人绩效。组织的发展状况、目标和策略都会影响员工的个人绩效。如果组织的发展状况良好、目标清晰明确、策略科学合理，则员工的个人绩效往往也会相应提高。此外，组织对于员工的绩效考核和激励措施也会对员工的个人绩效产生影响。如果组织的绩效考核体系合理公正，激励措施丰富多样，能够及时有效地给予员工反馈和奖励，那么员工的个人绩效也会得到相应提升。因此，组织需要注重员工的个人发展，建立合理的绩效考核和激励机制，为员工提供更好的发展平台，以提高整个组织的绩效。

但是，我们必须明白，个人绩效提高了，组织绩效并不一定会立即提高，因为组织绩效受到多种因素的影响，个人绩效只是影响因素之一。以下是可能影响组织绩效的四项因素：第一，组织结构和业务流程。组织结构和业务流程是否合理，是否能够支持组织目标的实现，都会对组织绩效产生影响。第二，团队协作和沟通。团队内部的协作和沟通是否有效，能否促进工作效率和质量的提高，也是影响组织绩效的因素之一。第三，外部环境。组织所处的市场环境、经济环境和政策环境等，也会对组织绩效产生重要影响。第四，组织文化和价值观。组织的文化和价值观对个人的行为和态度产生重要影响，从而对组织绩效产生影响。因此，虽然个人绩效的提高可以对组织绩效产生积极影响，但要想让组织绩效真正提高，需要综合考虑和优化其他相关因素。同时，组织绩效的提高也需要长期持续的努力和系统的改进，不能仅仅依赖个人绩效的提高。

2014年，学者Denisi和Smith通过系统回顾绩效考核、绩效管理和组织绩效问题，探讨了个人绩效考核和绩效管理技术与组织绩效改进之间的关系，并提出如何实现从个人绩效提高到组织绩效提高的转变[1]。本节将在此基础上进一步探讨个人绩效与组织绩效的关系。

一、个人绩效与组织绩效关系的研究背景

学者和实践者们致力于开发人力资源管理、组织行为学、工业与组织心理学等领域的技术和程序，其中包括绩效考核和绩效管理。这些努力的目标是，通过开发技术帮助员工实现个人目标（如成长、发展和成功），同时也帮助组织实现更有效的运作。在绩效考核和绩效管理的具体案例中，这些双重目标均应该体现在个人绩效水平的提高上，从而有助于个人获得加薪和晋升等奖励，从而获得更高的组织绩效。已有研究在提高个人绩效方面做得很好，但在展示或解释这些人力资源技术如何提高组织绩效的方面，还有待进一步改善。

在直觉上，个人绩效的提高最终应转化为组织绩效的提高似乎是合理的。组织往往需要通过改善单个员工的行为或绩效，来提高组织绩效。例如，每个销售人员卖出更多的商品，公司利润就会增加。事实上，有许多组织绩效是个体绩效的总和，例如，一个销售团队的销售总额是每个成员销售额的总和。这种类型属于简单的聚合模型，因为团队绩效被定义为个人成员绩效的总和。

当我们超越这些简单案例时，从个人到团队（或公司）级别的聚合程度和类型取决于工作环境。工作环境有四个维度对聚合很重要：时间节奏、任务环境的动态性、成员联系的强度和工作流结构[2]。时间节奏是指员工执行个人任务的时间——有的可以独立执行任务，但有的需要同步才能完成；任务环境的动态性是指任务相对变化的稳定程度；成员联系的强度是指成员必须相互交流并知道彼此在做什么的

---

[1] Denisi A S, Smith C E. Performance appraisal, performance management, and firm-level performance: A review, a proposed model, and new directions for future research[J]. The Academy of Management Annals, 2014, 8: 127-179.

[2] Bell B S, Kozlowski S W. A typology of virtual teams implications for effective leadership[J]. Group & Organization Management, 2002, 27: 14-49.

程度；工作流结构（即流程）指的是任务结构是集中的、有先后顺序的、互惠的或是密集的，这反过来又需要不同级别的成员联系和明确的时间节奏。适用的聚合程度和类型取决于工作环境的性质。事实上，聚合模型已成功应用于将个人绩效提升到组织绩效水平，并且有许多论文描述了如何做到这一点，甚至展示了这种聚合的预期效果和流程的作用，例如团队心智模型的开发[1][2]。

Denisi和Smith发现，已有实证研究探讨了绩效管理系统（PMS）的各个方面（人力资源管理各项实践）与组织绩效的关系，但很少有研究探讨绩效考核实践与组织绩效直接相关的实证论文[3]。这意味着，研究者们对绩效如何从个人绩效层面提升到组织绩效层面的关注程度不够[4]。为此，Denisi和Smith于2014年回顾了绩效考核研究的历史发展和后来的绩效管理研究，简要回顾了"战略人力资源管理"相关研究，这些文献证明了某些人力资源实践与组织绩效的各种指标之间的关系。在此基础上，讨论了组织绩效已经实施的不同方式，说明组织如何通过个人绩效改进来提高组织绩效的水平。

二、个人绩效考核与管理

绩效考核是评估员工在一段时间内的个人绩效，绩效管理超越了绩效考核，通常被定义为涵盖组织为提高员工绩效而进行的所有活动，从绩效考核和对员工的反馈开始，通过运用考核结果对员工进行培训和奖励等管理（例如，加薪和晋升）。虽然学术界对绩效考核的兴趣可以追溯到将近100年前，但对绩效管理的研究相对较新。

1. 个人绩效考核

对个人绩效考核研究关注的学者大多来自工业与组织心理学领域。有学者呼吁

---

[1] Klimoski R, Mohammed, S. Team mental model: Construct or metaphor? [J]. Journal of Management, 1994, 20(2), 403-437.

[2] Mathieu J E, Heffner T S, Goodwin G F, et al. The influence of shared mental models on team process and performance[J]. Journal of Applied Psychology, 2000, 85(2), 273-280.

[3] Denisi A S, Smith C E. Performance appraisal, performance management, and firm-level performance: A review, a proposed model, and new directions for future research[J]. The Academy of Management Annals, 2014, 8: 127-179.

[4] Foss N J, Lindenberg, S. Microfoundations for strategy: A goal-framing perspective on the drivers of value creation[J]. Academy of Management Perspectives, 2013, 27: 85-102.

研究如何提高绩效考核的可靠性、有效性和准确性，使其更容易测量[1]。早在20世纪20年代，已有学者尝试通过消除某些类型的评级偏差（例如，晕轮效应）来提高评级的准确性[2][3]。由于大多数组织一开始都依赖某种类型的图形评级量表，很多学者在1960年初致力于寻找构建或管理这些量表的更好方法，并提出了图形评分法的替代方案，例如，关键事件法、强制分布法、行为锚定评分法和行为观察法等。之后，在20世纪70—80年代期间，一些学者开始研究如何设计培训计划以帮助评估者消除偏差或提供更准确的评分。以上这些研究的重点都是消除评级偏差或提高评级准确性。

正如前文提到的，1980年Landy和Farr发表论文之后，绩效考核的研究方向从准确性转向了认知过程[4]。学者们回顾了关于评分量表格式的文献，并得出结论认为这项研究未能证明任何一种格式优于其他格式。因此，他们提议未来的研究重点要放在评估者的认知过程上，并发表了一系列论文来研究这些过程如何影响评分的准确性。最初，这项研究采用理论推导的形式，后来逐渐出现了对这些过程的实证检验、实验室研究和实地研究。已有研究表明，消除评级偏差不会导致更准确的评级，甚至可能导致不那么准确的评级，因为强调评级结果的准确性也导致评估方法越来越复杂[5][6]。

2. 个人绩效管理

当研究重点从绩效考核转移到绩效改进上，就需要更多地关注（或至少尝试）可能激励员工提高绩效的过程。这也一直是绩效管理的主要焦点：提高单个员工的绩效。在绩效管理的背景下，评级的准确性很重要，因为它可能会通过员工对流程公平性的看法影响员工的积极性。具体来说，一些学者认为，无论评级的准确性如何，如果产生这些评级的程序不明确、不可理解或不被视为公平，那么评级本身就

---

[1] Dunnette M D. A modified model for test validation and selection research[J]. Journal of Applied Psychology, 1963, 47: 317-323.

[2] Rudd H. Is the rating of human character predictable? [J]. Journal of Educational Psychology, 1921, 13(1): 30-42.

[3] Thorndike E L. A constant error in psychological ratings[J]. Journal of Applied Psychology, 1920, 4(1), 25-29.

[4] Landy F J, Farr. J. L. Performance rating [J]. Psychological Bulletin, 1980, 87(1), 72-107.

[5] Murphy K R, Balzer. W. R. Rater errors and rating accuracy[J]. Journal of Applied Psychology, 1989, 74(4): 619-624.

[6] Sulsky L M, Balzer. W. K. Meaning and measurement of performance rating accuracy: Some methodological and theoretical concerns[J]. Journal of Applied Psychology, 1988, 73(3), 497-506.

不会被认为是公平的。在这种情况下,员工在收到基于这些"不公平"评级的反馈后会更没有动力改变他们的行为[1]。这也就意味着,即使评估者打算公平、准确地进行评分,除非员工认为这些评分是公平的,否则这些评分也不会产生预期的效果,评估过程的主要目标将会失败,因为员工绩效不会提高。研究还表明,被评估者的偏差也在发挥作用,例如,被评估者认为对其有利的评级(评级结果较好)更准确[2]。这可能会产生问题,因为最需要改进(评级结果较差)的员工可能会认为其绩效评估结果不准确,从而导致绩效改进的意愿不足。

学者们对绩效管理的研究主要集中在"如何管理和提高绩效"方面[3][4][5]。所有这些模型都强调员工反应在评估过程中的重要性,并且所有这些模型都将"绩效管理干预"置于提高绩效尝试的中心位置。有些学者对个人层面的激励过程更感兴趣;有些学者则讨论企业战略如何成为流程的一部分;有些学者考虑了可能发挥重要作用的各种背景因素;还有学者提供了关于如何执行绩效管理过程的大量细节。但所有这些模型都侧重于改变个人或团队绩效,以使其更好地与公司目标保持一致,并假设一旦这些目标保持一致,组织绩效就会得到改善。一般来说,尽管提高组织绩效是该过程的最终目标,然而,这些模型及大部分相关研究并没有明确地将组织绩效视为因变量。此外,虽然评级的准确性可能不如个人层面的评级公平性那么重要,但从战略角度来看,"所有组织层面的决策和规划依赖于对个人、团队和组织级别绩效的准确测量"。因此,在不同级别之间建立联系或跟踪绩效影响,使绩效管理变得更复杂,这需要更广泛地了解绩效管理的构成。

三、团队绩效考核与管理

只研究如何提高个人绩效显然是不够的,因为我们最终的目的是能够提高组织

---

[1] Taylor M S, Tracy K B, Renard M K, et al. Due process in performance appraisal: A quasi-experiment in procedural justice[J]. Administrative Science Quarterly, 1995, 40: 495-523.

[2] Brett J F, Atwater. L. E. 360 Feedback: Accuracy, accuracy, reactions, and perceptions of usefulness. [J]. Journal of Applied Psychology, 2001, 86: 930-942.

[3] Aguinis H, Pierce C A. Enhancing the relevance of organizational behavior by embracing performance management research[J]. Journal of Organizational Behavior, 2008, 29: 139-145.

[4] Denisi A S, Pritchard R D. Performance appraisal, performance management and improving individual performance: a motivational framework[J]. Management and Organization Review, 2006, 2(2): 253-277.

[5] Pulakos E D. Performance management: A new approach for driving business results:4[M]. Maiden, MA: Wiley-Blackwell, 2009.

绩效，而组织绩效水平往往取决于团队绩效。工作多以团队为导向，而团队绩效比个人绩效更复杂。团队是指一起工作的员工群体，通常由相互依赖的任务、共同的责任和有意义的目标来定义。由于团队成员必须比不在团队中的同事更紧密地合作，管理团队绩效通常不仅涉及关注团队任务和结果，还涉及团队流程，包括关系冲突和其他可能影响任务结果的行为。测量团队绩效需要将团队合作、任务工作和团队层面的结果和过程，在团队和个人层面进行评估。团队绩效管理的目标是"让所有团队成员承担责任并激励他们参与团队绩效"[1]。这些目标和流程也可能与组织绩效相关。

但是，根据任务的性质，团队的绩效考核可能具有挑战性，因为它可能难以评估个人对团队成果的贡献率。这会导致当一些团队成员没有像他们单独工作时那样在团队中付出那么多的努力时，团队绩效就会低于应有水平。团队绩效考核也可能受到评级偏差（如团队晕轮效应）的影响，导致团队中的某些人被认为是失败的根源[2]。即使可以评估团队和个人绩效，也可能难以建立有效的目标并激励团队成员，这表明管理团队的绩效也可能非常具有挑战性。已有元分析表明，团队目标有助于团队绩效，但只有当个人目标与团队目标一致时，个人绩效才对团队绩效有益[3]。

对于加入团队的员工来说，培训可能会更加复杂，因为他们需要更多的人际交往能力培训，并且会从自我纠正培训中受益，这会鼓励团队成员互相纠正并提供持续的绩效反馈。然而，要使此类培训取得成功，团队中可能需要高水平的心理安全感和低水平的关系冲突。完整的团队是否应该参加培训，或培训是否应该放在个人层面上，可能取决于团队绩效是个人绩效的简单加总还是复杂计算。因此，在评估和管理团队绩效方面可能存在很多问题，这可能不是尝试提高组织绩效的有效途径。尽管存在这些问题和困难，但在理解如何利用个人绩效方面已经取得了进展。如前所述，虽然个人绩效在很大程度上取决于工作环境的性质，但学者们一直在努

---

[1] Aguinis H. An expanded view of performance management[J]. Performance management: Putting research into practice, 2009: 1-43.

[2] Naquin C E, Tynan, R. O. The team halo effect: Why teams are not blamed for their failures.[J]. Journal of Applied Psychology, 2003, 88(2), 332.

[3] Kleingeld A, van Mierlo H, Arends, L. The effect of goal setting on group performance: A meta-analysis[J]. Journal of Applied Psychology, 2011, 96(6), 1289-1304.

力解释和预测个人与团队绩效之间的关系[1]。然而，即使了解如何将绩效杠杆作用到团队层面，也并不意味着团队绩效可以轻易地把杠杆作用到组织层面。尽管如此，团队绩效模型中的一些流程和想法是组织绩效模型的一部分。

基于以上文献回顾，Denisi和Smith提出绩效领域的学术研究已经从主要关注绩效考核和提高评级准确性，转变为更加关注绩效管理[2]。关注实践问题的书籍更多地从人才管理的角度讨论了绩效管理[3]，但他们仍然谈论与绩效考核和绩效管理相关的技术和实践。同时，部分学者呼吁采用绩效管理系统代替绩效考核系统[4]。事实上，已有研究报告了一种工具的开发，以评估绩效管理活动的有效性，以便更好地将绩效管理研究与其他研究领域（例如，对组织绩效的影响）结合起来[5]。因此，经过几十年的绩效考核和绩效管理研究，学者们已经了解了很多关于评估甚至提高个人绩效的知识，对如何提高团队绩效也有了一些了解，但是对如何通过个人绩效影响组织绩效知之甚少。尽管有关于如何去做的建议[6]，但几乎没有经验证据。目前，我们已经较少探讨对评估内容、评估量表、评估者和评估目的的关注，但我们需要关于如何更好地管理绩效的新想法，以便帮助组织提高绩效并增加员工的敬业度和保留率。尽管绩效考核/绩效管理与组织绩效之间的关系很少有实证研究，或是仅论证了一种人力资源实践与组织绩效之间的关系，但这些可能是提高组织绩效的关键，因此转向讨论"战略人力资源管理"是有益处的。

四、人力资源实践与组织绩效

各种人力资源实践与组织绩效联系起来的研究至少可以追溯到20世纪30年代。最初，主要研究如何使用有效的选拔技术来提高团队成员的绩效。Brogden和Taylor

---

[1] Bell B S, Kozlowski S W. A typology of virtual teams implications for effective leadership[J]. Group & Organization Management, 2002, 27: 14-49.

[2] Denisi A S, Smith C E. Performance appraisal, performance management, and firm-level performance: A review, a proposed model, and new directions for future research[J]. The Academy of Management Annals, 2014, 8: 127-179.

[3] Effron M, Ort M. One page talent management: Eliminating complexity, adding value. [M]. Boston, MA: Harvard Business Press, 2010.

[4] Coens T, Jenkins M. Abolishing performance appraisals: why they backfire and what to do instead. [M]. San Francisco, CA: Berrett-Koehler Publishers, 2000.

[5] Kinicki A J, Jacobson K J L, Peterson S J, et al. Development and validation of the performance management behavior questionnaire[J]. Personnel Psychology, 2013, 66(1): 1-45.

[6] DeNisi A S. Performance appraisal and control systems: A multilevel approach[J]. Multilevel theory, research, and methods in organizations, 2000: 121-156.

在确定选拔技术的"效用"方面迈出了重要一步,讨论了应用标准来评估人力资源干预的有效性和必要性[1]。他们首先回答了"标准应该衡量什么"的问题,指出"该标准应衡量个人对组织整体效率的贡献",并提出由于企业的目标是盈利,企业应尽可能高效地运营并努力省钱。一旦建立了标准,它将使雇主能够直接比较所有工作的贡献。

20世纪90年代初期,有研究提出人力资源实践应该构成竞争优势的基础,前提是这些实践与公司战略保持一致[2][3]。之后,有实证研究证明了人力资源实践与组织绩效之间的关系[4],标志着"战略人力资源管理"研究诞生了。其中,Huselid的论文标志着学者和从业者看待这个问题的方式发生了重大变化[5]。具体来说,Huselid证明了一系列人力资源"最佳实践"(称为高绩效工作系统,High Performance Work System,HPWS)和组织绩效几个衡量标准(如营业额、生产率)之间的关系。HPWS旨在提高员工技能水平、改进组织结构、提高员工积极性,通过减少离职率来影响绩效。随后有许多类似的研究都发现某些人力资源管理实践的存在与组织绩效的各种衡量标准有关。事实上,由此产生了三种主要观点。第一种观点(占主导地位)认为存在"最佳实践"(如HPWS),实施了这些人力资源管理实践后,将有利于提高组织绩效。Posthuma等学者明晰了九类高绩效工作实践:薪酬与福利,工作与工作设计,培训与发展,招聘与选拔,员工关系,沟通,绩效考核与管理,晋升,离职、保留和退出管理[6]。在绩效考核和管理类别中,这些最佳实践包括基于客观结果或行为的评估、发展评估和频繁的绩效考核。第二种观点认为人力资源实践和战略之间应"匹配"。即公司的各项人力资源实践必须相互协调,并与其战略目标保持

---

[1] Brogden H E, Taylor E K. The dollar criterion: Applying the cost accounting concept to criterion construction[J]. Personnel Psychology, 1950, 3: 133-154.

[2] Jones G R, Wright P M. An economic approach to conceptualizing the utility of human resource management practices[J]. Research in Personnel and Human Resources Management, 1992, 10: 271-299.

[3] Wright P M, McMahan G C. Theoretical perspectives for strategic human resource management[J]. Journal of Management, 1992, 18: 295-320.

[4] MacDuffie J P. Human resource bundles and manufacturing performance: Organizational logic and flexible production systems in the world auto industry[J]. Industrial and Labor Relations Review, 1995, 48: 197-221.

[5] Huselid M A. The impact of human resource management practices on turnover, productivity, and corporate financial performance[J]. Academy of Management Journal, 1995, 38(3): 635-672.

[6] Posthuma R A, Campion M C, Masimova M, Campion M A. A high performance work practices taxonomy: Integrating the literature and directing future research[J]. Journal of Management, 2013, 39: 1184-1220.

一致，以便对组织绩效产生影响[1]。第三种认为人力资源是组织独特的竞争优势（遵循资源基础观）[2]。按照这种观点，当人力资源实践确保员工拥有正确的技能和态度，并在正确的方向上引导其自主努力以产生正确的行为时，公司就会繁荣发展[3]。

与此相关，Hansen和Wernerfelt试图将公司盈利能力分解为经济因素和组织因素[4]。经济因素主要包括企业所在行业的特征、企业在该行业中的相对地位及企业规模等方面；组织因素主要包括组织氛围、组织文化等方面。他们通过对五年平均资产回报率进行回归，发现尽管两组变量都预测了绩效，但组织因素预测的方差大约是经济因素的两倍，并且它们加在一起几乎占公司的一半绩效。尽管对用于评估组织因素的措施存在一些疑问，但结果似乎确实进一步支持了人力资源管理实践对组织绩效的重要性。

五、有效的绩效管理系统

人力资源管理实践对组织绩效至关重要，但这些实践是如何影响组织绩效的呢？2012年，Jiang等学者将人力资源实践分为技能提升（招聘、选拔、培训）、动机提升（绩效管理、薪酬、福利、职业发展、工作保障）和机会提升（工作灵活性、工作团队的设计、员工参与和信息共享）三类[5]。其中大多数增强动机的实践都可以被视为绩效管理系统的子要素。其结果包括员工积极性（如组织公民行为、组织氛围、工作满意度、组织承诺和组织支持感知）、财务结果和运营结果（如质量、创新、生产力和服务）。他们还发现，有关提升动机的实践对人力资本、员工积极性和财务绩效有直接影响，并对财务绩效和运营结果有间接的积极影响。因此，这项研究的结果表明，人力资源实践可能主要通过提高员工积极性来影响组织绩效。

组织氛围可以定义为员工对工作场所的实践、政策和程序的共同看法和意义，

---

[1] Wright P M, McMahan G C, McWilliams, A. Human resources and sustained competitive advantage: A resource-based perspective[J]. International Journal of Human Resource Management, 1994, 5: 301-326.
[2] Barney J. Firm resources and competitive advantage[J]. Journal of Management, 1991, 17: 99-120.
[3] Becker B E, Gerhart B. The impact of human resource management on organizational performance: Progress and prospects[J]. Academy of Management Journal, 1996, 39: 779-801.
[4] Hansen G S, Wernerfelt B. Determinants of firm performance: The relative importance of economic an organizational factors. [J]. Strategic Management Journal, 1989, 10: 399-411.
[5] Jiang K, Lepak D P, Jia J, Baer J C. How does human resource management influence organizational outcomes? A meta-analytic investigation of mediating mechanisms[J]. Academy of Management Journal, 2012, 55: 1264-1294.

以及他们观察到的得到支持、预期和奖励的行为[1]。组织绩效氛围的存在意味着员工都认为公司层面的绩效很重要，并且组织的政策致力于实现该目标。而企业文化指的是影响忠诚度和员工行为的，公司实际共享的价值观、传统、哲学和政策。绩效文化（绩效氛围）与企业文化（企业氛围）密切相关。无论称其为绩效文化还是绩效氛围，其理念均是指员工对组织有共同的看法，认为如果公司重视组织绩效并制定相应的政策对员工进行激励，那么员工将更有可能共同努力提高组织绩效。这些氛围或文化的变化应该会引起个人态度、行为、技能和能力，以及集体态度和人力资本的变化，而正是这些变化会影响个人层面和组织绩效[2]。因此，在设计绩效管理系统时，必须要综合考虑区域文化和企业文化。绩效氛围的强度越大，则人力资源系统对组织绩效的影响就越大。

按照以上观点，有效的绩效管理不能只关注提高员工个人的绩效，它必须包括整个人力资源系统，这样才能有效地影响组织氛围，并有助于在组织的各个层面传播组织战略。这需要满足以下条件。

第一，绩效管理系统应定义为组织采用的所有人力资源管理实践，以确保员工有能力、动机和机会来提高组织层面的绩效。没有任何一种人力资源实践（例如，绩效考核）本身会影响组织绩效，提高个人绩效并不一定会导致组织绩效的改善。即使是最复杂的绩效考核系统，其关注重点仍然是员工从事"正确"的行为，这不会对公司层面的结果产生大的影响，除非它伴随着选拔和培训系统（确保员工具有所需的执行能力）、奖励和薪酬制度（确保员工有实现组织目标的动力）、工作设计系统（确保员工有参与影响组织结果的机会）等。

第二，绩效管理系统的每个部分都与公司的战略目标直接保持一致很重要。追求不同战略的公司需要运用不同类型的人力资源（HR）系统以达到最好效果。比如，对于追求低成本战略的公司，在采用包括基于结果的绩效考核在内的一系列实践时取得了更好的运营成果；而对于追求高质量战略的公司，则受益于包括发展和基于

---

[1] Schneider B, Ehrhart M G, Macey W H. Organizational climate and culture[J]. Annual Review of Psychology, 2013, 64(1): 361-388.

[2] DeHaas M, Kleingeld A. Multilevel design of performance measurement systems: enhancing strategic dialogue throughout the organization[J]. Management Accounting Research, 1999, 10: 233-261.

行为的绩效考核在内的一系列实践[1]。为了对组织绩效产生预期的影响，必须整合所有人力资源实践，以产生一组支持战略目标的预期行为。只有当所有不同的人力资源实践被整合在一起，作为一个更广泛的绩效管理系统配套使用时，它们才能作为"促成"因素。当然，整合人力资源实践并将这些系统与战略目标联系起来并不一定与财务绩效呈正相关（比如，公司仍然可能会选择错误的战略，环境突发事件仍然会发挥作用），但没有为公司战略重点提供信息的系统一般不太可能成功。

第三，"视野"问题[2]。这是指员工具有了解自己的行为如何影响组织绩效或实现战略目标的能力，但并非所有员工都具备这种能力。例如，银行柜员根据考核的行为类型来定义工作内容，如客户服务、工作准确性和销售服务。这位银行柜员可能被评选为"最好的"银行柜员，但银行仍然陷入困境，因为贷款部门出现了"不良"抵押贷款。在这种情况下，银行柜员可能看不到改善他的行为将如何帮助银行取得更大的成功。如果想奖励银行柜员的客户服务，就必须能够向柜员展示客户服务工作如何转化为银行整体绩效。银行柜员无法做出更好的贷款决定，但银行柜员可以确保银行不会失去客户，这也必须被证明很重要。因此，无论影响的大小，必须向所有员工展示他们工作的内容如何对组织绩效产生影响。

因此，绩效管理系统与组织绩效高度相关的前提条件有：与其他人力资源实践相结合，共同形成对绩效管理系统含义的更广泛的概念；与公司战略目标的实现保持一致；让员工认识到自己的工作内容与组织绩效之间的关系。

当员工可以将他们的行为归因于绩效管理系统时，该系统被认为是强大的。当系统是所有员工可见且重要、合法、与员工相关、声明和执行一致、有助于员工实现目标、有效的、公平的，并且得到人力资源决策者的同意时，意味着绩效管理系统较强大，影响组织绩效水平的可能性也较高。通过设计包含这些要素的绩效管理系统，组织将能够通过个人绩效的改进提升组织绩效。

---

[1] Youndt M A, Snell S A, Dean J W. Jr, Lepak D P. Human resource management, manufacturing strategy, and firm performance[J]. Academy of Management Journal, 1996, 39: 836-866.

[2] Boswell W R, Boudreau J W. How leading companies create, measure and achieve strategic results through"line of sight"[J]. Management Decision, 2001, 39: 851-860.

六、组织绩效的影响因素

基于本节对于个人绩效和组织绩效的分析,我们发现二者之间的关系非常密切,因为个人绩效的表现会影响组织的整体绩效水平。然而,个人绩效提高了,组织绩效一定会提高吗?这个问题的答案并不是简单的"是"或"不是",因为这不仅取决于员工的绩效水平,还受到很多其他因素的影响,如组织结构、组织文化、员工行为和外部环境等。即使员工的绩效得到了提高,组织的绩效也可能并没有得到同样的提高。例如,如果组织的管理方式不合理,那么即使员工表现出色,组织的整体绩效也可能不会有很大的提高。具体而言,为了能够使个人绩效有效转化为组织绩效,应重点关注以下几点:

第一,个人绩效和组织绩效之间的联系是相互影响的。在一定程度上,个人绩效的提高会对组织绩效产生积极影响。如果员工表现出色,那么他的工作成果将会对组织绩效产生正面的影响。在这种情况下,提高个人绩效通常会促进组织绩效的提高。例如,一个销售人员如果销售额超过了他的销售目标,那么将直接带来组织销售额的提高。相反,如果员工表现不佳,那么组织的绩效也会受到影响。因此,组织应该致力于提高员工的绩效,使之为组织的整体绩效水平做出贡献。

第二,组织设定明确的工作目标和指标。这些目标和指标应该与组织的战略和目标相一致。如果员工的工作目标和组织的战略目标相一致,并且员工能够实现这些目标,那么组织的整体绩效水平将得到提高。因此,组织应该制定能够促进员工绩效提高的明确目标和指标,并为员工提供有针对性的培训和发展机会。

第三,组织绩效管理是一种可以促进个人绩效提高的管理方法。通过绩效管理,组织可以激励员工提高绩效,使其成为组织绩效的积极因素。然而,组织绩效管理需要有一个有效的绩效考核体系,以便识别出员工绩效的高低,从而采取相应的措施,为员工提供个性化的培训和职业发展机会。

第四,组织文化和组织氛围也对个人绩效和组织绩效有重要影响。组织文化是一种价值观和信仰的体系,它可以影响员工的行为;而组织氛围是在员工之间的不断交流和互动中逐渐形成的,并且对员工会形成一定的影响。如果组织的文化和氛围鼓励和支持员工的发展和成长,那么员工的绩效可能会得到提高。同时,合适的组织文化或氛围有助于吸引和保留高绩效员工，从而提高整个组织的绩效。反之，如果组织文化或氛围不支持员工的发展和成长，那么员工即使表现出色，也可能会感到不被重视和关注，从而影响组织的整体绩效。

第五，员工行为对个人绩效和组织绩效均会产生重要影响。员工的行为直接影响其个人绩效，如员工的工作态度、努力程度、工作效率和质量等。员工表现越好，个人绩效就越高。同时，员工的行为也会对组织绩效产生影响，如员工的工作态度、团队合作、客户服务和创新能力等。此外，员工的非正常行为，如缺勤、迟到、偷懒、违反规章制度等，会直接降低其个人绩效和组织绩效，甚至会对组织形象和声誉产生负面影响。员工的行为可以通过培训等手段进行改善，以有利于提高个人绩效和组织绩效。例如，通过提高员工技能和知识，加强团队合作和沟通，以提高员工的绩效和组织绩效。评估员工的行为和绩效可以帮助组织识别高绩效员工，也可以发现员工行为上的问题并形成改进建议，员工对于行为评估的认知和反馈也会影响其行为和绩效的改善。

第六，个人绩效考核和组织绩效考核需要考虑到外部环境的因素。如果外部环境发生变化，如经济形势变化或者市场需求的变化，那么组织的整体绩效可能会受到影响。这样即使提高了员工的绩效，组织的绩效也可能受到外部环境的影响，没有得到预期的提高。

因此，组织要提高绩效，需要从多个方面入手，包括设定明确的组织目标、建立高效的管理体系、促进员工协作和激励、改善组织文化、提高员工满意度等。个人绩效的提高只是其中的一个方面，需要和其他因素一起协同作用才能实现组织绩效的提高。

第二节 绩效管理系统模型

Schleicher等学者认为绩效管理是对员工当前角色所需的绩效进行管理，它不仅包括管理实践，还涉及环境和个体。2018年，他们通过回顾1980年到2017年与绩效管理相关的1915篇权威文献，在基于大量的理论和实践研究的基础之上，采用编码和分类的方式，提出了绩效管理系统模型，如图4-1所示，以期为组织绩效管理这一研究领域提供一个基于系统的分类法，并为整合这些研究提供一个概念框架，以更好地理解绩效管理的有效性并确定未来的研究需求。绩效管理系统由绩效管理的输入和输出，以及构成绩效管理过程的四个相互依赖的因素（绩效管理任务、绩效管理中涉及的相关个体、绩效管理的正式流程和非正式流程）组成[1]。

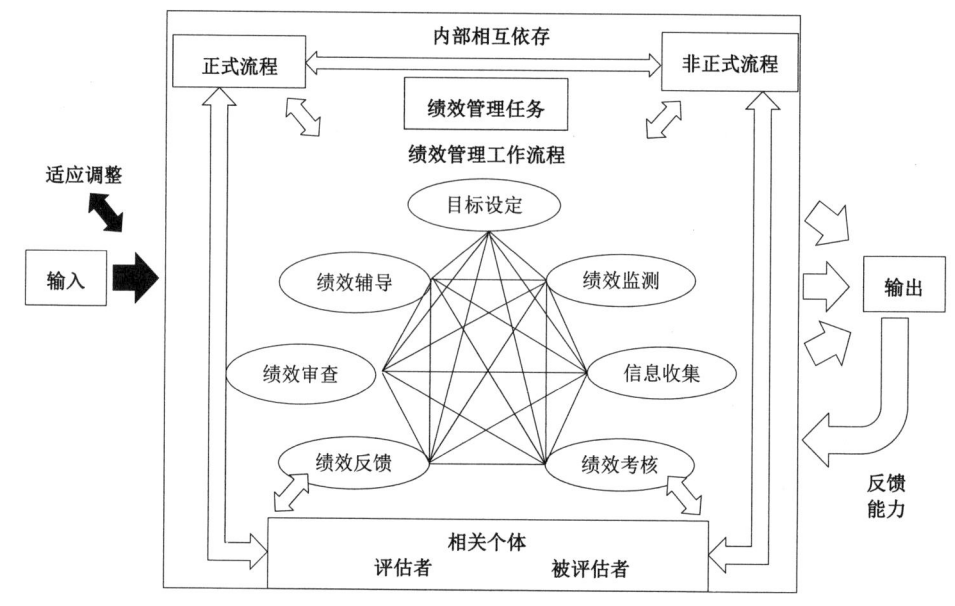

图 4-1 绩效管理系统模型

一、绩效管理任务

系统存在的主要原因是执行与战略一致的任务，任务是系统的起点，对绩效管理其他部分的评估在很大程度上取决于对要执行任务的性质的理解[2]。因此，Schleicher等学者提出的绩效管理系统中的任务是指绩效管理的工作流程，或者绩效管理涉及的活动，主要包括绩效管理中根据组织战略做的基本的或固有的工作。值得注意的是，本模型将可能带来绩效变化的行为（如培训或职业发展计划）和基于绩效结果的运用（如薪酬），视为绩效管理的输出，而非绩效管理的任务。

通过对已有文献的归纳，Schleicher等学者总结出七个关键的绩效管理任务：目

---

[1] Schleicher D J, Baumann H M, Sullivan D W, et al. Putting the system into performance management systems: A review and agenda for performance management research[J]. Journal of Management, 2018, 44(6): 2209-2245.
[2] Nadler D A, Tushman M L. A model for diagnosing organizational behavior[J]. Organizational Dynamics, 1980, 9(2): 35-51.

标设定、绩效监测、信息收集、绩效考核、绩效反馈、绩效审查和绩效辅导。这七个任务是相互关联且经常同时发生的[1]。第一，目标设定。虽然目标设定很少在绩效管理背景下进行研究，但已有研究表明，任务澄清和目标设定作为绩效管理的一部分，可以提高员工的反应和绩效。第二，绩效监测。评估者有足够的机会和更好的方法（如写日记）观察员工的表现对于评估质量至关重要。第三，信息收集。目前整合绩效信息在绩效管理中没有明确的研究，应该对此项任务进行更多的研究以提高绩效考核的准确性。第四，绩效考核。虽然绩效管理不只包括绩效考核，但绩效考核至关重要。然而，关于正式考核价值的研究结果喜忧参半：有学者发现正式评估可以积极影响组织氛围和工作满意度[2]，也有学者发现正式评估对员工满意度、承诺和离职等结果没有影响[3][4]。第五，绩效反馈。反馈是目标设定的重要组成部分，360度反馈可以增加员工对成就和组织支持文化的感知，有助于提高员工的绩效和绩效考核系统的有效性。第六，绩效审查。有效的正式的绩效审查会议可以在绩效管理系统中发挥重要作用。当绩效考核会议被认为是有帮助的时候，有助于提高员工感知到的公平性、程序性和互动性。第七，绩效辅导。绩效辅导发生在管理者与员工的互动中，主要包括指导、促进和激励三个维度，在专业教练的有效辅导下，有助于提高员工的技能和绩效。

二、绩效管理系统中的相关个体

绩效管理系统中的个体包括评估者（主要包括管理者）和被评估者（员工），他们的特征和性质（知识、技能、需求、人口统计学变量等）是影响行为的关键因素[5]。Schleicher等学者通过对已有研究中关于评估者和被评估者的相关变量进行编码总结发现，与被评估者相关的变量包括影响评估和反馈的绩效、影响评级和绩效管理

---

[1] Schleicher D J, Baumann H M, Sullivan D W, et al. Putting the system into performance management systems: A review and agenda for performance management research[J]. Journal of Management, 2018, 44(6): 2209-2245.

[2] Kaya N, Koc E, Topcu D. An exploratory analysis of the influence of human resource management activities and organizational climate on job satisfaction in Turkish banks[J]. The International Journal of Human Resource Management, 2010, 21: 2031-2051.

[3] Pullin L, Haidar A. Performance contract management in regional local government-victoria[J]. Asia Pacific Journal of Human Resources, 2003, 41: 279-297.

[4] Zheng C, Morrison M, O' Neill G. An empirical study of high performance HRM practices in Chinese SMEs [J]. The International Journal of Human Resource Management, 2006, 17: 1772-1803.

[5] Nadler D A, Tushman M L. A model for diagnosing organizational behavior [J]. Organizational Dynamics, 1980, 9(2): 35-51.

偏好的人口特征和文化变量、影响反馈和评价反应的个体差异（包括反馈方向）等；与评估者相关的变量包括影响绩效管理态度和评级行为及偏差的个体差异和文化变量、影响不同绩效管理任务的评估者能力和技能、评估者的目标和其他动机变量（包括自我效能）等。此外，评估者与被评估者的相似性、关系（如领导成员交换）也会影响绩效管理。

三、绩效管理系统中的正式流程和非正式流程

Schleicher等学者在提出绩效管理系统时，将绩效管理的正式流程和非正式流程视为系统的两个不同组成部分。正式流程是指明确开发的结构、流程和程序，以使个人执行与绩效管理战略一致的任务，这些通常以书面形式记录下来。相比之下，非正式流程是不成文的、隐含的，往往随着时间的推移而形成，它们反映了与绩效管理本身相关的流程（如非正式反馈的存在），以及影响流程的环境因素（如与绩效管理相关的政治氛围）。正式和非正式流程中的正当程序有助于提高员工的公平感和正义感，比如正式的目标设定和非正式的持续反馈相结合有利于积极的结果。

四、绩效管理系统中的输入

输入是系统的"既定因素"，主要指组织必须使用的资源和开展工作的环境，这些因素会对系统提出要求或产生一定的限制。输入涉及环境、资源和战略等方面，主要包括国家文化、企业所有权类型和结构、组织文化和氛围、组织资源（如领导支持）、组织战略和绩效管理战略等内容。基于对已有研究的梳理，Schleicher等学者总结出绩效管理系统输入的关键点。第一，绩效管理系统输入事项既影响绩效管理的其他组成部分（如任务、工作流程），也影响绩效管理的最终有效性。换言之，输入既为绩效管理系统提供了需求，也带来了约束。第二，绩效管理可以在不同的环境中有效，但是也会在不同的环境中变化。特别是国家文化、组织文化会对绩效管理有很强的影响，在约束或促进绩效管理的各个方面起到调节作用。同时，绩效管理战略（包括绩效管理目的）在理论上和经验上都非常重要。第三，人力资源实践的其他模块（如招聘、选拔、薪酬奖励、培训、发展和工作设计等）对于绩效管理也是一个重要的输入。在做绩效管理的研究时，要同时评估绩效管理在这些实践

上的作用。

五、绩效管理系统中的输出

绩效管理的输出是绩效管理系统多方面的复杂函数,它提供了关于系统运行状况的关键信息,可用其控制或校正绩效管理系统。绩效管理的典型输出包括绩效考核、生成和交付的反馈(例如,反馈的价值或受欢迎程度、具体内容,可通过多个维度进行评估,如一致性或感知的准确性、有用性、丰富性)、发展计划或其他绩效改进计划、职业规划、关于管理决策的建议(包括奖励、晋升、培训、终止等)。根据系统等效原则,不同系统组成的配置可以产生相同的输出或结果。

第三节 绩效管理有效性评估模型

确定绩效考核的质量和性质是组织健康发展和迈向成功的一个关键事项[1]。绩效管理有效性是指识别、测量、发展个人和团队的绩效,并使绩效与组织的战略目标相一致的连续过程[2]。因此,绩效管理有效性评估模型旨在评估绩效管理的可靠性、有效性或准确性,以期提高被评估者对绩效考核的公平性和准确性的感知,为绩效考核结果的运用和绩效管理奠定基础,进而达到提高员工绩效管理满意度、实现组织绩效目标的目的。

针对绩效管理,不同的研究流派对其关注点不同。基于能力或认知的视角,主张强调从认知过程对绩效进行评价;基于激励视角,主张将绩效管理视为通过改善员工行为来提高员工绩效的工具;基于战略视角,主张优先考虑组织层面的结果,将组织绩效作为最终目标[3]。由此可见,学者们分别从宏观和微观等视角对绩效管理有效性的评估进行了研究。虽然绩效管理和绩效考核已经有大量的研究文献和实

---

[1] Denisi A S, Murphy K R. Performance appraisal and performance management: 100 years of progress?[J]. Journal of Applied Psychology, 2017, 102(3): 421-433.
[2] 阿吉斯. 绩效管理[M]. 刘昕等译. 第3版. 北京:中国人民大学出版社. 2013.
[3] Schleicher D J, Baumann H M, Sullivan D W, et al. Evaluating the effectiveness of performance management: A 30-year integrative conceptual review[J]. Journal of Applied Psychology, 2019, 104(7), 851-887.

践基础，但关于其有效性仍有许多问题待研究[1]。目前最具前沿性、综合性、全面性的模型为Schleicher等学者于2019年在JAP期刊中提出的绩效管理有效性评估模型[2]，如图4-2所示。本节将主要介绍该模型。Schleicher等学者在回顾已有研究和理论基础上，采用了"归纳—演绎—归纳"的迭代方法，综合了微观和宏观视角，通过探讨绩效管理能为员工和组织做什么，形成了一个基于理论的、全面的、综合的绩效管理有效性评估模型。他们认为，管理者在绩效管理中是不可或缺的角色，绩效管理过程和政策不仅通过员工（被评估者），而且通过管理者（评估者）的行为和态度影响组织层面的结果。因此，Schleicher等学者提出的绩效管理有效性评估模型整合了员工和管理者两个层面的评估标准，以及说明这些个体层面的结构如何聚集和出现，以影响组织层面的结果。

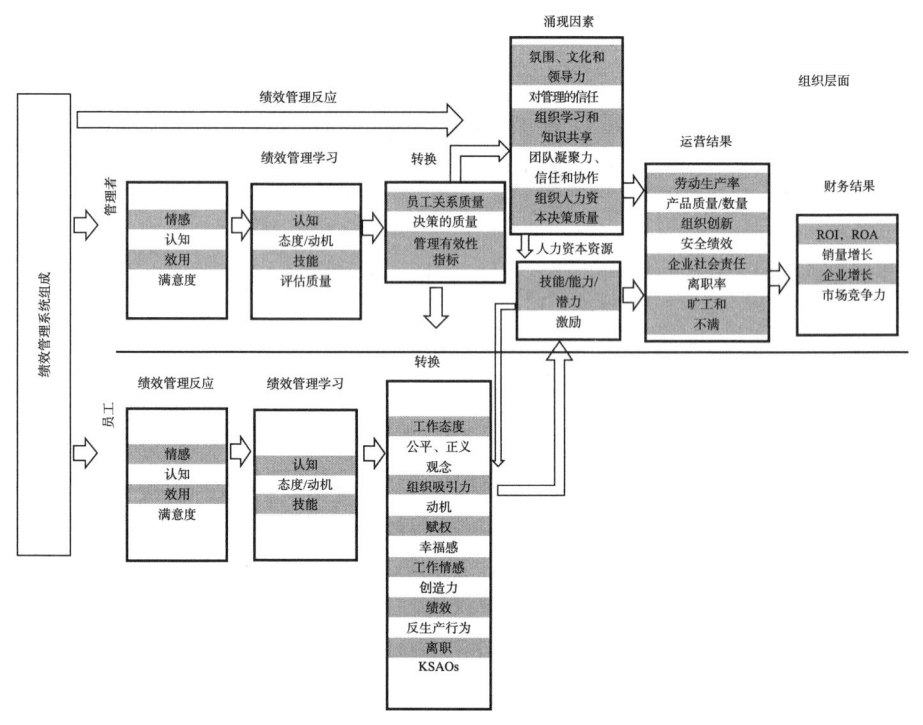

图 4-2 绩效管理有效性评估模型

---

[1] Schleicher D J, Baumann H M, Sullivan D W, et al. Putting the system into performance management systems: A review and agenda for performance management research[J]. Journal of Management, 2018, 44(6): 2209-2245.

[2] Schleicher D J , Baumann H M , Sullivan D W ,et al.Evaluating the effectiveness of performance management: A 30-year integrative conceptual review[J].The Journal of applied psychology, 2019, 104(7):851-887.

一、绩效管理反应

绩效管理实践会影响员工的认知，绩效管理反应（Performance Management Reactions）是指员工和管理者对整个管理系统或其具体方面（如评级、评估面试、反馈会议）的感受或想法。虽然被评估者为员工，但实践和学术研究均表明，由于管理者负责推动和实施考核，绩效管理的有效性在很大程度上取决于管理者。因此，员工和管理者的反应均至关重要。具体而言，在Schleicher等学者提出的绩效管理有效性评估模型中，员工和管理者的绩效管理反应包括情感、认知、效用和满意度四个部分。情感反应是指员工或管理者对预防性维护事件或系统的感受，包括不适、沮丧、焦虑、压力或对预防性维护的其他情感反应；认知反应是指员工或管理者如何看待绩效管理事件或系统，包括感知的公正、公平，感知的可接受性、适当性，以及感知的评估准确性；效用反应指对绩效管理事件或系统的感知有用性或价值；满意度反应通常作为绩效管理系统或事件的一般评估来测量。

二、绩效管理学习

绩效管理学习（Performance Management Learning）是指员工和管理者从绩效管理中获得的相关原则、事实或技能，有助于明确绩效管理系统是否能帮助，以及如何帮助员工和管理者实现目标。具体而言，Schleicher等学者提出的绩效管理学习主要包括认知、态度/动机和技能三个方面。其中，认知包括参与绩效管理学习产生的知识（陈述性的、程序性的和隐性的）和认知策略；态度/动机包括参与绩效管理学习产生的态度变化和动机倾向，主要指通过参与绩效管理系统而形成的对绩效管理的态度和动机；技能代表参与绩效管理学习产生的与技能相关的行为变化[1]。管理者和员工需要通过学习来做好绩效管理，管理者在绩效管理方面做得好的程度可能会直接影响员工对绩效管理的反应[2]，并且个体的认知、态度/动机和技能在理论上应该随着绩效管理经验的增加而提高（例如，理解什么是良好的绩效、学会更有建设性地接受反馈、对绩效管理有责任感）。此外，对于管理者而言，绩效管理学习还

---

[1] Mero N P, Guidice R M, Brownlee A L. Accountability in a performance appraisal context: The effect of audience and form of accounting on rater response and behavior[J]. Journal of Management, 2007, 33: 223-252.

[2] Jawahar I M. The mediating role of appraisal feedback reactions on the relationship between rater feedback-related behaviors and ratee performance[J]. Group & Organization Management, 2010, 35: 494-526.

包括评估质量，它体现了管理者从绩效管理学习中获得的认知、态度/动机和技能。

三、转换

根据Schleicher等学者提出的绩效管理有效性评估模型，转换（Transfer）是指绩效管理学习会影响个体的行为和态度，进而影响组织绩效，它包括员工转换和管理者转换。针对员工转换，有学者提出它在很大程度上等同于员工的行为和表现，并将其定义为"员工在工作中使用学习到的原理和技术"[1]。具体而言，绩效管理有效性评估模型的员工转换主要包括工作态度、公平/正义观念、组织吸引力、动机、赋权、幸福感、工作情感、创造力、绩效（如任务绩效、关系绩效）、反生产行为、离职，以及KSAOs（Knowledge，知识；Skill，技能；Ability，能力；Other Characteristics，其他性格特点）。

针对管理者转换，管理者更加关注的是绩效管理在多大程度上改变了管理者的工作方式或员工的看法，包括与员工建立的关系质量，管理者对员工做出的决策质量，以及其他一般管理有效性指标。长期以来，研究者们在管理工作中重视人际交往和决策活动[2]。绩效管理被认为是一种重要的工具，是制定有效的人力资源决策的基础，管理者在这方面的有效性成为一个重要的评价标准。管理者的转换能力可能会受到他们在绩效管理方面知识的影响，会受到员工对绩效管理反应的影响。反之，管理效率的提高会影响员工的态度和行为，从而影响组织的结果。管理者对员工所做决策的质量综合起来就是组织层面人力资本决策的质量，这决定了组织"利用"可用人力资本的能力。

四、组织人力资本资源

组织人力资本资源（Unit-Level Human Capital Resources）是指可用于实现组织目标的组织层面的能力。员工转换构建了知识、技能、能力和其他特征（态度和行为等）的集合，是组织层面的人力资本资源，进而影响企业的运营和财务绩效。基于员工的能力（Ability）、动机（Motivation）和机会（Opportunity）是绩效的关键决

---

[1] Alliger G M, Janak E A. Kirkpatrick's levels of training criteria: Thirty years later[J]. Personnel Psychology, 1989, 42: 331-342.

[2] Mintzberg, H. Managerial work: Analysis from observation[J]. Management Science, 1971, 18: 97-110.

定因素这一观点提出的AMO模型，假设人力资源系统通过这三个要素影响组织绩效，如人力资源实践（包括绩效管理）可能会影响组织层面的能力和技能，这些组织层面的能力（或人力资本资源）会进一步影响运营成果。具体而言，基于战略人力资源中的AMO模型，Schleicher等学者提出的绩效管理有效性评估模型的组织人力资本资源分为两类："技能/能力/潜力"和"激励"。

五、涌现因素

组织人力资本资源如何从个人层面聚合的关键问题是"涌现"的过程[1]。涌现现象"起源于个体的认知、情感、行为或其他特征，通过相互作用而被放大，并表现为更高层次的集体现象"。组织绩效的微观基础不仅是员工的KSAOs，而且是构成这种涌现过程的社会和心理机制。因此，涌现因素（Emergence Enablers）主要包括认知机制、情感心理状态和行为过程三类。涌现因素是员工转换和组织层面人力资本资源之间的关键影响因素，以及人力资本资源和运营结果的直接决定因素。此外，通过影响人力资本的可用性，组织层面决策的质量是员工转换标准和组织层面人力资本资源之间的重要调节因素。具体而言，Schleicher等学者提出的绩效管理有效性评估模型的涌现因素包括氛围、文化和领导力，对管理的信任，组织学习和知识共享，团队凝聚力，信任和协作，组织人力资本决策质量。

六、组织层面的运营结果和财务结果

Schleicher等学者提出的绩效管理有效性评估模型包括组织层面的运营结果和财务结果（Unit-Level Operational and Financial Outcomes）。具体而言，关于组织层面运营结果的指标，包括劳动生产率、产品质量/数量、组织创新、安全绩效、企业社会责任、离职率、旷工和不满；关于财务结果的指标，包括ROI（投资回报率）、ROA（资产回报率）、销售增长、企业增长和市场竞争力。在实际操作时，要根据"绩效管理的目标和具体有效性问题"来决定最相关的运营结果和财务结果指标。

---

[1] Ployhart R E, Moliterno T P. Emergence of the human capital resource: a multilevel model[J]. Academy of Management Review, 2011, 36(1): 127-150.

第二篇
绩效驱动力、绩效管理洁癖和绩效发生原理

由于历史原因，笔者一开始更多地关注以美国为主的西方学者关于绩效问题的知识，缺少自己的思考。从2000年～今（2023年），笔者一直在思考关于绩效的问题。本篇第五章为GREP系统与绩效驱动力；第六章为去除绩效管理洁癖；第七章为绩效伦理问题；第五、六、七章主要以时间线的方式，反映了笔者对绩效问题理论发展过程的思考和探索。第八章为国有企业三项制度改革中的绩效问题。

第五章 GREP 系统与绩效驱动力

第一节 什么是 GREP 假说

一、思考过程

笔者[1]最早思考这个问题是在2000年10月份前后。当时，笔者和几个朋友去北京北郊爬山，快到山顶时，看到一尊约20米高的佛塔耸立在一块岩石上。据同行的人讲，那座塔距今已经有600年的历史。于是引发了笔者的一个思考：一尊塔600年不倒，是什么原因所致，走近看，发现塔基非常坚实，塔身也非常坚固。塔不倒的答案是根基深厚。同理，笔者觉得一个企业如果要百年不倒，也应该有很坚实的基础才行。可是让企业百年不倒的基础是什么呢？

2000年12月，笔者受邀研究某企业高管人员的考核薪酬体系。在完成企业咨询项目后，企业邀请笔者做一次演讲。笔者根据在此次咨询项目中采用扎根理论提出的关于"企业生命力系统"的假设，确定演讲题目为"企业生命力系统"。这套系统试图找到影响企业生命力的决定因素。企业的生命力是由什么决定的呢？为什么有的企业活得很长，有的企业活得很短呢？笔者给出的解释是：企业的生命力会受到四个因素的影响，即企业治理结构（Governance）、企业的资源（Resource）、企业家与企业领导团队（Entrepreneur）、企业的产品与服务（Product & Service），这就是GREP企业生命力理论的最早来源。如果企业治理结构不好，如果企业没有资源或者没有资源的利用效率，如果企业没有一个好的领导，如果企业没有好的产品与服务提供给市场，企业就不会有强的生命力。这四个条件是企业生命力不可缺少的因素，每个维度涉及的要素如表5-1所示。

---

[1] 本章的主要作者为文跃然教授，为了便于阅读，在文中用笔者表示。

表 5-1　企业生命力的基本结构及影响因素

维度	要素	维度	要素
G（Governance） （企业治理结构）	股权结构	E（Entrepreneur） （企业家与企业领导团队）	企业家
	动力机制		管理团队
	权利分配		后备队伍的培养
R（Resource） （企业的资源）	人力资源	P（Product & Service） （企业的产品与服务）	行业选择
	资本资源		产品选择
	政府资源		竞争定位选择
	品牌资源		竞争方式和竞争策略选择
	客户资源		企业内部管理流程

自此以后，笔者开始研究企业生命力系统（简称GREP系统）在战略、考核、文化建设等方面的作用。2001年，笔者有幸为另一家企业进行战略研究，并将GREP理论作为战略分析工具。笔者将战略定义为对生命力系统改善的管理行为，认为任何在GREP系统上存在的关键问题都需得到改善，否则企业将面临生命力系统上的问题。

2002年，笔者以GREP系统为基础，对一家企业的人力资源战略进行了分析。笔者认为，人力资源战略是人力资源系统对战略决策落地的有关人力资源系统的决策。笔者通过将GREP系统和人力资源战略相结合，形成了以下逻辑结构：企业在GREP上存在的问题—对这些问题的解决（战略决策）—为了支持战略决策落地所需的人力资源实践。笔者发现，以往的战略人力资源学说存在一个问题，即战略学说众多。那么，我们在研究战略人力资源管理时应该依据哪一种战略学说呢？而GREP系统中的四要素，都是"驱动企业生命力改善的要素"，这就是战略。

同年，笔者以GREP系统为基础，对一家企业的文化系统进行了研究。笔者认为，企业文化应该支持企业的战略落地，因此GREP成为了文化分析的工具。基本逻辑是：基于GREP系统发现企业文化中存在的问题—基于GREP系统明确企业战略选择—明确对战略选择支持的理念和行为。

2003年，笔者开始对GREP理论进行系统的总结，并先后写了两篇论文阐述GREP

思想[1][2]。

2005年到2007年,笔者利用GREP系统分析了联想控股(以联想集团为主,以下简称联想公司)的企业文化。在这个项目中,笔者将GREP作为文化诊断工具,探寻联想公司在价值观和方法论上对GREP改善的支持和障碍。

2006年,笔者以GREP为主要讨论概念,撰写了博士论文《以GREP为中心的人力资源战略理论》。具体而言,笔者回顾了西方学者自1980年以来的二十多年对战略人力资源理论的研究历程。笔者发现,自20世纪90年代起,西方学者开始探讨战略人力资源的理论基础,其中RBV理论被认为是战略人力资源学说的基础。然而,笔者却有自己的观点。笔者认为一个优秀的人力资源战略的理论基础应该满足"一体化"的要求,它既是战略理论框架,又是人力资源管理系统的框架。而GREP则是满足这一条件的理论框架。在这篇论文中,笔者以GREP系统为基础,提出了GREP战略、GREP绩效驱动力、GREP人力资源驱动力等概念。

2013年,笔者将博士论文改编为专著《人力资源战略与规划》的一部分[3],并由复旦大学出版社出版。通过这本专著,笔者系统地完成了以GREP系统为基础的考核理论。

二、企业是一个生命体

每天都有无数企业在诞生,每天也有无数企业走向失败,如同生物界的状态。世界上有存在百年以上的企业,也有只存在3个月的企业。笔者在做联想公司项目的时候,有幸访问了时代集团公司的董事长,得知1984年前后中关村公司新成立的公司有150家之多,但是到了2006年,就只有三家幸存。著名的管理大师彼得·圣吉在对企业的生命力进行研究的时候,发现大型企业的平均寿命不及40年,约为人类寿命的一半[4]。为什么有的企业寿命比较长,而有的企业寿命比较短呢?企业是不是也像人生不同的发展阶段一样,遵循某种生命规律呢?

企业是一个生命体,这是笔者在独立思考的情况下提出的一个看法。但是,实

---

[1] 文跃然. 中国电信的悲哀[J]. 企业管理,2003(11):33-36.
[2] 文跃然. GREP:一种全新的企业经营思考方法[J]. 企业管理,2003(09):76-79.
[3] 文跃然. 人力资源战略与规划[M]. 第2版. 上海:复旦大学出版社,2007.
[4] 彼得·圣吉. 第五项修炼-学习型组织的艺术与实务[M]. 郭进隆译. 上海:上海三联出版社,2002.

际上有很多前人持同样的观点，并且做过相关的研究。例如，阿里·德赫斯在《长寿公司》[1]中就有这种看法。"把公司当成生命的实体来看待与讨论"是有意义的。他认为把公司当成生命体来看待，是延长公司生命的第一步。同时他还指出，这个概念对实践的价值可能大于学术的价值。他比照人类，把公司这个生命体的特征归纳为四个：第一，二者都受目标驱动；第二，公司的每个组织都有自我意识；第三，每个组织都向外开放，不能与世隔绝；第四，每个组织都有一定的存活期。

在确认公司是一个生命体之后，阿里·德赫斯开始探讨公司的寿命这个理论问题。阿里·德赫斯问：为什么有的公司寿命长，有的公司寿命短？经过研究阿里·德赫斯得出结论，公司寿命取决于四个因素：对环境的反应、公司的凝聚力、公司的宽容程度和公司在财务上的保守程度。按照德赫斯的看法，以下四种公司是长寿的：第一，对自己周围的环境都很敏感；第二，很有凝聚力；第三，对各种想法和做法都比较宽容；第四，在财务上都很保守。

美国作者阿玛尔·毕海德在《新企业的起源与演进》这本书中，试图探讨企业的寿命、发展动力等基本问题，在某种意义上就是笔者提到的企业生命力的决定因素问题[2]。这些因素包括"资源禀赋与机遇、正确地调整和获取资源、与众不同的品质、创新、风险资本"等。在这本书的第九章中，玛尔·毕海德在"寿命与增长"这个标题下讨论企业寿命问题。他指出，增长与寿命之间有显著的关联。没有增长，就很难有很长的寿命。因此，一个企业的增长是决定一个企业寿命长短的基本问题。

另外一本非常有名的讨论企业寿命的书籍是詹姆斯·柯林斯和杰里·波拉斯合写的著作《基业长青》[3]。他们讨论了企业的寿命问题，认为企业的寿命长短主要在于一个公司是否有远大的目标和支持这种远大目标的核心思想。通过对美国3M公司的研究，他们发现一个公司长盛不衰的原因"不是高瞻远瞩的领导人、有远见的产品设计、深谋远虑的市场见解或者鼓舞人心的口号和宣言，而是潜藏在这些东西之后的某种深刻的东西"。在他们的书中，对决定企业寿命长短的12个神话进行了批评。

---

[1] 阿里·德赫斯. 长寿公司：商业"竞争风暴"中的生存方式[M]. 王晓霞，刘昊译. 北京：经济日报出版社，1998.
[2] 阿玛尔·毕海德. 新企业的起源与演进[M]. 北京：中国人民大学出版社，2018.
[3] 詹姆斯·柯林斯，杰里·波拉斯，基业长青：企业永续经营的准则[M]. 真如译. 北京：中信出版社，2006.

企业演化理论的另外两位代表人物是Nelson和Winter。他们借用生物学中的两个基本概念，"随机变异"和"自然选择"，指出企业发展并没有"预先确定"的模式，因此，"运气才是最终将赢家和准赢家区分开的主要因素，尽管技能和能力上的巨大差异能将竞争者和非竞争者区别开来。"[1]他们对企业家在企业中的作用不怎么重视，认为企业家的作用其实很微小。他们之所以这样认为，是因为一个企业的决策结果其实是很难预测的。大多数企业是按照例行的规则往前走的。这个观点和赫伯特·西蒙的有限理性有点相似，尽管赫伯特·西蒙对人的决策力量相对比较乐观。上述理论遭到了很多的批判。阿玛尔·毕海德就指出，这种观点忽视企业家的力量，试图用自然选择的理论来看待企业的演进，其实是忽略了"有意识的人类行为与自然选择之间的差别"[2]。Chandler也说过，企业的发展在很大程度上是因为企业领导的决策和执行。在某种程度上企业的绩效是"由单个企业家、业主和管理者所做的无数决策的结果"[3]。

从某种意义上说，战略学家也讨论企业的寿命问题，是在可持续（Sustainable）企业竞争优势等概念下来讨论的。按这种角度的观点，凡是能够提升企业竞争力的事情，都是延长企业寿命的事情。波特认为一个企业要获得竞争优势，要选择好行业，并且发展出了好行业选择的五力模型。另外，要采取差异化的定位和匹配的价值链。资源理论更多的是从资源或者能力角度来看待企业的竞争优势。资源理论认为，企业的竞争优势更多地来自企业所用的不可转移的异质资源。

还有的研究者从组织变革角度来探讨企业的寿命。他们认为寿命长的企业一般都是能够对环境变化做出正确反应的企业。而且在很大程度上，企业的寿命类似自然演进的过程。

Coase在他的著名文章中也分析了这个问题。他是从企业的边界由什么决定这个角度来探讨的。他认为，企业的边界由"企业家的交易能力决定"[4]。

阿玛尔·毕海德对企业生命力主要流派和观点做了一个总结，如表5-2所示。按

---

[1] Nelson R R, Winter S G, Forces generating and limiting concentration under schumpeterian competition[J]. The Bell Journal of Economics, 1978, 9 (2), 524-548.
[2] 阿玛尔·毕海德. 新企业的起源与演进[M]. 魏如山译. 北京：中国人民大学出版社，2004.
[3] Chandler A D, Review colloquium on scale and scope - response[J]. Business History Review, 1990, 64 (4), 736-758。
[4] Coase, R. H. The nature of the firm. Economica[J], 1937, 4: 386-405.

照毕海德的观点,有关企业生命理论研究的主要流派可以分为生命周期理论进化理论和企业战略模型。

表5-2 企业生命理论研究的主要流派和观点

序号	主要流派	主要观点
1	生命周期理论	● 直接提出了新企业的增长问题 ● 准确反映了企业发展的渐进性质 ● 企业家角色的性质被过分简化
2	进化理论	● 提出了企业创新和变革问题 ● 假设企业的成长是运气和惯例使然 ● 低估了企业家在新企业中的作用
3	企业战略模型	● 强调高层决策者的作用 ● 提供了多维度考察创新活动视角 ● 对新企业的生命力的解释力小于对大企业生命力的解释力

资料来源:阿玛尔·毕海德. 新企业的起源与演进[M]. 魏如山译. 北京:中国人民大学出版社,2004:275.

第二节 GREP考核体系——组织绩效驱动力、企业人力资源驱动力

一、概念辨识

笔者提出过两个非常重要的概念,即GREP计分卡和GREP人力资源计分卡。对应地,它们可以派生出两个重要的驱动力概念:组织绩效驱动力和企业人力资源绩效驱动力。组织绩效驱动力是在企业层面要做好绩效的关键因素。而人力资源绩效驱动力是为了使组织绩效驱动力完善的人力资源方面的关键因素。第一个驱动力指的是,一个企业要提高绩效,哪些因素必须纳入考核体系中;第二个驱动力指的是,为了完成上述工作,哪些是必须做的人力资源工作。组织绩效驱动力和人力资源绩效驱动力都来自企业生命力系统——GREP系统,因此它们是一致的,符合学者Becker、Ulrich和Huselid提出的外部一致性[1]。

---

[1] Becker B E. Ulrich D, Huselid M A, et al. The HR scorecard: Linking people, strategy, and performance[M]. Boston: Harvard Business Review Press, 2001.

企业层面的考核指标和人力资源体系中的考核指标是建立在企业战略之上的，平衡计分卡理论的两位创始人Kaplan和Norton曾提出，考核要与战略联系在一起[1]。但是战略理论千差万别，Kaplan和Norton也没有深入探讨他们提出的战略是哪一种战略。

如我们前面所分析的，GREP系统本身就是一种战略理论，笔者据此提出的GREP计分卡和GREP人力资源计分卡中所指的战略分析框架是非常清晰的。同时，GREP计分卡和GREP人力资源计分卡用的是一个战略，而且也只能有一个战略。这就解决了战略人力资源学者们一直困扰的"两张皮"的问题：因为战略不是内生的，因此战略人力资源学者们要借助外部的战略学说来进行分析，这就难免出现说的是同一个词——战略，但是用的则是不同的战略观点这种困境。这个问题，尽管在资源学派成为人力资源战略学说中的主流基础之后得到了缓解，但事实上，没有得到根本的解决。这是因为：（1）资源理论本身有很大的局限[2]；（2）资源学派在战略学者们的研究中只是众多分析工具中的一个。在企业的实践中，常用的战略分析工具包括计划学派、定位学派的分析框架，资源学派本身并没有成为一种独立的战略分析工具。

在这样一个一体化的框架下，人力资源绩效驱动力、组织绩效驱动力、战略和组织绩效（用生命力健康程度来衡量的）之间形成了真正的因果关系。上述四者之间的关系是：要有好的生命力状态（GREP生命力系统），必须发现生命力系统中存在的问题和找到问题的解决方案（战略）；要解决这些问题，必须以此为基础形成企业层面的考核指标（GREP计分卡）；要完成GREP计分卡中的工作，离不开人力资源体系的配合。因此，人力资源体系必须在能力上和机制上找到问题及其解决方案，形成人力资源计分卡。只有完成人力资源计分卡的工作，企业的生命力系统才能够得到改善。GREP计分卡只是指出了GREP生命力系统改善的方向，而人力资源计分卡则把这种方向通过行动变成可能。

---

[1] Kaplan R S. Norton D P. Using the balanced scorecard as a strategic management system[J]. Harvard Business Review, 1996, 74(1): 75-85.
[2] 亨利·明茨伯格，布鲁斯·阿尔斯特兰德，约瑟夫·兰佩尔. 战略历程：穿越战略管理旷野的指南[M]. 原书第2版. 魏江译. 北京：机械工业出版社，2012.

二、确认GREP绩效驱动力和GREP人力资源绩效驱动力的步骤

下面我们用某研究院的例子来说明这个问题。某研究院是一家国务院国有资产监督管理委员会（简称：国资委）所属的中央企业，生产通信设备。旗下有两家上市公司，一年的销售额大概为40亿元。按照上面的四个步骤，我们来说明GREP绩效驱动力和GREP人力资源绩效驱动力是如何被提取出来的。

第一步，形成GREP战略。前文已经定义了战略，它是对企业生命力系统的完善。以GREP系统为基本构架，对该企业的基本问题进行诊断，然后在此基础上提出对应解决方案，形成战略。某研究院基于GREP系统分析的问题和改进建议如表5-3所示。

表5-3　某研究院基于GREP系统分析的问题和改进建议[1]

序号	GREP要素及其问题	改进建议（战略动作）
一	治理结构	
A	股权结构	
1	股权结构是否能保证有效决策	增加个人股权，以增加不受不合理约束和负责任的股权的比重，达到改进决策效率的目的。建议是分散研究院旗下公司的股权，将个人股权和战略投资者的股权比重提高到50%以上
2	股权结构中的非国有资产股份的比重是否合适	主张增加私人股权至20%~30%。采取的办法包括售卖-稀释模式、控股公司模式、反向收购模式
3	股权是否有利于保护企业不容易被恶意收购	适度分散股权，增加有责任感的、有坚守的股东数目
4	股权结构是否有利于在资本市场上有效运作	增加个人和战略投资者的股权，以利于更灵活地进行资本运作所需要的股权交易，提高企业的绩效
B	管理者的动力系统	
5	是否存在合适的对高层管理人员的物质鼓励系统	要尽快建立以绩效为基础的企业经理人员报酬制度。这个报酬制度还要保证工资水平具有外部公平性和竞争力。同时向全社会开放经理人员职位，保证在这些位置上的任职者是最优秀的

---

[1] 此表形成于2002年。为了保持研究原貌，未对此表做大的改动。

（续表）

序号	GREP 要素及其问题	改进建议（战略动作）
6	是否存在合适的经营者精神鼓励体系	研究院应该建立一套荣誉鼓励制度，目前的以行政升迁为主的鼓励制度，尽管可以降低经理人员的成本，但是它经常在错误的方向上鼓励经理人员，因此应该尽可能用物质鼓励系统和合适的精神鼓励系统来替代这个制度
C	权力体系	
7	是否存在完备的、对管理者的监控体系	研究院应该尽快建立一套权责分明、决策合理、流程高效和制度完备的管理体系
8	所有者和管理者的权责利边界是否清晰	建议在理解企业战略和企业问题的基础上，本着效率原则和现实原则在管理者和所有者的代表（研究院）之间分权。撰写分权手册是一个好办法
9	是否存在合适的发现和修正决策者错误的系统	建议研究院建立一套管理者行为评估和监管信息系统，以及时和准确地发现管理者的问题，并建立一套调整管理者行为的制度
D	组织的规范与灵活性	
10	组织是否足够灵活以适应变革的需要	研究院在强调集中管理的同时，应该使组织尽可能具有灵活性。可能的办法包括（1）让参控股公司的总经理有更大的权力；（2）下大力气鼓励科研人员对市场信息做出正确和快速的反应；（3）改善研究院层面的决策体制，提高决策速度
11	组织是否足够稳定以适应企业发展的需要	有不稳定的趋势。建议尽快在研究院和各公司之间分权，同时在研究院高层应该推行集权，以把内部损耗可能导致的组织不稳定性降低到最低程度
二	产品	
A	是否有核心产品或服务	
12	是否有一种产品或服务成为企业经营领域的标识	有
13	与竞争者相比，是否有一种产品或服务保持优势	有
14	是否有足够的更新核心产品的能力	建议（1）强调用资本运作的方式来增加科研资源；（2）改革目前的科研体制；（3）调整科研战略以最有效地使用科研经费

（续表）

序号	GREP要素及其问题	改进建议（战略动作）
15	研究院的研发销售比达到了10%的常规比例吗	不合理。建议研究院把研发经费占销售比重10%作为一个考核经营者业绩的主要指标来对待
16	研究院是否存在一套鼓励研究人员响应市场的机制	建议（1）使组织更加灵活；（2）建立一个好的激励制度鼓励科研人员的变革精神和效率
17	企业的学习倾向是否强烈	有值得改进的地方。建议在考核科研人员时，加上学习性这个指标
18	企业是否对新技术有足够的敏感和认知能力	很多认知仅仅停留在认知阶段。应该建立一种制度，使科研人员的认知能够有效地变成产品开发实践和产品。改进的方向有：（1）对科研人员的探索精神加以特别鼓励；（2）建立科研人员提议机制；（3）加强科研人员与决策层的制度性沟通；（4）提高决策部门的决策速度
B	核心产品的市场规模	
19	核心产品的市场规模是否很大	是
20	核心产品的市场规模在5～10年内或投资者的投资没有收回之前就会急剧萎缩	低端传输产品/光缆等都会在未来几年走下坡路。建议研究院把调整产品结构和业务结构作为战略问题来看待。从产品结构上看，大力发展以IP技术和光传输技术相结合的产品领域应该被优先考虑。同时发展高端传输产品和无线产品。从无线的角度来说，更应该考虑用资本运作的方式来进入。可以考虑相关领域多元化战略
C	核心产品或服务的销售能力	
21	是否存在强有力的销售能力	研究院输给竞争对手主要输在销售上，这是我们的一个基本观点。研究院的销售能力在销售战略/销售人员的激励/攻关/销售经费投入/销售信息系统/渠道/销售人员的数量/销售技能等方面不及竞争对手。即使按照一般的状况，研究院的销售也有可以改进的地方，尽管这些年来研究院的销售取得了很大的成绩。就研究院目前的销售能力来看，保持目前的市场份额可能都有困难。建议（1）重新制定销售战略；（2）建立销售人员薪酬体系；（3）建立销售信息系统，提高反应能力；（4）拓展渠道至非电信领域；（5）建立销售人员定期培训制度
22	是否有资源改善销售能力	建议在清晰销售战略的基础上确定销售资源投入战略

(续表)

序号	GREP 要素及其问题	改进建议（战略动作）
三	企业家	
A	是否有企业家	
23	研究院是否有企业家？是否有一个具有创新精神的企业领导人	不评论
24	研究院是否有一个具有战略眼光并有能力选择与实施正确战略的企业领导人	不评论
25	研究院的企业领导人是否有良好的长期业绩记录	可以考虑从经理人市场招聘某些层次的有长期业绩记录的职业经理人来弥补企业领导人在这方面的不足
26	研究院领导人的社会影响是否很大	建议研究院展开一个企业家社会影响宣传活动，使研究院的领导人成为社会知名人士
27	企业领导人是否有战胜挑战的能力	通信行业的挑战无处不在。有一个能够应对挑战或危机的领导人群体非常关键。建议研究院加强领导人的危机意识，开发现任领导集体的应对挑战的能力
28	现任领导班子是否有出众的组织才能和人事交往能力	建议用培训课程开发这些能力
29	研究院的领导是否有正直和坚毅的品格	建议用培训课程来解决这个问题
30	研究院的领导们是否有开创精神	建议：（1）用多种形式培养这种精神；（2）在提拔领导人时注重这种精神；（3）对外招聘，补充所缺少的精神
31	研究院的领导是否有革新精神	有
32	研究院的领导是否以顾客为中心	是的。但是因为没有特别正确的市场战略，也因为研究院知识分子的特殊文化，研究院的领导在以顾客为中心这个方面还存在问题
33	研究院的领导人是否具有多样性认同的特点	未评论
34	研究院的领导人是否具有很强的综合领导力	未评论
35	是否有一个具有足够人格魅	未评论

（续表）

序号	GREP 要素及其问题	改进建议（战略动作）
	力吸引优秀人才完成使命的企业领导人	
B	企业家的后备队伍	
36	是否存在培养后备企业领导人队伍的机制	建议在2002—2005年间按50～100人的规模培训企业经理人员
37	是否存在淘汰和更新企业领导人的机制	建立开放的经理人员选拔制度，开放经理人员职位
38	是否有足够的资源吸引、培训和更新企业领导人	建议研究院建立一套资源使用规划，比如要用多少钱来培养和使用经理人员/要达到什么目的等
C	是否有数量足够的企业领导人物	
39	是否有一个团队在各自的领域，如战略管理、市场营销、财务运作和市场管理等方面同时行使有效的领导作用	建议研究院在下属公司推行职业经理人制度，使每一个关键职位上的管理者都具有一流的职业化水平
四	资源	
A	人力资源	
40	是否有足够的人力资源	否。缺少科研人员和职业化的中层管理人员。建议在清晰战略和组织的基础上做一个人力资源规划，明确缺什么人力资源和缺多少人力资源，在这个基础上花大力气充实关键人力资源
41	是否有良好的HR管理与开发制度	建议在清晰战略和组织的基础上制定出一套员工的录用/考核/培训和薪酬制度，以达到在国内同行一流水平的目标。这个目标是达得到的，也应该达到
B	资本	
42	是否有足够的原始投资从事经营活动	未评论
43	企业是否能够从业务产生的现金流中获得经营活动所需要的资本	建议（1）在清晰战略的基础上编制出一个5年支出预算计划；（2）扩大现金流业务的销售；（3）控制和减少应收账款
44	企业的资本负债比率是否合	建议提高整个研究院的负债率

(续表)

序号	GREP 要素及其问题	改进建议（战略动作）
	适	
45	企业的利润是否足够大，使企业获得快速的资本积累	一年2亿~3亿元的利润根本不够支持研究院未来庞大的发展计划。建议（1）清晰战略，看看到底要花什么钱和花多少钱；（2）开发新产品，开辟高利润的产品领域；（3）开发新的业务；（4）用资本运作的方式获取资本积累
46	企业是否有良好的资本运作平台	建议把通信公司的筹资能力与研究院的整体战略联系起来考虑。同时改进通信公司的股权
C	品牌和无形资产	
47	企业的品牌资源是否能给企业带来明显的利益	研究院应该制定正确的品牌战略
D	其他资源	
48	是否有除上述三种资源之外的资源能给企业的经营活动带来便利	建议成立专门的部门——公关部门来统筹无形资源开发和利用

表5-3对企业的48个方面进行了分析，有针对性地发现了企业的数百个问题点，并提出了数百个改进建议，这些改进建议就是GREP战略。

第二步，确认GREP绩效驱动力。

前面提到，GREP绩效驱动力是把一个企业在GREP上存在的问题变成考核指标体系（measurement）。其功能在于为企业考核提供基于战略的考核指标。这些指标也叫作组织绩效驱动力。没有这些考核指标，企业就很难建立一套改进企业生命力系统的考核体系。开发的方法是：把企业在GREP上要进行的改进方向变成可以操作的考核指标（绩效驱动力），如表5-4所示。

表 5-4 某研究院 GREP 绩效驱动力分析表

战略驱动因素	驱动因素分解	二次分解	五年目标	院相关部门	子公司相关部门	考核指标
Governance（治理结构）	股权结构	国有股改进	50%以下	院高层、发展策划部、财务部	各子公司总经理、财务部、企业管理部	计划完成度
		内部员工股比例的改进	30%左右	院高层、发展策划部、财务部	各子公司总经理、财务部、企业管理部	计划完成度
		外部战略投资引进	20%左右	院高层、发展策划部、财务部	各子公司总经理、财务部、企业管理部	计划完成度
	动力结构	动力制度完善	1. 一年内建立以绩效为核心的年薪制 2. 建立先进的考核体系	院高层、人力资源部、发展策划部	各子公司总经理及分管副总、人力资源部	动力制度完善程度
		外部竞争力	经理人员工资具有外部竞争性	院高层、人力资源部、发展策划部	各子公司总经理及分管副总、人力资源部	经理人员薪酬外部竞争力
		经理人员满意程度	90%以上的满意度	院高层、人力资源部、发展策划部	各子公司总经理及分管副总、人力资源部、事业部	经理人员满意度
	组织结构	权力结构	1. 建立统分结合、权力边界清晰、责任明确的权力结构； 2. 建立各层各级之间分权手册。	院高层、人力资源部、发展策划部	各子公司总经理、分管副总、人力资源部、企业管理部、事业部	权力结构完善程度
		组织灵活性	建立以战略为导向的组织体系	院高层、人力资源部、发展策划部	各子公司总经理、分管副总、人力资源部、企业管理部、事业部	组织灵活性

（续表）

战略驱动因素	驱动因素分解	二次分解	五年目标	院相关部门	子公司相关部门	考核指标
Governance（治理结构）	组织结构	决策效率	高效率 全国一流	院高层、人力资源部、发展策划部	各子公司总经理、分管副总、人力资源部、企业管理部、事业部	决策效率
Resource（资源）	人力资源	核心人才状态	消除核心人才短缺	院高层、人力资源部、发展策划部、科技部	各子公司总经理、分管副总、人力资源部、企业管理部、技术部、事业部	核心人员流失率、优秀人才引进率
		现有人才使用效率	全国一流	院高层、人力资源部、发展策划部、科技部	各子公司总经理、分管副总、人力资源部、企业管理部、事业部	人均生产率、人均销售额、人均市值
		人力资源制度的完善	建立整套人力资源管理体系，如招聘、任免、考核、薪酬、培训等	院高层、人力资源部、发展策划部、烽火学院	各子公司总经理、分管副总、人力资源部、企业管理部、事业部	制度的完善程度
		人力资源素质的提高	整体全国一流	院高层、人力资源部、发展策划部、烽火学院	各子公司总经理、分管副总、人力资源部、企业管理部、事业部	人力资源素质的提升程度
		薪酬目标	市场领先	院高层、人力资源部、发展策划部、财务部	各子公司总经理、分管副总、人力资源部、企业管理部、事业部	计划完成度

（续表）

战略驱动因素	驱动因素分解	二次分解	五年目标	院相关部门	子公司相关部门	考核指标
Resource（资源）	品牌资源	竞争对手	建立人才库，全面了解竞争对手的人才使用状况与人才战略	院高层、人力资源部、发展策划部、科技部	各子公司总经理、分管副总、人力资源部、企业管理部、技术部、事业部	人才库的建设情况
		品牌知名度	WRI：全国同行最好的本土研究品牌 烽火：全国前三位的本土产品品牌	院高层、发展策划部、科技部	各子公司总经理、分管副总、市场部、销售部、企业管理部、技术部、事业部	品牌知名度
		品牌使用效率	形成明确的品牌战略并加以实施	院高层、发展策划部、科技部	各子公司总经理、分管副总、市场部、销售部、企业管理部、技术部、事业部	品牌使用效率
	资本资源	提高财务管理效率	在全国同行中成为财务管理方面的标杆企业	院高层、财务部、发展策划部	各子公司总经理、分管副总、市场部、销售部、企业管理部、技术部、事业部	应收账款周转率流动资产周转率
		资本运作平台的搭建	五年内建立2～3个上市平台和至少一个资金在50亿元以上的资金运作平台	院高层、发展策划部、财务部	各子公司总经理、分管副总、企业管理部、事业部	计划完成度
Entrepreneurs（企业家）	企业家	企业家素质改进	强调企业家素质的12个方面的全面提升	院高层、人力资源部、发展策划部、烽火学院	各子公司总经理、分管副总、人力资源部、企业管理部、事业部	企业家素质提升程度

（续表）

战略驱动因素	驱动因素分解	二次分解	五年目标	院相关部门	子公司相关部门	考核指标
	高层管理团队	高层团队整体素质改进	高层团队的职业化；12个方面素质的全面提升；培养30~50个企业高层管理后备人才	院高层、人力资源部、发展策划部、烽火学院	各子公司总经理、分管副总、人力资源部、企业管理部、事业部	高层团队整体素质提升程度
Product& Service（产品与服务）	核心产品的使用和培育	现有核心产品使用效率	从现有核心产品中充分回收现金，包括销售产品和出售产品业务单元	院高层、发展策划部、财务部、科技发展部	各子公司总经理、分管副总、财务部、市场部、销售部、事业部	现有核心产品使用效率
		新核心产品的培育和形成	形成以 IP OVER SDH/DWDM 为龙头的产品领域并在全国领先。进入无线核心领域（3G 设备或者服务）	院高层、科技发展部、发展策划部	各子公司总经理、分管副总、技术部、市场部、销售部、事业部（涉及中试、质检职能的部门）	新核心产品的培育和形成
	先进生产方式的形成	存货控制	全国一流	院高层、财务部、科技发展部	各子公司总经理、分管副总、财务部、市场部、销售部、事业部	存货周转率
		成本控制	全国一流	院高层、财务部、科技发展部	各子公司总经理、分管副总、财务部、市场部、销售部、事业部	预算超支比率、销售费用比
		生产管理制度	全国一流	院高层、财务部、科技发展部	各子公司总经理、分管副总、财务部、市场部、销售部、事业部	制度的完善程度

(续表)

战略驱动因素	驱动因素分解	二次分解	五年目标	院相关部门	子公司相关部门	考核指标
Product&Service（产品与服务）	生产管理制度	生产流程	全国一流	院高层、财务部、科技发展部	各子公司总经理、分管副总、财务部、市场部、销售部、事业部	流程效率的提高
	科研	科研战略	科研领先	院高层、科技发展部、发展策划部、财务部	各子公司总经理、分管副总、技术部、市场部、财务部、事业部	科研战略的有效性
		科研体制	建立中研院和企业产品开发两级研究体系	院高层、科技发展部、发展策划部、财务部	各子公司总经理、分管副总、技术部、市场部、财务部、事业部	科研体制的完善程度
		科研管理体系	全国一流	院高层、科技发展部、发展策划部、财务部	各子公司总经理、分管副总、技术部、市场部、财务部、事业部	科研管理体系的完善
		科研人才	全国一流	院高层、科技发展部、发展策划部、人力资源部	各子公司总经理、分管副总、技术部、人力资源部、市场部、财务部、事业部	核心科研人才比例的提高；核心科研人才的使用
		科研效率	全国一流	院高层、科技发展部、发展策划部、财务部	各子公司总经理、分管副总、技术部、市场部、财务部、事业部	领先推出产品的数量；新产品占销售额的比重

（续表）

战略驱动因素	驱动因素分解	二次分解	五年目标	院相关部门	子公司相关部门	考核指标
Product&Service（产品与服务）	科研	科研投入	占销售额10%或10%以上	院高层、科技发展部、发展策划部、财务部	各子公司总经理、分管副总、技术部、市场部、财务部、事业部	研发销售比
	市场	现有产品市场占有率	低端传输5%～10%；光缆10%～15%；直放站30%～50%；无源器件50%以上；无源器件国外市场占销售比重50%以上	院高层、科技发展部、发展策划部、财务部	各子公司总经理、分管副总、技术部、市场部、财务部、事业部	现有产品市场占有率
		新产品市场占有率	IPOVER SDH占全国市场的15%无线3G设备或软件占全国5%的市场	院高层、科技发展部、发展策划部、财务部	各子公司总经理、分管副总、技术部、市场部、财务部、事业部	新产品市场占有率
		销售管理体制的改进	全国一流	院高层、科技发展部、发展策划部、财务部、人力资源部	各子公司总经理、分管副总、技术部、市场部、财务部、事业部	销售管理体制的改进度
		销售人才素质提高	全国一流	院高层、科技发展部、发展策划部、财务部、人力资源部	各子公司总经理、分管副总、技术部、市场部、财务部、事业部	销售人才素质的提升程度
		销售渠道的改进	非电信用户销售额比60%	院高层、科技发展部、发展策划部、财务部、人力资源部	各子公司总经理、分管副总、技术部、市场部、财务部、事业部	非电信用户占销售的比重

表5-4为某研究院GREP绩效驱动力分析表，表的第一列是GREP的四大基本要素，之后是逐步细化分解。同时，通过这个步骤明确了各个指标的目标（或者指标值），这就解决了组织绩效考核的两个大问题：一是基于战略的考核指标的提取；二是每一个指标可以量化的标准。

表5-4对绩效驱动力的提取，完全是内生于战略的。这里，请特别注意"内生于战略"的说法。"内生"的意思是，考核指标完全是从GREP战略中派生出来的，有什么样的GREP战略，就一定有什么样的GREP考核指标或者GREP绩效驱动力。在这一方面，虽然平衡计分卡的作者多次表示要把考核指标与战略挂钩，但是其包含的四个方面并非战略的四个基本要素。因此，平衡计分卡并不能提供一个战略工具，这样就难免出现：（1）旨在与战略相联系，但是联系的却是不同的战略。因为战略方法多种多样，每人的理解都不一样。（2）即使在战略方法论上和对每一个战略的理解上没有偏差，但是因为没有一个好的既定的结构，导致提取考核指标也有随意性。这就再次印证了以下观点：好的考核体系必须建立在一个好的企业理论的基础上，同时必须有一个可以依靠的好框架。

从技术上来讲，GREP改进要点可以成为考核的指标，但是考核指标太多，可能也会使企业抓不住重点。根据表5-4可知，某研究院可以用于考核的指标有38个，但都考核的话，指标可能有点多。因此，我们可以抓住一些重要的指标。Kaplan和Norton认为考核指标最好不要超过15个。对于这个观点笔者是赞成的。事实上，因为一个企业的GREP战略在一个既定的时间内只能够抓住几个关键的方面加以改善。因此，GREP绩效驱动指标（考核指标）也不可能太多。生命力是一个逐步完善和强壮的过程，并不需要在一个时期内面面俱到。如笔者在天津电力建设公司使用该方法的时候，建议他们三年时间内重点做两项工作：一是股权制度的改善；二是市场销售能力的提升。

第三步，根据GREP绩效驱动力，开发GREP人力资源绩效驱动力和建立人力资源传导机制。GREP人力资源绩效驱动力是为了落实GREP绩效驱动力所需要的人力资源的重点工作。它的提取过程有三个关键步骤。一是明确在完成企业GREP绩效驱动力上的任务时，人力资源系统还缺乏什么。缺还是不缺，主要从所需要的人力资源能力和所需要的人力资源制度这两个角度把握。二是在此基础上，确认所需要的核心人力资源和改进的制度方向。三是把核心人力资源和制度的改进变成考核指标。如为了改善股权结构，人力资源部门需要在职位设置、招聘、培训、考核和薪酬方面做哪些工作。这些工作就是为了完善GREP绩效驱动力所需要的重要的人力资源管理工作。以"研究院的制度改进能力对应的人力资源情况"为例，GREP人力资源绩效驱动因素，可以从人力资源管理板块中的重要工作中提取。表5-5所示是一个从人力资源改进入手改进制度的例子。如在职位设置模块中，可以把"新增制度改进人才职位完成情况"作为考核指标，增设与制度改进有关的职位；在薪酬模块中，可以把"对制度化人才的职位评价完成情况"作为考核指标，对核心制度改进人员的职位做出评价。以此类推，得到有助于提高人力资源管理运行效率的考核指标体系。这个体系实际上是GREP人力资源计分卡。企业是否对这些指标进行考核不是最重要的，最重要的是这些指标都是基于GREP的重要改进方面所形成的考核指标（GREP绩效驱动力），是落在实处的重要的人力资源工作任务。离开了对这些任务的确认和落实，企业的生命力就不可能提升。因此，这些工作完全是基于战略的。

表5-5　从人力资源改进入手改进制度的例子

类别	职位设置	招聘	培训与开发	考核	薪酬
改进	增设与制度改进有关的职位，提高任职资格要求，同时强调战略能力	以外部招聘为主，内部招聘为辅。外部招聘以社会招聘为主。可以考虑短期聘用	重点在对内部人士做长期专业培训	目标考核：把制度改进分解成目标。注重能力和行为的考核	对核心制度改进人员的职位做出评价

要使第三步变得可以操作，我们还需要为基于GREP改进所需要的人力资源重点工作而开发出来的考核指标确立绩效标准。这个问题在人力资源计分卡中是通过向行业标杆学习得到解决的。他们假定一个行业存在"最优人力资源实践"。笔者也基本上同意这个看法，在GREP人力资源计分卡中，也采用了最佳实践假设，用行业标准作为GREP绩效驱动因素的效率标准。企业生命力系统完善过程如图5-1所示。

GREP战略：发现问题+解决方案 → GREP绩效驱动因素：把解决方案变成考核指标 → GREP人力资源传导：根据GREP改进要求安排人力资源 → GREP生命力系统的完善

图5-1　企业生命力系统完善过程

因此，战略人力资源可以定义为基于企业GREP战略的企业考核体系和人力资源传导机制的构建过程。而就人力资源传导机制而言，有三个关键的工作：一是根据GREP改善确认核心人力资源，二是根据GREP改善确认人力资源的重点工作，三是把重点工作变成考核指标。因此，战略人力资源管理在某种意义上来说是三项工作：能力确认、机制改善和效率确认。

第四步，企业生命力系统的改善。通过第三步，企业把第二步中确立的GREP改进重点变成结果。至此，一轮企业生命力系统的完善过程得以结束。

至此，我们已经完成了GREP计分卡的基本设计工作。我们总结一下GREP计分卡的优缺点。优点主要包括：第一，考核建立在正确的企业理论基础上。第二，有易于理解的框架。第三，有正确的因果关系：从GREP战略到GREP生命力系统的完善，是一个完整的因果关系链条。第四，具有预测性，企业可以通过实际做法预测结果。第五，战略与考核一体化，在制定战略的同时，也制定出了GREP的主要考核指标方向。第六，过程结构化，便于操作。

当然，作为一种新的体系，不完善的地方还有很多，例如，GREP计分卡和人力资源计分卡概念的正确性还需要进行更多的论证，它们与绩效之间的关系还需要进行更细致的研究，指标的开发也还需要斟酌。

第六章 去除绩效管理洁癖

第一节 对"让成功成为必然"理念的探讨

一、"不找做不成的理由,只找做成的方法"的说法并不成立

笔者[1]曾主持过联想公司的文化作用机制项目,并于2009年被邀请参加联想公司内部的文化宣传贯彻大会。在倾听联想前董事长柳传志发言的时候,笔者顿悟:事物往往具有两面性,一面是做不成的理由,而另一面则是做成的方法论。这两个方面同时存在于一个事物中。根据对联想公司22年的发展历程的研究(1984—2006年),笔者认为联想公司的成功主要归因于联想公司的计划与执行机制。联想公司每年都会做计划,如制定每年电脑销售量目标。在做好计划的基础上,尽可能地去实现它们。日积月累,联想公司就累积了相当大的市场份额。因此,笔者得出结论,对于具备两面性的事物,当我们将主要注意力集中在寻找做不成的理由而非做成的方法论时,就永远可以找到做不成的理由,而忽视了做成的方法论。于是,一种观念产生了:只要我们去寻找做成的方法论,就总能找到它们;只要我们能够找到这些方法论并执行,就一定会成功。后来笔者又发现,这个逻辑的问题出在"只要我们去寻找做成的方法论,就总能找到它"。事实上,世界在那里,但是我们不一定可以找到它们。因此,"不找做不成的理由,只找做成的方法"的说法并不成立,"让成功成为必然"的理念也许是一个不可能达到的目标。

二、计划与执行

我们为什么找不到可能存在的方法呢?① 我们可能不想找。② 我们在没有找到方法之前,用光了我们的资源。③ 即使找到了方法论,使用它们也需要一些时间;在掌握方法论之前,用光了我们的资源。

---

[1] 本章的主要作者为文跃然教授,为了便于阅读,在文中用笔者表示。

在思考过程中，笔者特别对计划和执行的科学性做过探讨。比如计划如何制订才算科学呢？对这个问题的研究，自然就会上升到方法论和哲学层面。从方法论上讲，如何把"事情"变成任务就是一个大问题，如联想公司的理念是紧急而重要的事情要算在计划里。管理学大师彼得·德鲁克也探讨过什么是成果的问题，强调只有在成果领域才值得投入精力去追求。任务多少是比较合适的？从公司到部门到个人的任务到底应该如何衔接？"复盘"方法论在任务界定中的作用是什么？如何做一个动作就可以产生最大化的效果？这些都属于方法论的问题。

在哲学层面上，对计划和执行问题的探讨涉及多个问题，包括任务的时间性、任务指向未来世界的认识论问题、任务和执行之间的因果关系建立问题、任务完成的必然性和偶然性问题，以及任务和人的关系问题（如异化问题）。

这些问题的探讨旨在达成两个基本目的：第一，是否存在一种方法，可以使计划一旦制订就能被不折不扣地执行完毕，从而使成功成为必然？第二，对计划和执行问题的理论探索。

在这方面，罗伯特·赫伯特·西蒙的理论值得特别推崇。在他的著作《管理行为》中，他深刻地探讨了计划和执行机制在管理中的作用。他认为管理的第一个基本问题就是计划和执行的问题："在更高一级的一体化中，只能考虑情况非常一般的方面。只有当注意力被引向更详细的可能性时，特殊化才会发生。理论是为了确定这个决策丛应该如何构建——在广泛的计划决策和更狭窄的执行决策之间如何进行适当的分工。第二个基本问题是程序性规划——制定机制，使规划决策对执行决策进行有效控制。"

赫伯特·西蒙提出了一个非常现实的问题，计划由坐在办公室的"将军们"制订，但却由一线的"士兵们"来执行[1]。这两者之间存在多层级的差距，如何保证最高位的计划可以被不折不扣地执行呢？赫伯特·西蒙从七个方面进行了分析：第一，组织决策的心理学。他认为企业应该为员工提供一种决策环境，在这个环境中，员工的决策行为是基于一些给定的东西进行的，如企业目标就是给定的。员工在这个给定的框架下做出决策。组织必须为其参与成员提供足够的激励，使他们对组织做出贡献。对组织没有贡献的决策是不被允许的，否则将导致组织资源的浪费。第

---

[1] Simon H A. Administrative Behavior: A Study of Decision-Making Processes[M]. New York: Free Press, 1997.

二，组织平衡。组织提供的工作动机和员工的个人动机之间相互作用。第三，权威的作用。组织如何引导员工的决策？权威或上级在这个引导过程中起什么作用？上级的指令就是下级决策的价值标准。第四，沟通的作用。第五，遵从效率准则。第六，组织忠诚和组织认同。效率要内化员工的决策标准，员工要对此有承诺和忠诚。第七，授权决策是在员工和管理者之间不断交流的过程中由员工做出的，并不需要董事长亲自出面。高层通过各种办法影响下级做出符合企业目标的决策。通过以上七个方面的工作，就可以解决上面提到的问题。

当然，现在的管理环境和赫伯特·西蒙时代有很大的不同。学者们对如何在数字化时代背景下制订计划和执行计划也有很多讨论，例如，强调计划与执行过程的弹性和敏捷性（快速验证和否定计划，再来一个新计划）等。

三、个人能力到组织能力的转化

如果一个组织中的大多数人都愿意动脑筋完成任务，而不仅仅是少数几个领导愿意想办法来完成任务，则组织能力岂不是可以提高很多倍吗？

那么，如何让个人能力转化为组织能力呢？有的企业与同行业其他企业相比，其员工队伍的素质和能力，例如学历、经验等并不比同行其他企业有优势，但是为何其组织效率和企业业绩却能够保持领先，这种现象该如何解释呢？事实上，企业的组织管理中一定存在着一种不依赖于个人能力的整体力量，这种力量就叫作组织能力。

笔者对组织能力定义的关注最早开始于2001年。那年笔者接触了康奈尔大学教授Snell和Wright的观点。这两位教授在其论文中都提到了组织能力这个概念。企业流程、企业关系文化、企业知识等能力不属于个人层面的能力，它们是组织能力或组织资本。组织能力是一种在个人基础上发展出来的能力，但它独立于个人而存在。

我们应该如何提高组织能力呢？笔者认为，至少以下几个方面很重要：第一，文化建设。用文化统一个人意志。第二，采用团队工作方式。如笔者对销售人员的薪酬一直主张以团队绩效为主，而不是销售人员个人的绩效为主，同时奖金分配也应该是以团队平均分配为主，而不是以激励个人和拉开个人收入差距为主。第三，学习与分享。笔者非常推崇韦尔奇的一种分享（work-out）管理方法。具体而言，有好的经验，如成本降低、利润增加、质量提高等经验，都要在组织内迅速进行分享。第四，强化领导者的带头作用。

  在实践中，笔者发现了一个影响组织能力建设的障碍，即动机问题。笔者在管理实践中碰到一个挑战。有的事情如果找到方法就很容易被完成，而这些方法并不难找。例如，一个近50人的公司搬家，新旧办公室相隔一条马路，如何在两小时内将公司及个人的众多物品搬完呢？方法之一是在搬家之前，每位员工各自准备一个大袋子装好个人物品，并将其拎到新办公室。在此基础上，对无法装袋的物品进行分类和安排。方法之二是零敲碎打地搬。如果不动脑筋，很有可能会采用第二种办法，搬到什么时候算什么时候。高效的办法存在于那里，只要我们稍微动一下脑筋就能想到，但是很多人就是不愿意动这个脑筋。这种现象在企业也很普遍。以上现象的一个很重要的原因是：不是员工不能，而是员工不想。员工缺乏动机去找到最好的方法。

  关于这一观点，我们再举一个例子。笔者有一次安排几个工友修剪桃树枝。由于有些大枝需要剪掉，因此笔者借了一把电锯。用电锯锯大枝只需要两到三天。但后来却发现工友们并没有使用电锯，而是使用手工锯子作业。笔者纳闷地问："你们为何不用电锯，这样不是可以省力一点、快一点吗？"工友们说："电锯子容易坏，不会修理。"后来笔者才想明白，工友不愿意使用的一个重要原因很可能是，使用电锯得到的工资比使用手工锯子低，因为工钱是按照工作日结算的。相反，如果把桃园的剪枝工作整体承包给工友，工友们可能就愿意使用电锯了，甚至愿意为电锯付费。

  从以上的例子中，笔者发现员工不愿意想办法，可能是由于激励存在问题。因此，组织能力的增长，可能受碍于员工的动机。

四、非人绩效

  笔者曾听过一个故事。某天早上，有一位做企业的朋友发现他们的一款产品在网上的销售额高达几十万元。他很惊奇：平常做销售，要通过不断地开会、分析问题、探讨办法、在过程中监控指挥等步骤才能完成部分目标，如此费劲但仍有可能达不到既定目标。然而，一晚上的时间，电子商城就帮企业卖出这么多产品。笔者的朋友感慨，不是只有人才会产生绩效，好的平台也会产生绩效。

笔者曾遇到一位大银行的领导，虽然看上去不像一个特别用心的人，但他领导的银行却运转得非常出色。这让笔者顿悟，领导的辛苦并不是绩效产生的唯一条件。如果领导能够妥善运用领导力，设计合理的架构，聚集合适的人才，并且设定有效的激励措施，领导在轻松的状态下也能够取得卓越的绩效。在这里，我们并不认为领导不辛苦工作就一定会产生高绩效，而是认为一些非辛苦因素，如前面所提到的因素，对于组织绩效的影响更加显著。

如何给非人绩效下一个定义呢？非人绩效是在既定的人数使用量或者更少的人员使用量的基础上形成的绩效增量。导致非人绩效产生的因素包括战略设计的高低、组织架构的优劣、领导力的高低、技术创新、新设备的使用等。笔者甚至认为，一个企业家的福分和运气也是非人绩效的影响因素之一。

那么，如何获取非人绩效呢？笔者认为：第一，企业管理者应该把绩效的范围拓宽。一般企业都把提高绩效的目标分解到个人，很少考虑非人因素。也许有人说，战略因素、创新因素、组织因素、领导力因素所导致的绩效有不同的部门在管理，人力资源部门只要管理好与员工有关的绩效就可以了。这话可能只对了一半。的确，通过各个部门的努力，在非人绩效上可能得到了改善。但是，这种改善没有纳入总绩效概念之中，从而也没有纳入总的绩效管理概念之中。人力资源部门不仅要管理人的绩效，还应该考虑管理非人的绩效，才会有更加完整的绩效概念。

第二，笔者认为，要想做好非人绩效管理，需要考虑绩效考核的优先顺序。以往的绩效考核主要集中在员工个体的绩效上，其基本逻辑是：每个员工的绩效应该达到什么水平，然后设立关键绩效指标（KPI），并对其进行管控。这种方式将每个员工作为绩效管理的对象。然而，随着非人绩效概念的引入，思考的顺序需要做出调整：是否可以在不依赖员工的情况下实现绩效目标？有哪些不依赖人力资源的绩效潜力可以挖掘？在哪些领域减少人工投入可以获得同等甚至更高的绩效？如何采取措施以实现这些绩效目标。需要注意的是，虽然发现这类绩效因素或将其落地需要人的参与，但非人绩效并非完全排除人的作用，而是强调在绩效管理中将人力资源的投入最小化、绩效最大化的思路。

第三，要提高人力资源管理者的管理水平。我们必须培养这种认识能力，即非人绩效管理领域更多地与高层管理者的工作重叠。因此，人力资源经理应该像企业首席执行官（CEO）那样思考问题。这也是企业获取非人绩效的难点之一。

IBM有一个战略绩效的概念。假设一个企业一年销售了10亿元，这个业绩相比上一年增长了50%。由于该企业制定的业绩目标正好是10亿元，这个企业100%完成了绩效。但是，在市场上还有30亿元的可能机会在等着这个企业去实现。100%完成绩效也不是最优绩效。IBM把这种绩效称为战略绩效。而10亿元是实际完成的绩效。

五、创意执行力

笔者在创新过程中，发现一个问题：一件事情，在领导看来，可能很简单，即使是难题，领导也可以想办法解决。但是领导会做的事情，员工可能不会做。这样就出现了一个常见的管理困境：领导们鼓励创新，但是员工很难参与到创新中去。创新碰到的一个最大的问题是：领导的主意在天上飞，员工对创新的贡献却很少。在创新过程中，领导的主意和员工的执行成了"两张皮"。如何解决这个问题呢？为此笔者开始思考"普通员工如何参与到创新中并做出贡献"这一问题的解决之道。我们把员工参与到创新中并做出贡献定义为创意执行力。

彼得·德鲁克说过一个观点，即管理最核心的手段是"让平凡的人创造不平凡的业绩"[1]。如何做到这一点呢？彼得·德鲁克说，要把任务进行分解，分解到平凡的人也可以做好的程度。这样就可以降低创新工作的难度，因为这样在员工看来，他们分配到的任务和普通的任务没有区别。

对总任务进行分解，并将任务要素匹配到员工，这也是科学管理创始人泰勒的观点[2]。只要对任务进行分解，找到合适的人，并且对这些人加以培训，同时请工头现场指导，员工做什么事情都会有很高的效率，不管这种工作是做过的还是没有做过的。

很多人认为创新工作与已经流程化的工作很不相同。一是稳定性不够。有的工作任务可能只能持续几个月甚至几天。二是分类不那么容易。很多动作搅和在一起。三是对员工的学习能力有要求，因为是新的任务，所以人员的专业化程度不够高，

---

[1] Drucker P F. Management: Tasks, Responsibilities Practices[M]. New York: Harper Business, 1993.
[2] 泰勒. 科学管理原理[M]. 马风才译. 北京：机械工业出版社，2007.

每个人做起来都需要一些学习时间。

强调创新工作的特点是一回事,看到创新工作和已经流程化的工作在本质上并无不同,是另外一回事。笔者认为创新活动和流程化活动相比,没有本质不同。两类工作都是通过完成动作以达到目的的。因此,所有做动作的原理在创新活动中也适用。

认识到以上观点,我们就会发现结构主义是提升创意执行力的钥匙。结构主义强调把总任务分解为若干任务要素。同时强调运算和行动的重要性,在行动中不断试错,不断形成对任务要素的理解,动作完成到一定程度的时候,结果就会相伴而生。如果时间会告诉我们这种做法不会产生结果,那就重新构建一套结构体系就可以了。总之,靠行动来获得认知和结果。行动离结果最近,而行动是在一个结构体系中展开的。

笔者在研究创意执行力这个问题的时候还有一个意外发现。根据《埃隆·马斯克传》的作者描述,埃隆·马斯克仅仅用六十多天的时间就制造出了特斯拉Model 3的样品,而参与的人数只有三十多人[1]。一个创新的业务大概可以分为三个阶段:创意阶段—样品阶段—大批量生产阶段。其中,最难的是样品阶段。尽管样品阶段最重要,但是按照埃隆·马斯克造特斯拉样车的时间和所动用的人数来看,其样品阶段所耗的时间和人数并不多。所以提高创意执行力的重点,其实不是把动作分解至每一个员工。恰恰相反,提高创意执行力的重点在于让关键环节的员工参与进去,做到参与创新的人数极小化。这样不仅可以降低创新执行力的教育成本,也会加快创新的速度。但是,不管创新的人数少到什么程度,分解总任务,让每一个参与的人都熟悉自己的任务并为创新做出贡献,是让创新活动转化为成果的不二法则。

第二节 绩效伦理问题

在绩效考核乃至绩效管理中,普遍存在以下四种现象:第一,绩效指标和指标值是企业通过行政手段强加给员工的,员工被迫而非自主地接受这些指标和对应的绩效标准。第二,管理者对这些指标的完成度有着"洁癖式"的要求:员工必须100%地完成这些目标。第三,员工完成了这些绩效目标,就被冠以"优秀员工""核心人

---

[1] 沃尔特·艾萨克森.埃隆·马斯克传[M].孙思远,刘家琦译.北京:中信出版社,2023.

才""潜力员工"等溢美之词,而没有完成目标,就被认为是不合格、能力低下、不创造价值。第四,完成目标就会得到奖励,完不成目标就会受到惩罚,让员工承担企业决策的代价。

然而,在现实生活中,普遍存在两种现象:一种是制订好的计划并没有完成;另一种则是完成计划情况很好的企业也会经历世俗的失败。我们不禁疑惑,企业或个人的成功是必然的吗?组织或团队完成目标是必然的吗?完成了既定目标,企业的持续发展就是必然的吗?"不成功"是一种道德瑕疵吗?完成了任务就是一种高尚道德的体现吗?

如果对这些问题没有正确的认识,我们对员工的评价也会出问题。造成企业投资失败的CEO是好的CEO吗?一个不断做事情但是经常把事情搞砸的员工是好员工吗?一个不承担责任不做事情从而也不出错的员工是好员工吗?这就涉及一个很严肃的问题:绩效管理中的伦理问题。绩效伦理主要探讨绩效管理措施在伦理上的对错问题。例如,家长要求孩子每次考试都要达到满分、每次排名都要名列前茅、在短时间内精通多种手艺,并根据结果进行奖励或惩罚。这种教育方式是否正确,值得深思。

本节基于笔者曾在某公众号发表的一篇文章《绩效管理要放弃洁癖》,谈谈对萨特的《存在与虚无》一书最后一节"道德的前景"的体会,进而从道德层面探讨企业的绩效管理,阐释"绩效管理要放弃洁癖"这一观点。本节中萨特的观点和文字引自萨特著作的中文译本《存在与虚无》[1]和英文译本*Being and nothingness: a phenomenological essay on ontology*[2]。

一、员工的价值来自对自身欠缺的理解和追求

萨特曾说:"本体论向我们解释了价值的起源和本性。我们已经看到,那就是欠缺。"我们不是因为完成了一件任务才有价值的。在组织中工作的很多任务是由上级临时指派的,有些事情对个人来说是没有价值的。比如去参加一个你已经理解了的问题的学习班;或者把桌子上的资料摆放到无可挑剔的整齐状态;或者完成了一

---

[1] 萨特. 存在与虚无[M]. 陈宣良等译. 北京: 生活·读书·新知三联书店, 2007.
[2] Sartre J P. Being and nothingness: a phenomenological essay on ontology[M]. Washington: Pocket Books, 1978.

个销售任务，但是这个销售订单并不会挽救濒临倒闭的局面等。我们的价值来自于选择了一些任务弥补了自己的某种不足。比如我们很缺钱，完成的任务对这一需求的弥补很有帮助。

萨特认为，"自为"（For-Itself）指的是具有自由意志和自我意识的存在。这是与"自在"（In-Itself）相对应的概念，"自在"是指那些没有自我意识和自由意志的存在，比如自然物体或物质。"自为"通过对欠缺进行比照，在其存在中将自身定义为欠缺的存在。自为存在时，价值就会涌现出来，与其自身存在纠缠在一起。一旦我们希望弥补欠缺的想法产生，这种想法就会挥之不去，成为一种"纠缠"。我们选择那个还不存在的目标而去争取它们。这种不存在的东西总是纠缠着已经存在的东西。例如，对处级职位的向往和争取，不断纠缠已经是科长级别的员工："我应该去争取处长的职位吗？想象着自己坐在处长位置上，可能会受到来自下属的尊敬，这给予了我一些动力。""为了争取更高的职位，我是否会放松自己的道德要求，或者甘愿冒险失去已经拥有的一切吗？"人生价值在这种纠缠中存在着，有的时候很清晰，有的时候很模糊。有的时候很鼓舞人，有的时候则让人沮丧。

萨特说："自为的各种不同的任务（For-Itself's Various Tasks）能成为存在的精神分析法的对象，因为他们的目的全都是在价值或自为的影响下提供所欠缺的那种意识与存在的综合（Missed Synthesis of consciousness and being in the forms of value or self-cause）"。"自为的各种不同的任务"指的是什么？指的就是我们对未来的目标实现所需要的任务。这种任务会成为精神分析的对象。因为被我们的选择纠缠，这种纠缠构成了我们精神的一部分。为何未来的任务可用于精神分析？为什么对未来兴奋、有激情？是因为我们被未来吸引。对未来的追求和估价，就构成了精神的主要成分。我们的精神是否健康取决于对未来是否保持健康的看法。为了到达未来，我们需要做很多事情。然而，有的事情可能能够做好，有的事情可能无法做好。我们对没有做好的事情或者可能做不好的事情不能释怀。这种不能释怀就会成为精神疾病的来源。我们总是希望通过完成任务来产生一种缺失的合成（Missed Synthesis）。这种合成的任务是把意识和存在（价值或者自恰）融合到一起，使其在一个轨道上运行。

萨特认为，不要从功利主义的角度看待人的选择。"存在的精神分析法是一种道德的描述，因为它把人的各种计划的伦理学意义提供给我们；它向我们揭示了人的所有态度的理想意义，是向我们指出必须摒弃从利益着眼的心理学，摒弃对人的行为的一切功利主义解释。这些意义是处在利己主义和利他主义之外的，也就是所谓的无私的行为之外的（Disinterested）。"

萨特并不一味地认为从私利角度看待选择就是不道德的。他讲过一个非常有名的故事。在"二战"时，德国入侵法国，一位小伙子问萨特，他是应该去前线抗击侵略者，还是在家里照顾自己的母亲？萨特说，他的任何一种选择都是符合道德的。不会因为他在家照顾母亲而不去抗击侵略者就是不道德的。这么看，花木兰在家照顾父亲是对的，上战场也是对的。

但这会导致我们常人认知上的一个困惑。很多人本来可以有更好的选择，为何他要选择一个更差的呢？比如勤劳是一种美德，为何很多人选择什么都不做呢？"躺平"是一种道德的选择吗？如果选择没有好坏，那要管理干什么？管理是让人做更好的选择吗？还是让人自主选择，更好地发挥他的效率呢？子不教，父之过。父不教，真的是一种"过"吗？这就涉及了管理特别是绩效管理的伦理问题：绩效管理是强迫他人做更好的选择还是让个人选择一个他认为最好的目标？笔者认为企业的绩效本质上来源于雇主和员工之间的自愿交易，管理的核心是创造这种交易的环境。管理不是企业强迫员工做什么，而是提供环境让员工自愿做什么。这对企业的利益追逐机制提出了很高的要求，也对管理提出了很高的要求。毫不夸张地说，自愿交易原则是管理的最高原则，顺其者昌，逆之者亡。我们有必要重新审视科斯定理，他认为在企业内部存在行政命令的高效率。员工参与到各个组织中，本身就是一种自由选择的结果。

萨特说，"人们把自己当成了上帝，从这个角度看的无我（Selfless）其实是一种利己主义。"现实生活中，我们总潜意识把自己想象为万众瞩目的卓越者，我们或多或少总希望自己成为无所不能的人，或者按照想象中自命不凡的样子来要求自己。成为优秀者是我们的目标和选择。可是，我们的条件并不允许我们成为无所不能之人，上帝在现实中也并不存在，我们也不能创造所有的条件。我们曾经以为做的很多事情足够好，是成为卓越者的原因，但是这两者之间没有因果关系。同样，在绩效管理的过程中，完成一些任务，以为这些任务完成之后，就会让我们成为卓越。

这个观点存在以下几个问题：第一，卓越严格意义上不存在。第二，即使任务完成，也不能保证我们卓越。第三，我们做的事情并没有和卓越之间形成因果关系。萨特说，"人是一场无用的激情"。追求一个不能存在的存在是一种激情，不是一种理性。

萨特说："因为人的现实和期望的自因之间没有一致的衡量尺度（Common Measurement），所以人自失（Self-lost）以便自因（Cause of Itself）存在。"因为我们总是以不存在的东西作为行动的原因，并且总是证明这个原因会导致某种结果，这种自我证明（Self Cause）导致了自失（Lost Self）：虚幻的逻辑自恰导致现实的失败，所以自欺是不道德的。

自欺现象在绩效管理过程中普遍存在。例如很多企业的目标里面明确提出要做"XX第一"，并为此制定出了一套战略（目标和手段），动用无数员工的投入去实现这个目标，为此也付出很多资源。后来发现这些所谓的因果关系只是我们自己的认识，并不具有客观性。但是为了实现这些战略，人们常常为了虚幻的目标失去了自我并用自欺疗伤。企业如此，人生亦如此。

"人们把人的存在看作一种激情，那种过分出名的自私自利（Self-interest）的存在只不过是在所有手段中选择出的一种实现这种激情的手段而已。"萨特认为，存在不是一种激情，但是人们对成为上帝充满激情，因此会选择。这种选择是实现激情的手段（激情是自欺，是把虚幻的东西当成目标。乌托邦不存在，可是人们把它当成理想）。现实中有很多"不存在"被当成了理想。你会发现世界上不存在完美的人，但是你希望成为完美的人。因为把存在看成一种激情，所以我们选择的存在方式或者模样，不过是一种自私自利的存在，一种充满功利的存在。

然而，尽管我们发现不存在完美绩效，但我们仍然希望通过我们的努力能够实现它。例如，我们希望士兵在接受阅兵的时候，不要眨眼睛，可是他不巧眨了眼睛，于是被认为不合格。这些精神状态，都是因为我们把一个不存在的东西当成了目标。我们对未来怀有激情，因此我们选择去实现激情的手段。很多绩效任务，是被领导者激情派生出来的。那个激情其实不会有结果。"人是一场无用的激情"（源自萨特），绩效管理要放弃洁癖。不然，管理者就会让员工干更多的傻事。同时在这种绩效管理模式下，绩效管理不是寻求员工的人生意义，而是把员工当成了达到企业私利的工具。我们既不为功利选择，也不是要故意选择失败，我们只是为活着选择。剩下的行动都只是为了实现这个目的的手段。

二、管理者不能把达成目的的手段当成目标，人是目的本身

萨特说："存在精神分析法的主要结论应该是使我们否定严肃的精神（Spirit of Seriousness）。严肃的精神指的是对存在的一种两难态度。只要我们认真看世界，就会发现严肃的精神是矛盾的。严肃的精神有两个特征：第一，价值是一种不以主观意志为转移的东西。第二，价值是超越的，独立于主体性而被赋予的，将'可欲'的品质从事物的本体论结构转移到简单物质构成。例如，面包是可欲的（Desirable），因为它是我们生存所需要的（这种价值世人皆知），同时面包有营养。这种认真的态度的结果是，面包的象征价值（Symbolic Values）被掩盖了"。我们要否定"严肃的精神"，因为对物质的追求一定会把我们带向远方。只要是远方的东西，就还是精神的，价值也存在于这种精神之中。但是我们又希望把对物质的追求本身当成价值。未来存在于我们对未来的选择之中，然而，我们总认为现在最好，逃避做选择。我们希望晋升更高阶的职位，知道这是我们的未来，但是把目前的职位当成了最大的价值，拼命去守护它。人被分裂成两个部分：当下和过去的我、未来的我。未来的我是必定要去的，但是我们总是不愿意抛弃现在。或者一想到抛弃现在要去远方，就很痛苦、恐惧，但是又知道一个更好的东西在未来的某个地方等我们，所以精神上不得安宁。

活着有很多途径：可以吃米饭，也可以吃面包。活着是真正的目标，只要活着就表明我们从现在到了未来。我们可以对很多物品有欲望，只是因为根本上我们想活下去。对物质的可欲，不是物质本身的欲求，而是对生命的欲望。最终目的只有一个，活着的方式则可以多种多样。区分物品的价值和物品的效用之不同，会让我们精神更加健康。面包的营养价值是当下，我们不能把面包的营养价值当成目标，营养价值只是活着的手段。一个已经存在的东西不过是让我们实现一个更好目标的手段。更好的目标是价值，手段不是价值。得到面包和得到米饭对活着来说是等价的，可是我们经常把手段当成了价值。这是我们的精神疾病的核心：我们的追求是错乱的。现在所处的职场只是我们活着的一种手段，它不是全部意义。所以即使职场失意，只要不影响活着，我们就不要太在意。

萨特说"严肃的精神统治世界的结果，就是使人像用一张吸墨纸吸干墨迹那样，用事物的经验价值来吸干事物的象征价值。他把被欲望的对象的不可透明性放在面前，并且在他本身中把对象作为不可还原的可欲望的东西提出来。""人摸索着寻求存在，而对自己隐瞒起这种探索自由的计划。他做出一种姿态，好像他的道路上已经安放下种种任务，等待着自己去完成。"当我们把手段当成目的（把一种物质的存在当成我们存在或者活着的意义）的时候，就会觉得有太多任务需要完成。一个企业家的绩效计划，通常是把完成任务当成目的，或者把利润当成目的，结果他必然会有做不完的事情。每完成一个任务，他就有成就感。已完成的任务会产生新的需要完成的任务，直至无穷。但是，这些任务也许对活着（Living）没有什么意义。对于一个开车12小时挣得300元的滴滴司机而言，他的任务有意义，因为他靠300元养家；但是，对于一个渴望成为行业领袖的企业家来说，这份工作毫无意义。选择的道德评判标准是：这个选择是否有助于活着。

"存在的精神分析法将向人们揭示他所追求的真正目的，即成为自在与自为综合起来的融合为一体（Synthetic Fusion）的存在。"萨特认为，存在的精神分析法揭示了我们追求的真正目的是活着。这里要特别重视一个说法，即自在和自为综合起来的融合为一体的存在。这是一种什么存在？比如我是一个教师，这是我现在的存在。但是我对种地或务农很享受，因此，我利用教师的条件（时间相对空闲、社会资源较多、有学习能力等）开设了一个农场，去争取在农场经营方面展现我的人生。这种对未来的规划，既考虑现在的条件，也发展出了一个新世界。新世界并不是凭空产生的。萨特揭示了一个未来的生存状态的构想往往与人的现状（特别是物质状态）有关。

萨特说，"许多人知道，他们寻求的目标就是存在。在他们拥有的这种认识的范围内，他们不足以把事物作为事物本身来化归己有，而且企图实现对事物的自在的、存在的象征性化归己有。但是这种企图还具有严肃的精神，并且还能相信他们使自在和自为存在的使命铭刻于事物中而言，他们注定要绝望，因为同时揭示了，人的所有活动都是等价的——因为这些活动都企图牺牲人以使自因涌现——人的活动注定要失败。"如果管理者没有理解未来存在的意义，而沉湎于今天的物质占有，并以此为目的来安排任务，那么他就注定要失败。君不见，很多想做世界第一、全国第一的公司都纷纷消失了吗？

企业管理者为了自己的理想驱使员工不断地干活，是因为他认为员工完成了这些任务，可以使企业到达某个辉煌的顶点，其实这个顶点只是一个想象，一个像上帝一样的存在。按照萨特的说法，这种驱使必定会失败。对员工的无意义的驱使，也注定要失败。

三、绩效管理的最高境界是创造一种让员工自由选择企业目标的环境

"但是本体论和存在的精神分析法（或人们总是以这些描述造成的自发经验的应用）应该向道德主体揭示，他就是各种价值赖以存在的那个存在。他的自由会显现出有关他自己的意识（他拥有什么样的意识），这种自由会在人的焦虑中显现为价值的唯一来源，显现出世界存在的空虚（Nothingness）。"萨特认为，道德主体必须明白自己才是那个存在的主体，别人不能帮助我们存在。同时自由（承担对个人的责任）是最高的道德。

萨特说，"一旦人的自由（Freedom）发现了对存在的呼唤（Quest for Being），一旦发现了拥有自在是他自己的可能性，它会在痛苦中领悟到，只有在其他可能性的基础上，它们才是可能的。"例如，一个人被单位开除了，除得到一些合理的赔偿外，他面临的境况是马上没有工资收入了，家里就可能会出现无钱购买柴米油盐的问题。于是这个人发现为了"有钱买米"这个未来的存在，他琢磨去摆摊，或去找一份新的工作。同时，摆摊有很多地方和种类可以选择，找工作也是如此，这些都是他的未来的可能性。能够"有钱买米"这个存在一定是以这些可能性为基础的。这到底是哪个选择，哪个可能性呢？只有这个人自己去尝试、去努力才能找到答案，尽管这个选择过程是非常痛苦的。被开除不要紧，努力承担对未来的责任才是最重要的。因此，被开除不会是评判一个人的最高道德标准，努不努力去创造未来才是最重要的道德评判标准。

萨特说，"但是到现在为止，尽管可能被任意地选择和放弃，导致所有可能性统一起来的选择的主旋律是：价值或者意识中的自恰理想的呈现。一种追求自身自由的自由，实际上是一种存在，它不是它所是，它是它所不是，它选择作为存在的理想，是它所不是，不是它所是。"人们承担责任，最终的目的是找到自己的价值或者自圆

其说，对未来进行因果构建。道德的员工会努力去发现自己的未来，而不是逃避。

四、自愿承担绩效责任是衡量员工职业道德的最高标准

萨特认为，"这个自由的主宰选择不恢复自己，而是逃离自己，不与自己一致，而是始终与自己保持距离。"选择就是否定现在的自己，努力去变成一个完全不同的自己。谁会选择未来？认为现在的自己已经是最好的自己的人不会选择。通过想使自己敬畏、与本身保持距离的存在，应该理解为什么？这涉及自欺或者别的基本态度吗？在选择做更好的自己的过程中，我们不能自欺。按照萨特的看法，我们永远无法成为无所不能的上帝或者圣人。但现在的我和未来的我之间有很大距离，我们必须看到这种距离。知道自己现在的状态，知道未来还有空间，在现在的我和未来的我之间挤出足够的空间，才能让努力发挥价值，我们才有好的未来。

"一个人能活出这种新的存在吗？"能。我们的选择必须让我们发现一个更好的自我。把自己定位得更精确，更个性化，以便更充分地接受自己作为一个存在者的责任。世界就是通过这种选择而产生的。"自由由于把本身当成目的，它逃避一切处境吗？"不能！在任何处境下，员工都必须做出选择或承担责任。自由选择本身就是目的，员工选择完成目标，或者选择不完成目标，都是他的自由选择。只有当管理者创造一种管理环境让员工自愿选择目标时，管理行为似乎才是符合伦理的。然而，员工不管在什么情况下都必须做出选择：要么选择在企业完成任务，承担作为员工的责任；要么选择离开企业。如果员工没有把企业的目标作为自己的目标，而又出工不出力地待在企业中，那就不符合伦理。

通过本章的分析，我们也要认识到，成功（绩效目标的完成）并不是必然的。从历史的角度来看，企业的失败也许是不可避免的。这引发一个问题：员工应该采取何种行动才是适当的？通过对存在主义伦理观的分析，我们发现管理者不能要求员工将完成任务视为他们的价值依据，除非员工自愿这么做。员工的价值来源于他们的自主选择；绩效管理必须建立在员工自愿选择基础上，这样才符合伦理标准。员工不应被视为工具，任务和任务完成应视为员工实现自由选择的手段。对待员工，管理者应秉持"己所不欲，勿施于人"的原则，将员工的自主选择视为最高价值，就像希望别人不要干涉我们自己的选择一样。

第七章 绩效发生原理

第一节 如何认识结构主义对绩效分析的重要性

一、问题缘起

笔者[1]从2015年前后开始接触让·皮亚杰的结构主义学说。这也许和笔者对一个问题的探讨有关。笔者曾经对一个非常传统的行业进行投资,在这个过程中他碰到一个困扰的问题:投资是现在进行的,但是结果则需要十年甚至更长的时间才会产生。如何用未来才会发生的事情来证明现在投资行为的正确性呢?因为现在的投资行为和未来的结果之间隔了一个漫长的时间间隔,这就产生了一个问题:用未来证明现在。

为了解决这个问题,笔者提出一种假设:如果知道做某件事情所需要的成功条件是哪几个,并且能够判断这些条件具备的概率都是很高的,那么这个事情就是可以做的。这里的关键是现在的行为是否正确,取决于实现目标的条件和实现这些条件的概率。如果目标为Y,实现这个目标的条件为X,如果条件不止一个,那么条件可以为$X_1, X_2, ..., X_n$。以上说法就可以变成一个函数表达式:$Y=F(X_1, X_2, X_3, ..., X_n)$。投资管理就变成了条件管理。

有了这个认识之后,还涉及对其他问题的认识,如:目标如何确定?条件和目标之间的最重要的关系是什么?如何去发现条件?这种目标与措施之间的关系会变化吗?后来笔者才发现这些问题就是结构主义要回答的核心问题。这就不难理解笔者走向结构主义的探求,并从结构主义中寻求答案了。

还有一个特别重要的经历也让笔者对结构主义感兴趣。从2013年开始,笔者研究过一个问题,那就是创意执行力(见第六章相关讨论)。笔者的困惑来源于逐渐认识到,如果一个企业不做创新就不能持续发展,也不可能在竞争中获得高额利润,

---

[1] 本章的主要作者为文跃然教授,为了便于阅读,在文中用笔者表示。

但是创新是一个成功概率很低的事情。笔者想研究如何提高创新成功的概率。通过研究，笔者发现，流程化的企业和创新企业最大的差别是，在流程化的企业中，一切动作都被设计在流程之中了。要做什么动作，谁做什么动作，如何做一个动作，都是清晰的。因此，企业只需要按照流程把工作分配给员工就可以了。因为每一个员工的工作范围都非常有限，因此，每一个员工也能得心应手地处理各种事情。而创新企业与流程企业则不同，上面提到的在流程化企业都很清晰的事情，在创新企业则是不清晰的。

笔者经过研究发现，如果只看重流程化企业和创新企业的差别，那就永远不能发现创新成功的密码。创新企业和流程化企业之间的不同，不能掩盖这两类企业的一个共同点。不管是哪类企业，如果要达到目标，都离不开要做动作这一点。用笔者的话说，动作距离结果最近。也就是在结果之前，就是动作，动作和结果高度相关。

流程化企业和创新企业都需要通过动作来获得结果，两类不同的企业之间差别的本质在于如何做动作。动作原理在创新中是第一原理。那么创新企业如何做动作呢？

为了解开这个问题，我们必须找到做动作的一般原理。笔者开始研究泰勒的理论。泰勒有一句话给了笔者很大的启发。泰勒说，管理是75%的分析和25%的常识。那什么是分析呢？泰勒认为一个总的任务（Totality）需要分解为若干动作。如我们要把一堆煤运走（总体性），一定可以分成装车、运输、卸载等动作。把总目标的完成分解成若干任务要素，然后用最高的效率去完成这些任务，就是管理的关键工作。泰勒把这个过程称为分析过程。

在这个分析过程中，就涉及了总体和要素的关系。一个总任务到底要分成多少个子任务才可以呢？

基于以上思考，笔者走进了让·皮亚杰的结构主义理论体系之中。通过阅读结构主义，笔者比较虔诚地接受了结构主义思想，并把这些思想引入组织绩效的分析之中。

2017年，应微信公众号"华夏基石e洞察"宋主编的邀请，笔者给"华夏基石e洞察"的听众分享过对结构主义的理解，以及结构主义对绩效管理研究的意义。在这个演讲中，笔者说，要使绩效好，就必须在思维上建立"绩效目标和达成绩效目标的措施"之间的因果。由于这需要认识上的升华，不是一般的企业可以做得到的，即使做到也需要很长的过程才可以建立这种因果。因此，绩效管理又需要企业的智慧达到一定的程度。智慧的成熟是一个发生过程。如何认识建立绩效目标和措施之间的因果，就成了笔者的一个更加坚定的使命。

二、结构主义理论简介

结构是一个由种种转换规律组成的体系。通过对以下概念的理解，我们可以大致把握结构主义的一些理论要点[1]。

整体性（Totality）：各种结构都有自己的整体性，认知发展是一个综合的而全面的过程，不同认知能力相互关联，形成一个整体结构。在绩效分析中，整体性被视为在实际情境之前的目标。我们所欠缺的东西，整体性总是先于我们而存在。

转换性（Transfer）：是指认知结构的变化和发展。在绩效分析中，转换性是选择目标实现的因素和实现目标之间的作用机制。

自身调节性（Auto-regulation）：是指个体对自身认知过程的控制和调节。随着认知能力的增强，个体能够更好地自我调整，适应新的信息和环境。在绩效分析中，要发现可逆性，确认动作与结果之间已经具备因果关系。

行动（Action）：是指对外界信息的处理和理解。在绩效分析中，行动是指把结构中的因素转化为动作，证明或者证伪有关动作与结果关系的观点，发现新的有用的因素并形成新的结构。

运算（Operation）：是指构建规律的过程，在行动中进行运算。在绩效分析中，运算主要是构建动作与结果之间的因果关系，也可看作是构建一个可以逆运算的系统。它解决什么动作组合可以产生效果的问题，是结构中的第一性原理。

发生（Generate）：结构的形成过程即是发生。原子论主张没有结构的发生，而格式塔则主张没有发生的结构。结构是在动作中不断发生且不断变化。理解发生，是理解从无到有的关键。比如，ChatGPT中的G代表发生。另一方面，"发生"是指从无到有的过程，是一个还不存在的事物变成有的过程。

---

[1] 皮亚杰. 结构主义[M]. 倪连生，王琳译. 北京：商务印书馆，1984.

节奏机制（Rhythms）：是指认知发展中的阶段性和循环性，类似于昼夜的循环。为了确保其自我调节（可逆性），它通过建立最初基于对称性和重复性的手段来实现。例如，在其他条件不变的情况下，增加劳动力供给可能导致工资下降；而在拜访客户次数达到足够数量后，可能会发生"订单"。其主要特征包括对称性和重复性。

平衡（Equilibration）：各种力量之间的最优组合。当一个企业的所有动作达到平衡，说明该企业的动作既不多也不少。同样，当一个人的动作达到平衡时，也意味着他的动作既不多也不少。平衡化的动作将会产生结果，但平衡是可变的。变化的动作如果达到平衡，叫作平衡位移，类似于供求曲线整体上升或者下降的情况。

人的中心作用：强调了个体在认知发展中的主动作用。人是一个复杂的物理化学结构，同时还是驱动自己运动的力量之源。因此，人既参与构建结构和运行结构，同时又是构成这些结构的因素之一。人存在于结构之外，也存在于结构之中。

动作的普遍协调性：个体施加在客体上的动作所产生的联合作用。以小孩为例，为了拿到高于自己身高的橱柜中的物品，他会考虑到搬来一个凳子，然后站在凳子上去拿所需物品。这涉及一系列动作，包括搬动凳子、站在凳子上、伸手拿物品，这些动作协同合作，最终实现了目标，这就是动作的协调。动作的协调性也指动作组合在一起时产生结果的完整性。有些动作组合只能产生75%的效果，而有些则能实现100%的效果。动作的协调性体现了一种智慧，而高级的动作协调需要更高层次的智慧。在企业中，如果部门众多但组织不善，动作就会失去协调，反而导致不和谐。

动作运动感知作用：通过实际的身体运动和感知经验来构建对世界的理解。

第二节 绩效管理中的时间问题

时间问题尽管无处不在，也经常被企业管理者强调，如企业经常做计划，但是真正理解时间问题在绩效中作用的人却很少，以致在管理中出现混乱：我们明明是在谈过去的绩效，但是会把它理解为未来的绩效。或者相反。过去和未来，在绩效管理中是完全不同的两件事情。因为分不清管理中的时间，所以在认识上带来很多混乱。本节我们来探讨一下这个问题。

一、存在主义哲学中的两种存在的观点的启示

基于法国哲学家萨特的观点，人有两种存在，一种是现在的存在（自在），还有一种是未来的存在（自为）[1]。这样他就把时间因素引入对人类状态的思考之中。针对绩效而言，也有两种存在。一种绩效已经发生，另一种绩效存在于未来之中。我们把前者叫作绩效自在，把后面这种情况叫作绩效自为。

萨特在《存在与虚无》一书中试图给出面向未来的一套存在机制。他用"Cause-Intention-Act-End"（因果—意向—行动—目标）来说明这套机制[2]。

Cause（因果）：是一组客观存在的可能性，一种行动和结果之间因果关系的看法。特别需注意的是，这套因果是针对未来的。因此，很难说我们建立的因果认识一定是对的，甚至在一定程度上没有对错。

Intention（意向）：对客观存在的可能性的自由选择。因为对未来建立了因果，因此，就会有动机去行动。Intention（意向或者动机）指的是想做什么事情的意识。意识能够产生把个人和对象建立联系的代入感（Positioning）。见到某种物品，希望拥有它；想到某个目标，希望去完成它（如考名校）。意向总是向着未来的，我们不能说我对昨天有一个愿望。

Act（行动）：行动就是决定行动的一组规划，具有自主性。行动就是存在。当一个人决定拥有某物的时候，就会引发其去行动。在行动和结果之间，没有距离。但是在现在的绩效和未来绩效之间，距离越大，表明发展空间越大。行动就是存在（To be is to act）。但是行动必须有一套规则。例如，在行动之前要有一个规划（Project），这个规划应该有价值。价值往往来自他人对我的看法。同时，要行动就必须要有责任（在萨特哲学中责任和自由是同义词）。再比方说，行动需要技术。如同在沥青上滑冰：要切入得很好，否则就会陷进去；要很会用力，在陷进去之前就滑走了。而且要不断地保持这种切入角度和行走的力度和速度。很多时候我们会被行动反噬，也就是说会被沥青淹没。很多企业其实就是"被沥青淹没了"。

---

[1] Sartre J P. Being and nothingness[M]. Translated by Hazel E. Barnes, Washington: Washington Square Press, 1993: 566-567.

[2] Sartre J P. Being and nothingness[M]. Translated by Hazel E. Barnes, Washington: Washington Square Press, 1993: 612-615.

End（目标）：还没有存在但是可能存在的目标。我们通过行动，达到某种目标。如一些现金、实物资产、名气。但是我们只能接近目标，永远不会完全达成目标。目标对人类来说，就是一个影子，你走它也走。我们很难踩到影子的头部。在行动和结果之间，很难存在确定的因果关系，我们被偶然性包围。情景变了，我们也会改变目标。因此重要的不是达到目标，而是有志气不断地去追逐新的目标。很多手段也是被目标照亮后，我们才找到的。因此，没有目标，很难有智慧地找到达成目标的手段。电影《肖申克的救赎》说的就是这个意思：主人公被冤枉坐牢之后，他的目的就是去申冤。所以他发现了锤子的用处，发现了他的专业能力的用处。

二、强调绩效管理的未来性与绩效发生

我们从发生的角度看待绩效问题，而不仅仅是从衡量的角度看待绩效问题。这也是笔者提出绩效发生概念的重要原因：未来的事情还不存在，但是将来会存在。

企业怎么对待未来的绩效呢？这就需要企业用未来的观点看待绩效。我们不仅要重视未来绩效，而且更加重要的是，我们必须了解未来绩效是如何发生的。

举一个例子。有一次笔者作为点评嘉宾参加了一个研讨会，听到一个地产企业总结过去十年的成功经验，包括如何通过内部创业机制来促进员工成长。笔者点评的时候提出，我们现在可能要思考一个问题，那就是在地产行业的环境发生变化的情况下，未来的人才成长之道是什么，而不是陷在对过去经验的总结中。也许未来需要的是善意裁员而不是内部发展机会。在未来面前，过去的成功经验就只是一粒粒尘埃——它们还在，但整体性和可复制性已产生破碎。

我们最能感知到的基于未来的绩效管理形式是周计划。周计划对未来五个工作日进行管理。我们在制订计划的时候，未来几天还没有来，但是我们希望想做的事情在一定时间内被完成。被完成就是被消灭，就是"去"的成就。绩效发生就是把一个没有完成的任务变成被完成状态的过程。目标没有被完成之前叫作计划，完成之后叫作成果。绩效发生就是把计划变成成果的过程。这个过程的机理是怎样的呢？

我们是怎么样让未来的事情发生的呢？第一，我们想做事情。第二，我们真的去做事情。第三，在规定时间内是否做完事情。对于"想"和"做"，我们拥有主观能动性，但是对于结果，我们有的时候就只能被动接受。所以从计划变成结果，最

重要的是两条：第一，想一些事情去做；第二，用一些方法去做。

当我们把时间观念引进来的时候，发现绩效可以分为过去的绩效、当下的绩效和未来的绩效。以往的绩效管理更多的是关注过去的绩效：员工做得怎么样？也关心现在的绩效：他们在干活吗？其实不太关心未来的绩效。一种从未来看现在的绩效管理观点，就是绩效发生的核心理念：一种没有的东西（Nothingness）如何变成一种有的东西而存在（Being）？这种方法论应该会导致绩效管理理论的一种变革。

第三节　TTPM 模型动作与激励

一、TTPM框架

笔者有种桃子的经验。有一天看着桃花开放，突然想出一个问题：每个（或每千克）桃子的工资含量是多少？笔者思考着这个问题并提出一个理论框架——TTPM（Totality，总销售额；Task，任务；People，人员；Motivation薪酬）框架。下面我们分析这个框架，其结构把绩效发生理论和激励理论联系在一起。

下面具体来探讨，在一个面积约80亩[1]的桃园里，如何确定1千克桃子所对应的工资成本，以便进行有效管理。这需要一个系统的思考，涉及的假设条件和问题包括：

（1）80亩桃园的最大桃子产量（千克）；

（2）1千克桃子的市场价格（理论价格）；

（3）80亩桃园的总销售额；

（4）1千克桃子生产出来所需要的成本（固定成本和变动成本，假定成本是对活动的支付）；

（5）假定资本的利息为已知；

（6）1千克桃子的工资含量；

（7）如何将1千克桃子的工资总量分配到各种活动中去？

（8）准备雇佣多少人？

（9）准备多少工资？如何支付？

---

[1] 1 亩 ≈ 666.67 平方米

(10) 我们让工资成本可以节省到何种程度？

接下来我们来依次分析这些问题：

(1) 80亩桃园的最大产量：假设桃园里有2500棵树，其中每棵树有20个枝条，每个枝条上结16个桃子，即每棵树共有320个桃子，按照6个1千克估算，一棵树的桃子数量为53.3千克。80亩桃园的总产量为：133250（约13.3万）千克。

(2) 假设1千克桃子的市场价格为10元。

(3) 80亩桃园的总产出额为1332500（10×133250）元，约133万元。假设桃园的桃子全部销售，则总销售额（Totality）为133万元。

(4) 1千克桃子的生产成本，包括固定投资及其分摊。假定一年的土地租金、树苗折旧、田间管理等费用的土地等费用为每亩1250元，则80亩桃园每年固定成本为10万元。

(5) 假定资本利息为10%，则固定成本每年支付的利息为1万元。

(6) 根据以上数据，每千克桃子的工资含量为：（总销售－固定成本－利息/自有资本利润）/总产量（千克）。代入上述参数，1千克桃子的工资含量＝（133-10-1）/13.3＝9.17（元/千克）。即1千克桃子中的最大工资含量为9.17元。

(7) 如何将每1千克桃子的工资总量分配到所有活动中？这就要看1千克桃子送到顾客手中之前有哪些任务要做，任务总频次是多少，这些活动对把桃子送到顾客手中的贡献权重如何分配。如果去掉田间管理，那么管理桃园的任务大概分为：采摘、分拣、包装、装车、配送、市场营销、行政管理等内容。以采摘为例，有如下活动：确定要采摘的区域、安排人员采摘、准备采摘工具、观察、决策、伸手采摘、装到盛器中、装车、推至仓库，并告知管理员。一个劳动力一天可以采摘100千克，有的动作要做330次（如从树上摘下桃子、放入盛器中等），有的可能要做30次（放到中转车中等），有的可能做10次（将中转车推至仓库中等）。假定对"将100千克桃子包装好"具有同样贡献的动作加起来是1000次，即每千克10次，则13.3万千克桃子所需要的动作133万次。

(8) 需要多少人？假定一人一天做1000次动作，需要1330天做完。一年按照有效工作105天计算，约需要13人。

(9) 准备多少工资才可以？答案：总工资额约为122（13.3×9.17）万元，平均每人最大的工资数约为9.38（122/13）万元。

通过以上分析得出以下结论：第一，该桃园的总销售额为133万元。第二，桃园的任务数为133万次（每千克桃子的动作次数为10次）。第三，我们需要13人经营桃园。第四，桃园总工资成本约为122万元。

以上计算结果可以进一步表达为：133万元的销售额，要通过133万次动作才可以完成，需要13个人去做这些动作，为了让13人去做这些动作，需要122万元工资成本。

如果把总销售额定义为Totality，把总动作次数定义为Task，把所需要的人员用People表示，把工资成本用Motivation表示。这个分析流程可以简称为TTPM框架。

二、管理的核心是花钱买动作：对结构主义转换概念的拓展

TTPM中的TT涉及了结构主义中的两个关键概念：总体性和转换。总体性就是总目标。转换实际上就是达成目标的因果关系和因果的作用机制。从上面的分析中我们可以看到，总目标是133万元销售额，达成目标的原因是有人做了133万次动作。动作和销售之间就被建立起来因果关系。

至于说到人，也涉及结构的转换问题：结构是怎么运行的呢？按照让·皮亚杰的看法，人构建了结构，也运行结构。例如，一个中学生周一制订了学习计划（结构构建），同时逐步实行计划。计划就是构建结构，行动就是执行结构。在企业中也是如此。员工制订本周的计划，同时也实施这个计划。人是结构的中心，也是计划和执行的中心。

问题是人怎么会去做计划并实施计划呢？笔者研究过马斯洛的《激励理论》。马斯洛说任何行动都被某种动机激励或者已经被某种动机激励过。换言之，不存在没有动机的行动或行为。要诱发员工去行动，就必须给员工足够的动机。这也说明了行动和动机是不可分开的道理。泰勒在1911年发表《科学管理原理》这部伟大著作之前，就说过"动作和成本是一个硬币的两面"这个观点。对任何动作，企业都要付出成本，也可以大致上理解为"工资"。因为这个原因，泰勒对每个动作的绩效标准、完成每个动作所耗的时间，以及每个小时的成本等问题都进行过深入的研究。

员工不干活就会丢掉工作，丢掉工作就不能养家糊口。所以人是被一种资源推

第七章 绩效发生原理

动去工作的,这种推动人工作的资源就叫作激励资源或薪酬资源。结构运行的两个关键因素是人和驱动人的激励资源。在我们前面的分析中,他们分别被表示为:P和M。

在TT(结构主义分析的重点)的基础上加上P和M,并没有偏离结构主义的分析框架,只是对如何驱动结构运行提供了新的分析维度。因此,TTPM中体现了结构主义理论体系中的一些知识。但同时又对结构中的转化机制(用钱买人的动作)做了分析。因此,TTPM是对结构主义的一种深化。它为结构主义中的最重要部分——结构是怎么做功的这一关键问题提供了答案:管理的核心就是花钱买动作。

TTPM框架回答了以下问题:一个企业的总目标是什么?为了完成总目标,要多少动作?为了完成这些动作,需要多少人员?为了驱动这些人员做功,需要多少薪酬资源?如果分析得当,就在总目标和薪酬资源之间建立起来了因果关系。同时我们还看到绩效管理的关键是把任务分配到人身上,并重点关注个人是否完成支持总目标的任务。从TTPM框架看,绩效指标不是第一推动力,激励(动机)才是。薪酬的重要性优先于考核的重要性。

第八章 国有企业三项制度改革中的绩效问题

劳动、人事、分配制度（简称三项制度）是国有企业经营管理机制中最根本的制度。国有企业三项制度改革，就是要建立一套与社会主义市场经济体制及现代企业制度相适应的市场化劳动用工、干部人事、收入分配管理体系。具体而言，三项制度改革的核心是建立管理人员能上能下、员工能进能出、收入能增能减的"三能"机制。通过三项制度改革的有效落地，使得用工结构更加优化，人员配置更加高效，激励约束机制更加健全，收入分配秩序更加规范，企业市场化程度显著提高，以充分调动国有企业各类人才积极性、主动性、创造性，激发各类要素活力，全面促进企业的市场竞争力，为做强做优做大国有企业提供制度保障。虽然国有企业三项制度改革从改革开放以来就一直处于探索和实践中，但直到现在，三项制度改革专项行动仍是国有企业改革的重点和难点内容。因此，国有企业三项制度改革是一项长期的系统工程。

第一节 从认知视角看国有企业绩效问题

一、国有企业三项制度改革的实践剖析

通过拜访几家国有企业负责三项制度改革的领导，我们对国有企业三项制度改革有一些实际的感受。比如某集团有100家二级企业，3000多家三级企业。100家二级企业既是集团的被考核者，也要对分管的三级企业进行考核。也就是说，企业既可能是被考核者，同时也可能是考核者。所以三项制度改革在国有企业推行以来，它涉及的范围非常广泛，是一项必不可少的任务。然而，目前大家仍在不断探索中。这迫切需要我们在理论上对它有深刻的认识。

2021年国资委相关部门发布《关于印发<中央企业深化劳动、人事、分配三项制度改革评估办法（试行）>的通知》，在这个通知中提出关于中央企业三项制度改革评估指标说明，如表8-1所示。各个企业可以根据自己的实际情况，在国资委文件制

度的基础上做相关扩展。根据表8-1，在考核体系设计中，制度建设占10%的权重，机制运行占60%的权重，改革成效占30%的权重。这个机制其实就是从评估指标的角度来体现三项制度改革，比如人员进出是不是自由，薪酬变动、干部的上下有没有弹性。具体而言，60%的机制运行又细分为六个二级指标，每个指标平均为10%左右的权重。这里就会有一个问题，到底多少个考核指标比较合适。西方学者在考核指标的数量（Number of Dimensions）方面有深入研究。他们发现，一般七个指标就比较合适，超过九个就记不住了，少于三个则达不到考核的目的。比如只考核两个指标，意义不大。所以不能太多，也不能太少，它的数量大概以7个为宜，和一周7天的设定习惯很像。我们每周要休息一次，考核指标的数量也要人性化。还有一个考虑，凡是对绩效贡献大的部分，考核指标就要设置得多一些。同时，30%的改革成效指标强调了绩效导向。现在的问题是，60%的机制类考核指标能和30%的绩效结果形成因果关系吗？假如去掉某一个考核指标（如任期制），全员劳动生产力会不会高呢？把干部制度搞好，全员劳动生产率一定会高吗？工资的弹性（不确定性的降薪或加薪）容易让员工心里不踏实，这种做法是不是一定会增加绩效呢？

表8-1 中央企业三项制度改革评估指标说明

一级指标	权重	二级指标	权重	三级指标
制度建设	10%	制度建设情况	10%	集团公司选人用人、劳动用工、收入分配相关制度体系的完备、规范程度。完备程度指企业相关制度和管理办法等是否健全，规范程度指是否符合出资人要求和市场化导向。选人用人制度重点包括（但不限于，下同）领导人员管理、岗位职级、选拔任用、经理层成员任期制和契约化管理、职业经理人等制度；劳动用工制度重点包括用工规划、员工招聘、合同 管理、员工流动、人才工作等制度；收入分配制度重点包括对所属 企业经营业绩考核、全员绩效考核、工资总额管理、薪酬管理、中长期激励、福利保障等制度
机制	60%	实行任期制和契	10%	期末实行任期制和契约化管理的经理层成员人数/期

(续表)

一级指标	权重	二级指标	权重	三级指标
运行		约化管理的经理层成员人数占比		末经理层成员总数。经理层成员任期制和契约化管理，指企业对各级经理层成员实行聘期制，明确任职期限，并通过签订聘任协议和业绩合同，约定企业与经理层成员之间的责任、权利、义务，严格聘期管理和目标考核，畅通经理层成员退出机制
		管理人员退出比例	10%	当期退出管理人员数量/期初在岗管理人员数量。当期退出管理人员，指通过加强考核、推行末等调整和不胜任退出制度等而免职、降职、降级、调离的管理人员，不含因退休、因公调动、个人离职等原因导致的退出。管理人员指集团公司总部部门内设机构负责人（含副职）及以上人员（不含集团公司领导班子成员）、所属二级企业部门负责人（含副职）及以上人员、所属三级企业部门负责人（含副职）及以上人员
		公开招聘比例	8%	当期公开招聘的人员数量/当期新进员工数量。当期新进员工不含收购或成建制转入人员，以及因公调动、军转安置等政策性新增人员
		员工市场化退出率	12%	当期解除（终止）劳动合同人数/当期平均职工人数。解除（终止）劳动合同人数，指企业按照《劳动合同法》等有关法律法规和企业相关办法，因员工不胜任岗位要求、违纪违规等主动解除（终止）员工劳动合同人数，不含因退休、因公调动、个人离职、成建制转出或股权转让等原因导致的减员
		浮动工资占比	8%	企业内部各层级管理人员当期浮动工资占总工资收入比重的平均值
		收入差距倍数	12%	企业内部各层级不同岗位管理人员当期总工资收入差距倍数的平均值
改革成效	30%	全员劳动生产率	15%	劳动生产总值/平均从业人员人数
		人工成本利润率	10%	利润总额/人工成本总额
		人事费用率	5%	人工成本总额/营业总收入

所以初步看上去，笔者认为这个考核制度起码有两个问题：第一是三级指标数量较多。这个系统的二级指标在数量上还是比较合适的，但三级指标（也就是在二级指标下要关注的点）较多。如果每一个三级指标关注点不到0.5%的权重，这个指标就可以不单列，将其归总在经营系统里面就可以。第二是因果关系未经论证。因果这件事其实很难理解，考核什么内容会有绩效，这不只是管理问题，它已经上升到认识论的层面，本书对此不做展开讨论。

二、理解绩效问题的三个层级对三项制度改革的意义

绩效的第一个层级是绩效考核，绩效考核是对已经发生的行为进行准确评估，它是一个人对另外一个人的主观判断，所以不是客观的。比如100个人打分，平均分是90分，打80分的考核者就偏离了平均分10分。所以绩效考核是一个人对另一个人的判断，评估者必须尽量做到评级准确。

针对考核的准确性，学者们研究了六十余年，美国学者发现攻克这个难题应该不太可能，意义也不大（参见第二章）。例如，球星姆巴佩、梅西，他们在足球场上的精彩表现一定不是在场上考核出来的。通过创造一个环境，球员就会有比赛的激情，比如很多人去看球、裁判是非常公正的、国家的荣誉感很强等，这个时候球员会忘记钱。他如果想着踢几脚球有一个数据就能得多少奖金，这是没法踢球的。假如这一脚好得分，我就踢；不好得分，我就不踢，那还能踢出什么好球来呢？踢球是连贯的。因此，在20世纪80年代，学者们不再继续重点关注绩效考核的准确性，而尝试转向探索一个更好的系统，即不通过严格的考核而提升绩效。这个转向的萌芽产生于一些研究者对以下事实的敏锐观察和反应：少数研究者发现，绩效考核的准确性问题是个认知问题。

认知是什么呢？它有两个意思。第一，绩效考核是个过程，参与过程的人，会存在认知的准确性问题。比如这个过程里面就包含信息的收集、信息的存储、信息的回忆和使用三个阶段。假设从年初收集信息，过程中把信息存储，到年底把信息调出来，时间已经过了将近一年，在这个过程中很多信息会被遗忘，所以靠回忆得到的数据不是非常准确的。第二，每个环节收集数据是否准确，而这些信息的收集与认知有关。战略学说中有个学派为战略认知学派，该学派提出认知包括信息的存

储、处理过程和使用，而信息的真伪决定了战略的优劣。

基于以上分析，一些学者尝试从认知结构的角度去理解绩效。绩效管理和绩效考核最大的区别是：绩效考核主要在某些点上追求准确，而绩效管理注重过程中的准确性，比如目标设立、沟通、绩效教练、反馈等。过程学派刚开始是从认知过程的角度谈问题的。后来，绩效问题的研究就开始从效度、信度等内容转向过程研究，转向了过程中有哪些因素影响绩效。20世纪80年代是西方人绩效管理理论研究的转折点，这个转折表明绩效研究的关注重点从评估效率转向了关注过程，进而转向了绩效管理研究。自那以后，这个趋势也没有改变。

绩效的第二个层级是绩效管理，绩效管理是一个过程。在这个过程中，除了评估这个工具，还有很多因素可以让绩效变得更好。有学者认为招聘环节对于绩效而言具有决定性作用；还有学者认为绩效好不好，关键在领导。近年来，特别强调从企业目标出发来决定考核的方向，这些都是可以提高绩效的因素。既然有这么多因素可以提高绩效，而评级又难以研究出一个所以然，我们为何不把研究重点转移一下呢？绩效考核只是绩效管理中的一个构成部分，而不是绩效问题的全部。

绩效的第三个层级是绩效发生。绩效发生讲的是什么呢？就是把没有的东西变成有，或者无中生有。它其实是一套结构体系，这个结构体系里面有三个内容。第一，整体性。假设一家企业雇佣了大量员工来工作，支付了相当数量的工资成本，一年三百六十五天，通过员工的共同努力，企业最终能够获得的总利润可视为该企业的成果。我们可以将企业的成果视为一个结构体系的整体性，即一个结构体系的成果。例如，大多数植物都有果实，但有的果实可能像南瓜一样大，而有的可能像葡萄一样小，这取决于它们的生物系统的差异。为什么会这样，需要深入研究。第二，转换。什么东西真正驱动一个组织往前走？不少企业在面对行业市场环境变化的时候总能做出正确的选择，或者在新的增长契机刚刚出现就能够抢抓机遇，依靠的是敏锐的洞察力，背后是强大的变革意识，因此，绩效发生的本质是激发组织内部的创造力形成绩效驱动力。第三，因果自洽，更学术的说法叫作因果调节。比如我做了某件事或者某种努力，就能产生对应的绩效结果。虽然社会科学领域的因果关系不像自然科学那么非常准确地关联在一起，但是大体上可以预测。

三、以理论为标杆，对国有企业三项制度改革中绩效考核实践的思考

Frank和James指出从1922年以来，绩效考核主要从角色、环境、方法、过程和结果五个方面来展开研究，主要观点如下：第一，绩效考核的有效性和评估者、被评估者的特点有关[1]。这些特点包括人口特征、性别、种族、对工作的熟悉程度、对被评估者的熟悉程度等。第二，环境也会影响绩效考核的展开。组织的规模、发展阶段可能会让绩效考核的方式不同；目的不同，绩效考核的效果可能也不同，例如，绩效考核分别用于调查研究和降薪的目的，被考核者可能会据此提供不同的信息。第三，绩效工具对绩效系统的影响。从1922年学者们陆陆续续发展出来一些绩效考核方法，如排序法、配对比较法、关键事件法、行为锚定评分法等。到底哪种方法最能够让绩效考核变得有效？研究结论是每一种方法都有自己的优点和缺点，很难说哪一种方法就一定更加有效。甚至到了20世纪70年代末期，学者们从根本上怀疑这些方法的研究意义，尽管在很多方面都取得了一些不错的成绩。第四，绩效考核的过程要素。如果绩效评分过程不够长，评估者倾向于使用较少的信息来源，并有可能在评估中使用不利信息。第五，结果因素对绩效系统的影响。我们可以使用各种方法来让评估结果变得更加精确，如因子分析法，更好的权重分析和分组技术，以及一些高级的统计技术等。

表8-2是国有企业三项制度改革考核系统解析表（基于学者们长期讨论的观点）。根据表第二列的考核内容，国有企业三项制度改革中的考核系统基本上包含了考核的要素，比如考什么、谁来考、考核之后如何将结果使用在员工的奖惩和企业管理方面，对考核指标的达标标准和打分方法也做了说明。

表中的第三列是国有企业三项制度改革考核问题对应讨论的考核主题。这些观点已经经过学者们几十年研究，在理论上具有一定的科学性。我们把这些结论当作基准，把国有企业在三项制度改革考核中的做法与它们对照，最后提出改进建议。

---

[1] Landy F J, Farr. J. L. Performance rating [J]. Psychological Bulletin, 1980, 87(1), 72-107.

表 8-2 国有企业三项制度改革考核系统解析表

章/制度条数	考核内容	对应讨论的考核主题	主要观点	以文献研究结果来做出判断	改进建议	绩效管理	绩效发生
第一章 原则	市场导向；突出难点和重点；注重量化评估；强化激励约束	Context（背景） Purpose（目的）	1.考核目的不同，绩效考核的效果不一样； 2.把个人的绩效和组织绩效联系起来	根据每一个企业的实际情况，用很好的程序，如坚持市场导向原则有些抽象，把考核的目的写出来。务必求真务实	三项制度改革必须和企业的经营目标挂钩。注重领导力的作用，如绩效教练	1.考核目标要有牵引性，长远性。 2.找到绩效驱动力；在指标和组织绩效之间建立因果关系
第二章 评估内容	制度建设机制运行改革成效	Format（工具/格式） Dimension（维度） Anchor（锚） Process（流程） Number（数字） Format（工具/格式）	1.需要通过一套严格的程序来提出考核的维度； 2.考核的指标数量不能多过9个，少过3个，否则就不会引起注意； 3.考核者对要考核的内容是否熟悉，会影响考核的效度和信度； 4.经过60年的研究，美国学者发表在JAP期刊上发表的文章证明，没	1.考核维度之间有重叠，如制度建设和实际的工资能上能下的指标之间有重叠。考核指标的区分度不够好； 2.科学地限定考核指标中的锚设定不科学。有的时候是行为锚，有时候是关键事件	1.用非常严格的程序来找出考核的维度； 2.科学地限定考核指标的数量	1.把绩效考核上升到绩效管理的层面，强化在交流中设定评估指标	寻找关键绩效驱动力

第八章 国有企业三项制度改革中的绩效问题

(续表)

章/制度条数	考核内容	对应讨论的考核主题	主要观点	以文献研究结果来做出判断	改进建议	绩效管理	绩效发生
第二章 评估内容	制度建设机制运行改革成效	Dimension（维度） Anchor（锚） Process（流程） Number（数字）	有哪一种量表比另外一种更加优越；5.所以，到20世纪80年代，西方学者不再拘泥于研究哪一种方法最好，而是转向什么样的措施可以提高绩效	锚，有的时候是图形尺度法中的形容词锚或数字锚；3.考核指标在分解的时候会有过细的风险			
第三章 计分方式	1.三项制度改革评估满分计100分；2.各项指标的分数根据指标的权重确定，如制度建设权重为10%，则该项指标的分数为10分；3.分档计分，每一档都有标准；4.各单位可以根据自己的情况制定指标权重和每一档的计分标准；	Scale（量表） Anchor（锚） Purpose（目的）	1.有两种计分的方法，一是可以加总的分数；二是不能加总的等级；2.有行为锚，关键事件锚和形容词锚（数字锚，如直接用销售额做锚）；3.考核结果的不同会导致考核者对信息的收集的偏好不同。	如果制度改革的目的是制度完善本身，则不会涉及个人利益；而薪酬变动、人员变动和干部变动会涉及个人利益，明显地有不同的目的	区分不同类别的考核指标，赋予不同的目的。	考核指标值的讨论程序，如要花时间把绩效标准搞得更科学。如工资差别两倍？干部轮换率10%？员工轮换率15%？要和员	建立用数字表达的因果关系链，如裁员10%可以导致多少利润的增长。这需要大力研究

— 133 —

(续表)

章/制度条数	考核内容	对应讨论的考核主题	主要观点	以文献研究结果来做出判断	改进建议	绩效管理	绩效发生
	5.对一些关键指标,采取扣分制					工讨论	
第四章 结果运用	对连续两年及以上为四级的企业,视情况采取从严管控工资总额的措施	Purpose（目的）　Halo（晕轮）　Strictness/Leniency（严苛/宽大）　Central Tendency（居中趋势）	1.不同的使用目的,会导致不同的偏差；2.加工资可能会导致宽大的评估、更多的人居中；3.绩效考核的准确性受三个因素的影响:晕轮效应（一件事情的看法影响整体）；严苛效应/宽大效应；居中趋势:很多人的绩效都落在中间。强制分布法有助于解决居中趋势,但是锚的准确性会有问题,同时,会导致绩效并不是由实际结果决定的,而是由一个企业的有关分布的比例决定的				
第五章 组织实施	负责部门为国资委；一年评估一次；	Role（角色）　Appraisal（评估）	1. 考核者和被考核者的人口特征、知识水平、对工作的了解程度、心理	1.国资委委派人员去考核下属企业,涉及1000人	1.增加企业自评的比率；	增加基层经理的考核作用,	管理变革

（续表）

章/制度条数	考核内容	对应讨论的考核主题	主要观点	以文献研究结果来做出判断	改进建议	绩效管理	绩效发生
	有过程（通知部署、自评、实施评估、结果反馈和诊断改进）	Role（角色）Appraisal（评估）	特征如自信与否等都会影响绩效考核结果；2. 要特别注意在考核中下岗的员工和干部，以及工资降低了的员工，他们的感知非常重要	的规模。是否合适？如72人要考核两三千家企业的高管或部门，是否合适？2. 人员是否要培训	2. 培训考核者；3. 特别关注效率和不满意之间的平衡	从而形成一个落地三项制度的平台	

首先，审视国有企业三项制度改革的第一项原则。在这个原则中，主要的知识点是环境，其主要观点是，组织环境的不同可能导致考核目标的不同，因此需要相应地调整考核方式。在环境这个知识点上，主要的观点是如何将个人绩效和组织绩效联系起来，以及分析它们之间的因果关系。如果我们根据这个原则进行判断，国有企业三项制度改革中的考核问题可能有些抽象，例如要坚持市场导向等原则。原则不是泛泛而谈，而是准则和规律。三项制度改革必须与企业的经营目标挂钩，并注重领导力的作用。目前的考核方式是自上而下的考核，更强调传统的方法，可能对目标设定和过程管控并不强调。因此，动员基层经理，给他们责任，将不合格的员工辞退，更好地联系工资和绩效，可能比一年一度的自上而下的考核更有助于实现三项制度改革的目标。在此情况下，我们可以得出结论，基层领导的绩效是关键。

其次，观察表8-2的最后一列——绩效发生。在考虑绩效发生时，必须考虑企业的长远目标，并在长期管理措施和预期结果之间建立长期因果关系。我们需要思考，国有企业三项制度改革本身是一项有益于组织绩效的长期事业，这一点应该不容置疑。但是，我们的原则目标和具体考核系统的做法是否有助于实现长期目标呢？

基于以上分析，我们可以使用理论作为标杆，形成判断国有企业三项制度改革中的考核系统应如何改进的基本思路。例如，对于第三列，我们列出了一些关键词，例如"考核量表"、"考核指标"和"锚"。锚包括以下三种类型。第一种是行为锚，它是通过行为来锚定一个点，例如在销售中，最好的销售员能够了解顾客需求并说服他们购买别的产品。第二种是关键事件锚，它是通过关键事件来锚定一个点，例如要提高学校的教学质量，可以通过增加发放资料和沟通时间来实现。第三种是形容词锚，它是通过形容词来描述一个点，如老师写家长通知书时描述学生的表现。这些锚在绩效考核中经常被使用，但在使用时存在争议。有些人认为行为锚是最好的，有些人认为关键事件锚是最好的，有些人则认为形容词锚是最好的。

锚是导致各种绩效考核工具不同的中心。例如，图形评分法是以数字锚或形容词锚为中心，行为锚定评分法则使用行为锚。因此，理解锚的不同，基本上就理解了几种常用的考核方法的不同。然而，就我们目前的程度而言，我们的理解可能还不到位。后来一些有关绩效有效性的研究转向了统计学方向，不再从锚的角度研究。

了解了绩效考核方法论后，可以看看国有企业三项制度改革的考核办法使用的是哪一种锚。回答这个问题将有助于更深入地理解考核制度。在国有企业中，对考核指标做锚定，做更加细致的界定，有很大的潜力。管理人员可以使用行为锚定，而生产人员、研发人员和销售人员则还可以使用关键事件锚定。如果真的这样做，我们对于考核制度中的考核标准的界定将更为科学，但需要做的工作也会更多。根据对锚的理论讨论，国有企业在三项制度改革中所使用的考核办法是一个混合模式。例如，它可能会使用10个指标，在某个指标上打5分。那么如何打出这个5分呢？必须有一些标准或锚定。看起来似乎使用了行为锚、数字锚和关键事件锚。混合使用的方法也可以是创新的，这种做法并没有对错之分，只要能够实现目标就可以。

下面将对绩效考核中的计分方式和偏差进行梳理。计分方式中涉及的概念是量表，其中有的是核分，有的是等级。核分方式类似于微积分，即根据图形评分法进行分值划分，如一个项目得5分，另一个得4分，则总分为9分；而等级方式则直接进行等级划分。美国学者们花费60年时间研究核分和等级方法的应用。绩效管理的学者们在初始阶段就强调科学研究的重要性。

绩效考核中存在三个主要偏差，分别是晕轮效应、宽大效应/严苛效应和居中趋势。学者们在20世纪20年代到80年代的60年间一直致力于解决这三个偏差。晕轮是指对员工其他因素评分过高的情况，如一个女性员工长得漂亮，可能会因此在工作绩效中得到不应有的高分数。宽严适度是指打分者因个人好感或不满意而过度放宽或收紧评分标准。居中趋势则是指所有的考核结果都往中间靠拢,最高分数和最低分数差距不大。

西方学者后来提出了强制分布法,即最低分数必须占15%比重,最高分数只能占10%,其余75%在中间分布。著名的管理学者韦尔奇也采用了这种方法来实现区分。对于我国国有企业在制度改革考核中是否存在晕轮,这需要进行研究。例如,国资委可能有30个人给100个企业打分,在这种情况下存在较多的晕轮。被考核企业接受考核的人可能是名牌大学科班毕业,撰写的硕士或博士论文也与考核相关,因此具有知识晕轮,这可能导致其在其他方面得分较高。此外,因关系好而得到高分数的情况也会导致宽大效应。国有企业在评估中最容易犯的偏差是居中趋势。虽然这些情况可能并不实际存在,但在理论上是存在的。

在国有企业三项制度改革中,考核者和被考核者的角色非常重要。对于考核者来说,他们是否具备相关知识、是否公正客观及是否有耐心,都会影响考核结果的准确性。此外,考核者的人口特征、性别、种族及知识水平等也会对其评估产生影响。因此,在设计制度时,需要考虑这些因素,并尽可能避免它们的影响。

此外,被评估者的感受也非常重要。考核结果会直接影响被评估者的薪酬和职位,因此需要关注他们的感受和利益。尽管国有企业三项制度改革看起来并不会对员工产生太大的影响,但是实际上涉及薪酬和人员调整等敏感问题,因此需要公正、公平的评估机制来让员工信服。国有企业三项制度改革,应该以人为本。在德国工业4.0的发展过程中,人性化也被认为是一个非常重要的因素。因此,在三项制度改革中,应该以绩效提升为主要目标,而不是以惩罚为主。这需要勇气和理性的知识,以确保改革过程中员工的利益得到保障。

以上只是对国有企业三项制度改革中的考核措施进行分析的框架,还有许多知识点、观点和改进建议需要添加。只有理论知识和观点越准确,我们才越能够更有针对性地提出改进建议。

四、用新方法创造新世界

根据绩效的发展,笔者认为绩效主要包括三个方面:绩效考核、绩效管理、绩效发生(参见第七章)。可以把绩效考核、绩效管理和绩效发生看作三个阶梯,绩效考核为最低的阶梯，中间的阶梯是绩效管理，再往上走是绩效发生。一个比一个更高。从研究的程度来讲，理论基础最扎实的是绩效考核，次之绩效管理，最少的是绩效发生；但从有效性视角来看，绩效发生是最有用的，绩效管理次之，作用较小的是绩效考核。

20世纪80年代，绩效考核向绩效管理转变。2000年，绩效管理又向目标与关键成果（Objectives and Key Results，OKR）转变。而在2015年前后，很多企业取消了传统的等级评定制度。我们不能用已经脱离时代的方法去评估新时代，更不能用过时的思维去考核，因为这样无法创造我们所期望的未来。对于未来来说，创新是最重要的。绩效考核只是测量旧世界的成果，而绩效管理和绩效发生则创造新世界。我们现在拥有的是旧世界，而维持我们的成果和运行固然重要，但一些今天的成果都是通过人们向未来不断努力而达成的。世界是通过绩效发生创造出来的，而不是单纯依靠绩效考核。我们应该用"发生"来创造未来，而不仅是用"考核"来测量现实。

第二节　国有企业三项制度改革的绩效管理框架

没有绩效管理，就很难对员工奖惩进行决策，薪酬资源、职位资源、就业资源的配置就没有依据。国有企业三项制度改革本质上是资源配置问题，三项制度改革的目的是"管理人员能上能下、员工能进能出、收入能增能减"，为了使其落地，必须要识别优秀人才、看清庸才。而有效的绩效管理体系可以系统地描述员工的优点和缺点，为识别人才、员工奖惩提供依据。本节基于绩效管理的主要阶段和相关组织行为理论，探讨了进一步完善国有企业三项制度改革工作的思路，明确绩效管理改善框架，助力国有企业三项制度改革工作的有效推进。

一、国有企业绩效管理主要阶段

本节在Aguinis提出的绩效管理流程六阶段的基础上[1]，结合文跃然教授对绩效问题的研究（详见第五、六、七章），将绩效管理扩充拆解为七个阶段，包括明确战

---

[1] Aguinis H. An expanded view of performance management[J].Jossey-Bass, 2009.

略目标、开展绩效规划、实施绩效规划、开展绩效考核、进行绩效审查、运用绩效结果和修订绩效管理制度。这些阶段构成了一个完整的绩效管理体系，其目的是通过科学的管理手段，帮助国有企业三项制度改革有效落地。

1. 明确战略目标

国有企业的三项制度改革需要建立在明确的战略目标基础之上，只有明确了战略目标，才能更好地实施三项制度改革。具体而言，国有企业需要结合国资委政策和企业实际情况，明确企业的使命和战略目标，并以此为基础形成绩效管理战略。具体而言，国有企业在明确战略目标时应重点考虑以下几个方面。

第一，确定企业的核心业务。企业应该明确其核心业务，并思考如何将资源和精力集中在这些业务上，以获得最大的效益。明确核心业务将有助于企业决策，包括国有企业三项制度的改革。第二，分析市场趋势。企业应该分析市场趋势，了解客户需求的变化，以及行业发展的趋势，帮助企业更好地制定战略目标，以满足客户需求，并保持竞争优势。第三，定位企业在行业中的地位。企业应该了解其在行业中的地位，以及其与竞争对手的差异。企业可以从中寻找优势，并根据这些优势制定战略目标。第四，设定明确的战略目标。企业可根据GREP系统（详见第五章），找准绩效驱动力，明确关键绩效发生点，以形成具体的战略目标。

2. 开展绩效规划

绩效规划要基于明确的战略目标，分析国有企业的关键绩效发生点，并依此确定切实可行而又具有一定挑战的绩效考核指标及标准。具体而言，国有企业在开展绩效规划时应重点考虑以下几个方面。

第一，设定全面的绩效指标。在明确的绩效目标基础之上，通过分解管理者和员工的任务、行为和过程，识别关键动作，并将其转换为能够量化的指标，以便评估企业的绩效。为了将目标落实到具体的绩效考核中，确保员工的工作与企业目标保持一致，能够客观、全面地评价员工的绩效，绩效指标应该既反映企业的长期发展方向，也满足当前的业务需求。第二，制定合理的绩效考核标准。绩效考核标准要结合业务的性质、已有基础和发展预期，根据不同岗位的职责和特点制定，确保其能公平地评估员工的表现。第三，完善激励机制。国有企业应该以绩效考核为依据，相配套地建立有效的激励机制（比如培训、晋升、加薪、奖金等方式），以鼓励员工不断提高工作能力和绩效水平，提高员工的归属感和忠诚度，促进员工的持续发展。第四，建立反馈机制。国有企业应该制定定期的绩效评估和反馈机制，以及时发现问题和不足并进行纠正和改进。

3. 实施绩效规划

实施绩效规划是指根据绩效规划中制定的绩效考核和激励制度，开展绩效辅导工作，通过从个人能力到组织能力的转化，实现组织目标。具体而言，国有企业在实施绩效规划时应重点考虑以下几个方面。

第一，适当调整绩效考核指标和标准。绩效考核指标和标准应该与企业的发展战略和业务目标紧密关联。企业在实施绩效规划时，可以根据实际执行情况或影响因素，对各项指标（如销售收入、利润率、客户满意度、员工绩效等）和标准进行微调，以更契合企业的发展实际，确保评估的客观性和准确性。第二，为员工提供培训和发展机会。为了帮助员工更好地完成工作任务，企业应及时为各类员工提供培训机会，以提高员工的技能水平，拥有更好的职业发展。第三，加强沟通与反馈。国有企业可以建立畅通的员工沟通和反馈机制，通过定期会议、一对一讨论等方式，了解员工的需求和问题，及时解决员工面临的困难和问题。第四，注重收集可靠的数据。通过收集员工的各项日常数据，例如员工的工作日志、客户满意度调查、工作成果报告等，为绩效考核工作的开展奠定基础。为了确保数据的准确性和公平性，需要确保数据来源的可靠性、数据收集方法的科学性及数据处理方式的严谨性。

4. 开展绩效考核

为了确保国有企业三项制度改革的有效落地，激发员工的积极性，必须要开展科学、公正的绩效考核工作，加强考核程序的规范化和透明度，确保绩效考核的准确性。具体而言，国有企业在开展绩效考核工作时应重点考虑以下几个方面。

第一，确立科学的考核方法。考核方法要与考核指标相匹配，才能达到科学、公正的考核效果。国有企业应该采用多元化的考核方法，如员工自我评估、直接上级评估、同事评估和客户评估等，从不同角度全面评估员工的工作绩效，确保评估的客观性和公正性。第二，定期评估绩效。结合企业需求，考核可以每季度、每半年或每年进行一次。第三，提高员工参与度。让员工参与到考核的过程中，让员工了解企业的发展目标和工作绩效之间的联系，提高员工的参与度和投入感，从而推动员工积极地参与到企业的发展中。

5. 进行绩效审查

绩效审查是指评估者与被评估者、管理者与员工就绩效考核的内容，以正式会议的方式进行沟通和反馈。具体而言，国有企业在进行绩效审查工作时应重点考虑以下几个方面。

第一，建立绩效考核有效性评估体系。通过建立绩效考核有效性评估体系，再次对绩效结果的公平性、准确性、有效性等内容进行评价，以有效地推行三项制度改革，提升员工和干部的积极性和创造性，提高企业的绩效和竞争力。第二，进行绩效分析和比较。通过对员工的绩效结果进行分析和比较，确定绩效优秀与需要改进的员工，以作为制订改进计划和奖励措施的依据。第三，进行考核结果的公示和沟通。考核结果应在企业内部进行公示，供员工了解、参考。同时，应对考核结果及时进行沟通，为员工提供详细的评价和反馈，以便员工更好地了解自己的工作绩效和不足之处。

6. 运用绩效结果

国有企业应根据绩效考核结果，将其运用到员工晋升、员工培训、职业发展、薪酬和人员配置等方面，通过实际举措将绩效考核与"管理人员能上能下、员工能进能出、收入能增能减"政策挂钩，真正实现"考核与激励是一个硬币的两面"。具体而言，国有企业在运用绩效结果时应重点考虑以下几个方面。

第一，员工晋升。对于表现优秀、业务能力突出的员工，可以给予升职机会和更高的职位。同时，对于长期表现欠佳的员工，应该采取相应的调整措施。第二，员工培训。根据员工绩效考核结果，制订有针对性的培训计划，帮助员工进一步提高业务能力，达到更好的绩效结果。第三，职业发展。通过对员工绩效表现的评估，制订职业发展计划，帮助员工实现职业规划，达到职业发展目标。第四，薪酬。对于绩效表现突出的员工，可以给予更高的薪酬奖励；对于绩效表现不佳的员工，可以采取相应的薪酬调整措施，以激励员工不断提高自身绩效表现。第五，人员配置。根据绩效考核的结果，将表现优秀的员工配置到重要的业务岗位，提高业务水平和工作效率。

7. 修订绩效管理制度

绩效管理是一个持续和循环的过程，在上一轮绩效管理完成之后，要及时进行查缺补漏，看哪个环节有待进一步完善，及时对目标的设定、考核的指标、考核的周期、考核的方法、考核结果的运用等方面进行完善，为下一轮的绩效规划提供基础。需要注意的是，修订时要结合最新的组织战略目标，根据岗位的任务流程，对照绩效管理系统的每个阶段进行修订，确保绩效管理流程的每个环节与岗位的目标相匹配，达到绩效管理系统真正为组织战略服务的目的。

二、国有企业绩效管理的相关组织行为理论思考

绩效管理是一个持续的过程，用于识别、衡量和发展个人及组织绩效，并使绩效与组织战略目标保持一致。组织行为和绩效管理息息相关，为了使绩效管理有效性最大化，除了需要按照绩效管理和考核的相关流程计划、实施，更需要关注在每个环节中涉及的组织行为。根据Aguinis提出的绩效管理系统相关组织行为理论[1]，国有企业在对绩效管理的结构进行改善时，可以从社会权力/影响力/领导力、信任、社会交换、群体动态/人际关系、沟通、绩效辅导等方面进行完善。

1. 社会权力/影响力/领导力与绩效管理

管理者的社会权力指的是管理者影响他人行为和结果的能力[2]。如果员工认为他的主管有能力影响重要的有形或无形的成果（例如，财务奖励、认可），那么绩效管理系统可能更有意义。如果绩效反馈是来自一个被员工认为有权力的管理者，而

---

[1] Aguinis H, Pierce C A. Enhancing the relevance of organizational behavior by embracing performance management research[J]. Journal of Organizational Behavior, 2008, 29: 139-145.

[2] Farmer S M, Aguinis H. Accounting for subordinate perceptions of supervisor power: an identity-dependence model[J]. Journal of Applied Psychology, 2005, 90(6): 1069-1083.

非一个被认为权力较小的管理者，员工会更认真地对待反馈。同时，与权力和影响力相关的是领导力，因为领导力需要权力或影响力才能有效。例如，前通用电气CEO杰克·韦尔奇（Jack Welch）亲自参与了通用电气绩效管理系统的设计和实施，并以身作则，对部门管理者的产品报告给予反馈（祝贺成功或指出需要改进的地方），在激励部门管理者实现组织目标的同时，让员工更加认可了组织的绩效管理系统。由此可见，在进行绩效管理时，可在关键环节（如选择评估者、绩效反馈领导）选择具有社会权力/影响力/领导力的管理者参与绩效管理，通过提高重视性的方式激励员工完成既定目标，进而提高绩效管理系统的有效性。

中共中央办公厅印发的《推进领导干部能上能下规定》中的第十五条指出："积极营造推进领导干部能上能下的制度环境和舆论氛围，加强督促检查，把本规定执行情况纳入党委（党组）履行全面从严治党主体责任、'一报告两评议'、巡视巡察、选人用人专项检查等内容，纳入党委（党组）书记年度考核述职内容。对严重不负责任，或者违反有关工作纪律要求的，应当追究党委（党组）及其组织（人事）部门主要负责人和有关领导成员、直接责任人的责任。"由此可见，国有企业三项制度改革工作是党委（党组）及其组织（人事）部门主要负责人和有关领导成员、直接责任人的重要工作之一，属于党委（党组）履行全面从严治党主体责任。由于绩效管理系统的有效性与领导的社会权力、影响力、领导力息息相关，为了推进"管理人员能上能下、员工能进能出、收入能增能减"工作，在对绩效管理系统进行完善时，除了严格按照文件要求将其纳入党委（党组）工作之一，在其涉及重要阶段或流程时，可以请具有社会权力/影响力/领导力的领导出席相关工作会议、发表重要讲话，以彰显组织对于该项工作的重视程度，提高管理者和员工的主观能动性，让员工更加认可绩效管理系统，进而提高绩效管理系统的有效性，更好地服务于三项制度改革工作。

2. 信任与绩效管理

绩效管理过程中所有利益相关者的"集体信任"对于系统的有效性至关重要[1]。

---

[1] Farr J L, Jacobs R. Trust us: New perspectives on performance appraisal[J]. Performance measurement: Current perspectives and future challenges, 2006: 321-33.

尤其当受到经济等因素的影响时，部分企业面临裁员和重组的事实，如何能够建立起员工和客户的信任，对于组织实施有效的绩效管理系统尤为重要。在增强信任方面，组织可以从个体、群体和组织因素等层面出发，加强管理的公平性、公正性、及时性等，让员工能够看到组织对待事件的态度及行动。比如，在考核时选择被大家信任的被评估者，让员工对组织的绩效管理系统产生更强的信任感，进而提高绩效管理系统的有效性。

针对国有企业三项制度改革工作，涉及"推动形成能者上、优者奖、庸者下、劣者汰的用人导向和从政环境"的问题，关乎员工的荣誉、职业前程、薪酬待遇等问题，可以说是与每位员工的利益都息息相关。正因为如此，组织绩效管理的每一项制度、每一个举措更需要基于公平、公正、及时等原则，以加强员工对组织的信任，让员工感受到绩效管理系统存在的意义。《推进领导干部能上能下规定》第十四条指出："严明推进领导干部能上能下工作纪律，不得搞好人主义，不得避重就轻、以党纪政务处分规避组织调整或者以组织调整代替党纪政务处分，不得借机打击报复。"这一规定也体现了在实施三项制度改革时，要充分体现公平和公正原则。因此，在对绩效管理系统进行完善时，可以着重考虑在哪些阶段容易存在或已经显露的问题，需要在下一轮的制度制定、评估者培训等环节加强管理，以得到员工对绩效管理系统的信任，使其更好地服务于三项制度改革工作。

3. 社会交换与绩效管理

个人（群体）与组织之间的关系可以在社会交换框架内概念化。基于社会交换理论，在组织生活中人与人的交往本质上是一系列基于"互惠原则"的交换[1]。即一方为另一方提供资源，另一方则会相应地提供资源给对方。换言之，组织要为员工提供薪酬、福利等资源，来交换员工为组织提供行为和结果等资源。使用社会交换框架的研究可以为绩效管理系统的设计提供信息，使人们更好地理解各种类型交换关系的公平感，以及在何种条件下同类关系可能被认为公平。因此，在设计绩效管理系统时，要注重社会交换的"互惠原则"，充分体现关系之间的公平性，将绩效

---

[1] Cropanzano R M S. Mitchell. Social Exchange Theory: An Interdisciplinary Review[J]. Journal of Management, 2005, 31: (6): 874-900.

考核结果运用于员工奖惩、培训、继任计划和人员配置等方面，让为组织付出努力的员工可以得到相对对等的资源，进而提高绩效管理系统的有效性。

基于社会交换理论的"互惠原则"，如果仅由上级对下属的绩效进行考核，可能会存在下属从上级处得到更多的好处，即下属努力完成工作得到来自上级的绩效肯定；但如果没有下属对上级的绩效进行考核，可能会存在即使下属对上级的评价是负面的，对上级也没有影响的问题。此外，如果在完成绩效考核后，没有将考核结果运用于其他人力资源管理实践（如薪酬、晋升、培训等方面），会存在员工付出的行为与得到的资源不对等的情况。因此，在进行三项制度改革的绩效管理系统完善时，要注意发现在哪些阶段存在社会交换不对等的情况，找准需要改善的点和方法，让员工感受到与组织的"互惠"，进而提高绩效管理系统的有效性，使其更好地服务于三项制度改革工作。

4. 群体动态/人际关系与绩效管理

越来越多的组织采用团队的方式开展工作。在进行绩效管理时，既需要考虑个人绩效，也需要考虑其对团队绩效的贡献情况。同时，团队中往往还存在密切的人际关系问题，要尽量提前排除可能会导致利益诱惑或利益冲突的个体，并对评估者进行培训，以减少因为人际关系存在的绩效管理公平性问题。比如，如果存在办公室恋情，特别是评估者与被评估者之间存在恋情的话，其涉及的潜在利益冲突可能会影响绩效管理系统的成功实施。

5. 沟通与绩效管理

沟通问题渗透到绩效管理的各个阶段，它在个体层面、团队层面和组织层面都扮演着重要的角色。在个体层面，需要沟通工资、职务等方面的调整情况；在团队层面，员工会与同事进行横向比较，如果沟通不到位容易产生不公平的感觉；在组织层面，三项制度改革的目标及制度等都需要进行充分沟通。可以说，沟通的有效性在一定程度上决定了绩效管理的有效性。因此，在与员工进行沟通之前，要先对管理者进行培训，用最适合的方式和技巧让员工在感知到组织关怀的同时，最大限度地减少员工选择性注意和选择性感知的感知偏差，为提高员工的绩效奠定基础，进而提高绩效管理系统的有效性。

沟通体现在绩效管理的每个阶段：第一，在明确战略目标阶段，管理者需要根据组织战略目标，对部门目标、团队目标和个人目标的内容进行沟通；第二，在开展绩效规划阶段，管理者需要根据目标来与员工沟通考核指标、周期等问题；第三，在实施绩效规划阶段，管理者可与员工沟通绩效进展情况，并进行适当的绩效辅导工作；第四，在开展绩效考核阶段，评估者需要与被评估者针对考核内容进行沟通；第五，进行绩效审查阶段，管理者需要向员工反馈考核情况；第六，在运用绩效结果阶段，管理者和人力资源部门需要与员工针对结果的运用情况进行沟通；第七，在修订绩效管理制度阶段，管理者需要与员工沟通在绩效管理过程中存在的问题，并针对拟定的修订稿请员工提出建议。因此，为了更好地落地国有企业三项制度改革，充分发挥绩效管理的作用，需要重视管理者和员工之间就绩效问题的持续对话、交换反馈，定期与员工沟通绩效进展。

6. 绩效辅导与绩效管理

尽管组织大多数的绩效辅导活动是在非正式的层面上进行的，但许多组织都有正式的绩效辅导体系。在绩效管理过程中，管理者应适时地对员工进行绩效辅导，把做得好的地方和存在的问题以恰当的方式反馈给员工，让员工及时做出调整。通过为员工提供建设性的改善意见，有助于提高员工的主观能动性和生产力，提高员工的绩效水平。

国有企业三项制度改革工作涉及岗位和薪酬的变动，绩效管理为其提供了有效的依据，而绩效辅导的有效性在一定程度上决定了个人和团队的绩效水平。在绩效管理过程中，绩效辅导主要体现在明确战略目标、实施绩效规划等阶段。在明确战略目标阶段，可以由管理者或有经验的员工对新员工进行培训和辅导，共同制定个人和团队的战略目标，以确保目标的可行性和合理性，提高员工的参与度；在实施绩效规划阶段，可定期对员工的绩效完成情况进行辅导，对存在的问题及时纠偏。通过以上阶段的不同类型的绩效辅导工作，有利于激发员工工作的积极性，进而促进绩效水平的提高。

第三节 国有企业三项制度改革的案例

一、某海上油气集团：拧住改革"牛鼻子"[1]

为贯彻落实《国企改革三年行动方案（2020—2022年）》文件精神，2021年7月以来，某海上油气集团拧住三项制度改革这一国有企业改革的"牛鼻子"，推行"1+4+N"改革新模式，取得了阶段性成果。"1"就是以《深化三项制度改革实施方案》为总纲领，"4"是指在三项制度之外，用好绩效考核这根"指挥棒"，"N"则是围绕实施方案出台一系列配套措施，为加快建设中国特色国际一流能源公司提供坚强的组织保障。

（一）干部全员"两制一契"，推动干部能上能下

中层领导干部"起立、坐下"，实行公开竞聘、择优选拔，是此轮干部人事制度改革、推动干部能上能下常态化的举措之一。为优化领导干部结构，在公司上下全面推行"两制一契"——对经营类班子/经理层成员实行任期制和契约化管理，对中层及以上领导干部实行聘期制和契约化管理，其中后者在国有企业三项制度改革中属于首创之举。

实施"两制一契"后，领导干部在上岗之日即订立"岗位聘任合同"，明确目标和考核要求，强化契约意识、竞争意识、危机意识，逐步打破岗位终身制思想，实现岗位"能上能下"，有效激发管理人员活力。

能下，是一种活力机制，更是一种淘汰机制。对那些没有大过、没有严重违纪违法行为，但在其位不谋其政、能力素质不胜任的干部，搬掉其"铁交椅"，是解决干部"能下"问题的重中之重。对此，在考核退出、制度退出、问责退出、不适宜退出4种"下"的途径外，创新推出中层干部"非优必转"这一硬核改革措施。两个任期综合绩效考评结果达不到"优秀"的中层干部，不再担任领导，转聘其他岗位，发挥其专业技术作用。同时，明确考核退出率，以硬指标推动干部"能下"常态化。

不仅仅是领导干部，为了进一步激发关键核心人才的创新活力，在打破专家"一

---

[1] 案例根据某油气集团2021年9月23日发表在国资委网站的文章整理。

评定终身"上同样敢于动真碰硬。对集团公司和所属单位两级技术（技能）专家实行聘期制，3年为一个聘期，执行年度履职考核、聘期考核制度。聘期考核结果按四个等级实行强制性分布，明确技术、技能专家聘期考核退出率，年度考核结果按等次兑现年度津贴，不合格的不予兑现，连续2年不合格予以解聘。

（二）签订"两个合同"，推动员工能进能出

一直以来，国有企业用工制度因为流动性差无法激发企业发展活力被各种诟病。对于集团而言，之前的用工制度也暴露出种种弊端，已经无法满足企业高质量发展的需要，改革劳动用工制度势在必行。

为解决这些问题，此次劳动用工制度改革在简化用工制度、强化退出管理、优化总量控制等方面重点发力，建立健全以合同管理为核心、以岗位聘任管理为基础，人岗匹配、进出通畅、灵活高效的市场化用工制度，力求端掉"铁饭碗"。

首先是建立以劳动效率效益为核心的用工总量管理模式，由原来的编制管理向总量调控转变。自2021年起，以3年为周期，用工总量与全员劳动生产率、人事费用率、人工成本利润率等核心指标挂钩。换言之，如果所属单位业绩考核指标超额完成，则相应地增加用工总量；未能完成，减少用工总量，由此实现用工与人均效益正向联动，提高用工效率，用工制度更具市场竞争力。

为优化岗位序列设置，此次改革在原管理、技术、操作3个序列的基础上，新增业务序列，作为所有岗位的基础序列。改革中"起立未坐下"的、符合"非优必转"条件的中层干部转入业务序列。同时，对于那些不适合从事管理工作，并且具有业务或技术特长的干部，可以选择从管理序列转到其他序列。

对领导干部实行"两制一契"的同时，为简化用工制度，此轮改革对普通员工推行"两个合同"——签订劳动合同和岗位聘任协议，一岗一协议、换岗变协议。通过实行"岗位合同制"，全员契约化管理，实现严进严出、优胜劣汰。同时，符合条件的社聘制直签员工可以转为岗位合同制员工，控股公司直签员工由公司董事会决定是否转为岗位合同制。据统计，简化用工制度后，执行岗位合同制的员工比例将达到85%。

在"岗位合同制"管理的基础上，进一步明确界定员工"出"的标准，严格执

行绩效考核。对绩效考核"不胜任"的员工转岗培训，重新上岗后考核结果仍"不胜任"的，依法解除劳动合同。对于新招聘的大学生，第一次签订劳动合同的期限不超3年，试用期内绩效"不胜任"、试用期满考核"不胜任"的，终止劳动合同，劳动合同期满考核"不胜任"的，不再续签劳动合同。

当前，集团正实施增储上产攻坚、科技创新强基、绿色发展跨越三大工程，离不开高质量人才队伍的支撑。只有坚持优胜劣汰，才能激发创新活力，为我国深水油气开发、关键核心技术攻关、绿色低碳转型做好人才储备。

（三）向科研和海上员工倾斜，推动收入能增能减

薪酬分配的平均主义，严重影响企业的活力和竞争力。此轮三项制度改革不仅要端掉"铁饭碗"，还要打破"大锅饭"，建立更具灵活性和市场竞争力、按照业绩贡献决定薪酬的收入分配机制，实现"干多干少不一样"，做到收入"能增能减"。

打破一张工资表，全面推行岗位绩效工资制，以岗位价值和员工能力确定岗位基本工资，以业绩贡献确定绩效奖金。

针对所属单位年度业绩目标导向不清晰的问题，此次改革建立利润总额目标申报的"摸高机制"，利润总额增长的企业，当年工资总额增长幅度在不超过利润总额增长幅度和集团公司工资增长指导线上限10%范围内分档确定，增强了所属单位工资总额预算管理的自主性。

对市场化程度较高的单位，鼓励业务团队在有效风险控制下的利润贡献，创新市场化考核激励。实行工资总额与利润总额挂钩提取，鼓励贸易量合理增长趋势下的利润贡献。同时加大对销售人员的激励，建立"保底工资+业绩提成"差异化提取的高弹性薪酬模式，鼓励销售人员提高销售贸易量、利润和服务质量。

对于具有市场竞争优势的核心关键人才，此次改革进一步健全其薪酬制度，加大激励力度，重点向科研人员及海上员工倾斜。在科研人员激励上，此轮改革按照科研人员现有岗位基本工资标准的20%增设科研津贴。同时，重点在油气勘探开发、关键核心技术攻关、产品研发等科研领域分类实施以成果应用为导向的差异化准确激励措施。对于专家的激励，分为年度激励和聘期激励，以专家年度考核和聘期评价的结果为依据兑现，实行逐年解锁的递延兑现激励机制。

此外，改革进一步加大高层次人才的激励力度，对全时全职承担重大战略任务的团队负责人及引进的高端人才，实行"一项一策"、清单式管理和年薪制，年薪所需经费在项目经费中单独核定，集团公司单列管理。

海上员工是支撑海洋石油工业高质量发展的基础力量和关键力量。海上工作远离陆地，28天倒班一次，条件相对艰苦。为增加他们的获得感、幸福感，此次收入分配改革加大对海上一线员工的薪酬激励，出海补贴在现有标准基础上统一提高50%，同时增加海龄津贴。

三项制度改革是一项持续推进的工程，随着企业的发展，改革的措施会在过程中持续优化，我们也会持续关注。

二、某农粮集团：建机制、强执行、激活力，深化三项制度改革[1]

近年来，某农粮集团党组全面落实国有企业改革三年行动要求，以三项制度改革为抓手，深入推进市场化体制机制创新，完善顶层设计，制定出台推进领导人员能上能下、任期目标责任制等选人用人制度，坚持以"市场化、年轻化、能者上、庸者下"为导向，有效激发干部员工队伍活力和企业改革发展内生动力，以高质量干部队伍建设推动集团高质量发展。

（一）以选贤任能为方向，"找准三个点"，坚定不移推进干部能上能下

找准切入点，全面实施任期目标责任制。集团对党组管理的所有领导人员全面实施任期目标责任制，统一签订任期目标责任书，立下军令状、明确责权利，实行契约化管理，以合同契约的形式把任期目标与薪酬激励、考评聘用有效衔接，重构各级干部心理契约，真正树立起"有为才有位"的鲜明导向。截至2021年5月，任期目标责任制已覆盖集团全部16家二级子企业经理层，三级以下企业覆盖面近80%，"双百企业""科改示范企业"已全面推行。

找准落脚点，持续完善干部考核评价体系。探索建立以平时考核为基础、年度考核和任期考核为重点、"担当作为"专项考核为补充的综合考核体系，强化考核结果刚性运用。坚持抓两头，促中间。对考核优秀的干部在提拔任用时优先考虑，切

---

[1] 案例根据某农粮集团2021年8月10日在国资委网站发表的文章整理，案例中涉及的统计数据截至2021年8月10日。

实做到优秀者优先；对年度考核不称职、民主测评结果较差、业绩考核不达标的各级领导人员（含各级企业领导班子成员和管理人员），及时采取调整岗位、降职、免职、解聘等方式进行处理。

找准着力点，稳步推行职业经理人制度。坚持把党管干部原则和董事会依法选择经营管理者有效结合，探索在市场化程度较高的企业推行职业经理人制度，先后对下属单位总经理岗位开展市场化选聘，对标市场制定业绩指标，按照市场标准核定薪酬待遇。

（二）以契约意识为依托，"实现三个有"，坚定不移推进员工能进能出

实施全员劳动合同制，实现能进能出有机制。集团按照分级管理原则，各单位与全体干部员工签订劳动合同，以法律形式确定劳动关系，打破"铁饭碗"，取消"体制内"和"体制外"的身份标签。实施公开透明、平等竞争、择优选用的市场化招聘制度。目前，各级子企业公开招聘比例达到98%以上。

持续精简机构，实现能进能出有基础。集团精简总部和各二级单位本部机构，压缩职能人员编制，优化人员配置。集团总部人员减幅达65%，各二级公司职能部门人员减幅达40%。在人员压减过程中，坚持依法合规，以劳动合同为依据，没有发生劳动争议。

实施员工末位调整制度，实现能进能出有规范。集团建立了人才盘点机制，出台员工能进能出实施办法并在各级子企业全面推行，明确不能胜任工作、违法违纪、患病负伤、到龄退休、辞职等员工退出的5个渠道，细化员工退出的19种情形。其中，某下级单位启动"活水计划"，大力推动人员常态化流动和调整，旗下各级子企业2021年累计退出低绩效人员92人。

（三）以奖优罚劣为手段，"推行四个化"，坚定不移推进收入能增能减

严格考核、刚性兑现，推行收入分配市场化。集团坚持对标行业和市场，建立"一岗一薪、易岗易薪"的市场化薪酬体系。在领导人员年薪标准不变的前提下，提高与企业效益和实际贡献挂钩的浮动工资比重，薪酬"固浮比"由6:4调整为5:5。严格根据年度业绩结果兑现奖金，如企业年度考核低于70分，除对相应领导人员给予调整岗位、降职、免职或解聘处理外，同时扣除全体领导班子年度全部绩效奖金，真正做到能增能减。

加大力度、鼓励挑战，推行三年任期常态化。自2019年起，集团在业务模式清晰、管控关系明确、发展目标具有挑战性的10家二级公司探索实施三年任期激励，对标市场设立挑战目标，三年累计达成挑战目标的，按照市场标准对领导班子进行重奖，最高可达年度绩效奖金的9倍；未达到业绩门槛的，实行末位淘汰，对于业绩排名后三位的二级公司，相应调整领导班子，将强激励与硬约束统一起来。

尊重实绩、激励卓越，推行特殊奖励科学化。集团坚持物质奖励和精神激励并重。高度注重评选机制科学性，特别是在优秀团队的评选标准上，坚持与外部标杆企业比、与内部同级单位比、与自身历史成绩比，既考虑投资回报率，也关注利润增长率，对排名靠前的专业化公司，及时给予正向激励。

风险共担、收益共享，推行激励机制多元化。集团根据业务实际和企业条件，统筹运用各类中长期激励政策，推动企业发展与员工利益有效绑定。探索实施超额利润分享机制，先后有9家子企业获得超额利润分享奖励，有力推动集团整体经营业绩实现翻番。3家上市公司正在实施股票期权激励和限制性股票激励计划，4家子企业开展员工持股，共涉及关键岗位领导人员和骨干员工1500余人，通过风险共担、收益共享，有效激发了团队干事创业的动力。其中，某下属单位通过开展员工持股，盈利能力持续提升，业务增速显著，营业收入增长57%，利润增长超过4倍。

第三篇
绩效管理中的数字化问题

数字化时代,绩效管理的操作似乎变得更加便捷。本篇主要包括数字化时代绩效管理的前世今生(第九章)、数字化时代绩效管理的创新与实践(第十章)和总结与展望:绩效问题的误区与数字化创新(第十一章)三部分内容。

第九章　数字化时代绩效管理的前世今生

数字化的发展给人力资源管理带来新的特征，同时也带来新的挑战。本章主要就数字化时代人力资源管理的问题进行探讨。

第一节　管理测量之谜与数据分析防火墙

本章的第一个问题关注测量系统的效率、测量人的效率。这个问题是怎么迷惑管理者的？或者说在测量这方面管理者们有哪些困惑？

一、对测量数据的兴趣之源

文跃然教授（以下简称笔者）是经济学专业出身，在研究生时期，笔者就对国民收入分配问题非常感兴趣。有两本书对笔者启发深刻，一本是克拉克先生写的《财富的分配》，另一本是道格拉斯先生写的《工资理论》。克拉克在《财富的分配》一书中提出了一个问题：劳动和资本共同合作产生了财富，再分配的时候，劳动应该得多大比重？资本应该得多大比重？[1]针对这个问题，克拉克提出了边际生产力理论，用边际生产力决定财富的多少。道格拉斯在《工资理论》中对克拉克的理论做了数据化的说明，提出道格拉斯科布生产函数，试图算清楚生产函数对国民收入的贡献比重，以及获得收入分配的依据。这些观点使笔者诞生了对测量数据的兴趣。但现在来看，在工资分配中劳动应该占的比重和资本应该占的比重还是一个悬而未决的问题。

二、测量之谜：人力资源领域

笔者于2000年开始做人力资源管理方向的研究，时任中国人民大学劳动人事学院人力资源管理系主任，从那时候起笔者便开始关注人力资源管理的一些问题。受经济学出身影响，笔者用经济学知识来研究人力资源管理问题，并对"人的贡献

---

[1] 克拉克. 财富的分配[M]. 陈福生，陈振骅译. 北京：商务印书馆，1983.

及在收入分配中应该有的比重依据"这个问题很感兴趣。彼得·德鲁克曾在1954年说："人力资源管理工作既不做跟人有关、又不做跟管理有关的事情，人力资源部门似乎是一个没有用的部门，因为它不能用数据证明自己的贡献"[1]。后来，这句话被很多人力资源管理学者加以引用，以表达对HR从业人员和对自己的鞭策。这句话启示管理者应该用数据说话，不仅用数据来证明自己是有用的，还要用数据来找到绩效的驱动力。

三、绩效黑箱

《战略人力资源管理》[2]一书的最后一篇提到了"绩效黑箱"这个概念。什么叫作"绩效黑箱"？从泰勒先生于1911年出版了《科学管理原理》开始（也有更早一点的，比如法约尔先生，比泰勒的实践早了20年），到2009年，管理世界做了很多的管理活动，产生了很多管理理论，管理者们以为这些管理活动和管理理论能够帮助找到高绩效的钥匙，但实际上没有找到，所以很多管理措施是一回事，绩效增长是另一回事，但人们其实并不知道管理措施和绩效之间到底是怎样连接的，这个现象就叫作"绩效黑箱"。换句话讲，绩效在很大程度上是在没有因果认知的情况下取得的，很多时候是碰运气的，看上去是这样，实际上可能就不是这样了。那么，第二个问题，"绩效黑箱"这个概念如果成立，我们怎么去解开它，以发现绩效管理活动对绩效增长的贡献呢？

四、人力资源管理中的差不多原理（大拇指定律）

在日常决策过程中，管理者也会碰到很多这样的问题，都是模糊决策的。模糊决策类似于一种"认知灰度"，简单说来是介于0和1之间的事情，与之相反的是"准确"，0就是0，1就是1。在绩效管理或人力资源管理过程中，管理者大多数情况用的是"差不多原理"，但是这个原理对吗？这是本章的第三个问题。

---

[1] 德鲁克. 管理的实践[M]. 齐若兰译. 北京：机械工业出版社，2006.
[2] Randall S, Susan J. Strategic human resource management(eds)[M]. Oxford: Blackwell Publishers, 1999.

五、数据分析防火墙：挡住了什么？

在Martin和Kirsten著的 *Predictive HR Analytics*[1]一书中有一幅图，如图9-1所示，展示了大数据在人力资源管理中的应用。传统的人力资源数据分析主要依赖于历史数据的描述性分析、展现式分析和因果性分析，是对数据的结构化加工处理和分析，即人力资源管理一直到现在为止做的都是防火墙左边的事情。这些事情主要有：（1）人力资源指标/报告；（2）标杆对照，比如对标标杆公司的培训时间和招聘成本，标杆也是一种数据；（3）数据系统和出入口；（4）计分卡和深入分析，比如著名的平衡计分卡及后来的人力资源计分卡，都是用数据说话的一种尝试。即使是计分卡到了相对深入的分析阶段，还是有一些东西看不见，被防火墙挡住了。什么东西看不见？一方面，这些数据整合到一起后，最终会到哪里？另一方面，由于数据分析做不到预测性，所以很难做到规范性，管理者并不相信基于数据决策的建议，所以预测性和规范性被挡在防火墙的另一边。

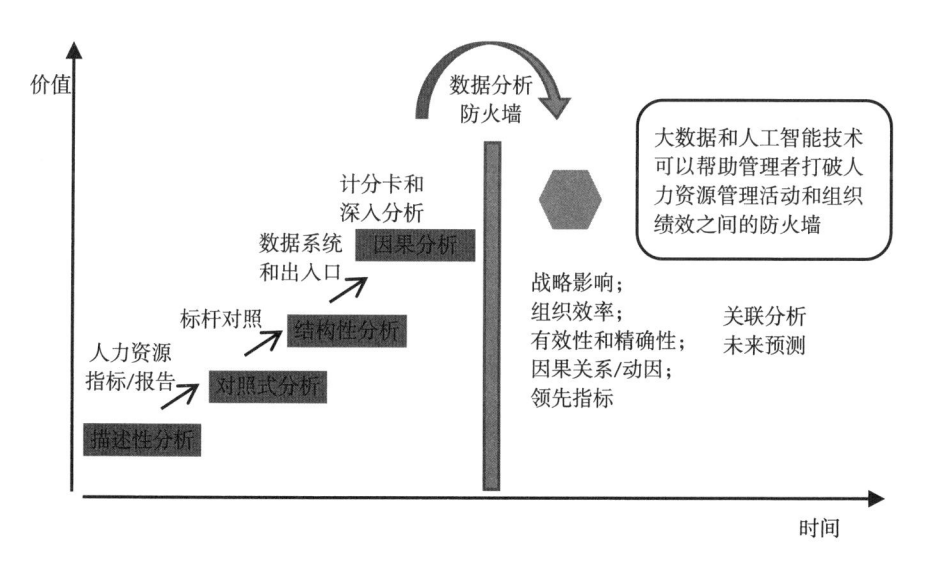

图 9-1　大数据在人力资源管理中的应用

基于大数据的人力资源分析，采用先进的数字技术和智能技术，为企业管理者提供了更全面的数据服务，包括描述性、展示性和结构性分析，以及更加强调面向

---

[1] Martin R E, Kirsten E. Predictive HR Analytics: Mastering the HR Metric[M]. New York: Kogan Page, 2016.

未来的预测性分析,并且专注于支持创新变革和未来设计的决策分析。

综上所述,数据分析防火墙是本章的第四个问题,目前的管理者们是在专业的深井内(数据分析防火墙内部)看世界,而从企业的经营管理和组织能力的数据分析视角(防火墙外部)看,其实还有更大的世界。

第二节 艰难探索:人力资源数据化的前世、今生和未来

一、国外:数据分析在人力资源的应用

1)泰勒的《科学管理原理》

在管理上最早数据化探索的功劳属于谁呢?毋庸置疑是弗雷德里克·泰勒先生。他在《科学管理原理》一书中,举了几个非常微不足道的例子,但是他发现了非常伟大的科学管理原理[1]。这些理论从1911年到现在一直影响并造福于世界。

泰勒在《科学管理原理》里面用到的第一个例子是搬运工的任务量。其中有两组数据,第一组是1.15美元和1.85美元,是某钢铁厂搬运工的日工资额。第二组数据是12吨和47吨,是搬运工的日产量。当支付工资1.15美元的时候,搬运工一般能搬运生铁12吨,但泰勒发现有的搬运工搬运的重量可以高达47吨。于是,泰勒思考将47吨的搬运量作为绩效标准的可能性。通过将搬运生铁的动作进行分解,每个动作规定详细的操作方法和时间,最终,在上千次实验后,泰勒成功实现了在员工的日工资提高0.7美元(从1.15美元到1.85美元)的情况下,搬运工的生产率提高近3倍(从12吨到47吨)。最后,泰勒得出一个结论:这个钢铁厂搬运工每日的最大任务量应该是47吨,而不是一般情况下的12吨。

这个科学发现影响了全世界。因为很多的绩效标准并没有达到最大的任务标准,而最大任务标准是要用数据说话的,一旦准确测量出最大任务标准的数据,员工生产率就可以用科学的方式加以确认。员工的工资与生产率挂钩,有助于管理走上健康大道,即伴随着生产率的提高,员工工资就会增加,同时企业的收入也增加了。

泰勒先生更多的是研究任务,所以他认为科学管理中的重点是对任务和工作过程

---

[1] 弗雷德里克·泰勒. 科学管理原理[M]. 马风才译. 北京:机械工业出版社,2007.

的研究，对人的动机没有太多的研究，他在《科学管理原理》中的后半部分讲到管理的两件大事，一个是任务管理，另一个是动机管理。动机管理的测量由之后的学者完成。自泰勒以后，学者们开始关注动机的研究，这属于心理学的研究内容，一直到1943年，对这方面的研究都非常多，包括现在相关学者和管理实践者也是基于他们的成果应用。

2）菲茨-恩兹的《如何衡量人力资源管理》

美国学者菲茨-恩兹和芭芭拉·戴维森于1978年出版了《如何衡量人力资源管理》[1]，是人力资源测量界发生的一件大事。这本书主要测量了整个人力资源管理系统是不是有效的。泰勒先生测量的是任务，梅奥先生等行为学派、心理学派更多的是测量心理，而这本书是从测量单个人的任务、测量个体的心理到测量整个人力资源系统效率的里程碑式的演进。这本书总共提出了30个指标进行测量。

3）平衡计分卡和人力资源计分卡

平衡计分卡和人力资源计分卡这两个方法论非常重要。1996年，Kaplan（卡普兰）和Norton（诺顿）先生介绍了平衡计分卡[2]，也是想解决或部分解决测量的问题。布莱恩·贝克，马克·休斯理德，迪夫·乌里奇在他们出版的《人力资源计分卡》一书中[3]，强调人力资源计分卡能够显示人力资源活动与公司战略和活动的一致性，以及说明了它如何改善组织结果。

平衡计分卡理论主要是通过衡量财务和非财务指标，找到这两者之间的因果关系。人力资源计分卡指出在平衡计分卡这套系统中，如果学习与成长不分解为岗位设置、招聘、培训、考核、薪酬这一系列人力资源活动，并且用数据说明这套系统有没有效果，那么平衡计分卡也是落不了地的。这两个方法论在人力资源测量方面，具有划时代意义。

随着这些管理学家的深入研究，人力资源管理测量的研究由测量任务、测量心理、测量系统，发展到考虑人力资源体系和战略落地之间的匹配关系了。2005年，

---

[1] 杰克·菲茨-恩兹，芭芭拉·戴维森. 如何衡量人力资源管理[M]. 第3版. 林纲，李洁，李元明译. 北京：北京大学出版社，2006.

[2] Aplan R S, Norton D P. Using the balanced scorecard as a strategic management system[J]. Harvard Business Review, 1996, 74(1): 75-85.

[3] 布莱恩·贝克，马克·休斯理德，迪夫·乌里奇. 人力资源计分卡[M]. 郑晓明译. 北京：机械工业出版社，2003.

第一个人才管理系统（TMS）建立（TMS是可以自动完善人才管理重要流程的一个综合平台，是可以存储各种员工数据的一个工具，今天，TMS平台还可以存储和管理社交媒体数据，以及其他数据痕迹和人才行为数据）。2010年左右，预测分析开始出现在大多数领先公司的人力资源部门，比如Google、IBM等。从过去国外发展的情况来看，数据化人力资源管理具有五大趋势：第一，从强调任务分析、心理分析转移到整体系统效率分析。如人力资源计分卡；第二，从就事论事，用数据分析，到帮助企业获得竞争优势。现在已经到了用数据驱动的系统来说话的阶段了；第三，从简单数据统计到大数据挖掘；第四，从人的智能到人工智能；第五，从软件到设备，软硬整合在一起。

二、国内：数据分析在人力资源的应用

1)《战略人力资源审计》(杨伟国)

笔者认为，杨伟国教授所著的《战略人力资源审计》一书是国内第一本研究人力资源数据化的书[1]，其价值等同于1978年美国出版的《如何衡量人力资源管理》。杨伟国教授用审计思维从各个方面分析人力资源。其中人力资源功能、人力资源规划、人力资源行动等概念在管理实践当中也都会用到。

2) GREP 计分卡

笔者受平衡计分卡和人力资源计分卡的启发，研发了GREP计分卡。笔者认为，一个企业做得好不好，主要有四个维度：治理结构、资源、企业家、产品与服务。这四个维度可以分解为十几个要素，进而分解为几百个要素，详见第五章内容。这套计分卡方法在中国电信、联想集团等企业管理实践中都运用过。

3) 其他研究者对"测量"的认识

人力资源计分卡、企业驱动力，特别是组织绩效驱动力和人力资源绩效驱动力，应该是测量的中心概念。国内其他学者在这方面也做出了很多贡献。例如彭剑锋教授开设了"人力资源数据测评"的课程，系统介绍人力资源测评的理论与方法；另一位是心理学背景的孙健敏教授。笔者称他们这两位学者分别是中国的"泰勒"与"梅奥"。彭剑锋更关注任务原理，孙健敏更关注人的行为。另外，徐世勇、李育辉、

---

[1] 杨伟国. 战略人力资源审计[M]. 第三版. 上海：复旦大学出版社，2015.

王桢等教授也为HR测量系统的研究做出了很多贡献。

三、数据驱动的人力资源管理的范式

如果管理者想用数据驱动的人力资源系统帮助企业提升竞争优势，其研究的范式应该是怎样的？

1. 科学范围与解谜

托马斯·塞缪尔·库恩的《科学革命的结构》一书主要讲了科学革命的范式，并且定义了范式的两个特点[1]。

一是解谜：存在的问题要去解决。例如，用数据分析法能不能分析未来的趋势，这是一个谜。范式是要用来解谜的方法论，有困惑的地方就有范式。

二是吸引一大批坚定的拥护者：范式的拥护者构成了学术群体。换句话说，学生跟随某学者解决问题的方式思考问题，形成固定的思维方法，范式就形成了。

2. 范式的重要性

范式有多重要？笔者认为，人们看任何世界都是假设性的范式，是假设它、验证它到底对不对。用数据驱动人力资源管理的范式基于以下的公式：首先知道商业问题，然后寻找大数据解决方法，两者结合产生了高绩效（High Performance）。具体来说，管理者在实践中产生了一些困惑的问题，而这些问题能不能用AI的方式来解决从而达到高绩效。AI包括一些基本算法和算力，要有数据，算法要非常好。现在的算法越来越先进，已经演化到以生成为核心特征的大模型了。

范式1：人员分析七支柱

为什么很多互联网企业招聘人力资源部门的员工时，都要问面试者是否了解HR三支柱理论？HR三支柱理论源自彭剑锋教授和腾讯公司的马海刚先生合写的《HR+三支柱：人力资源管理转型升级与实践创新》一书[2]。由于两位作者和腾讯公司的综合影响力，使一般互联网企业都接受HR三支柱这个范式。而人员分析七支柱，则是把人力资源分成不同的七个部分，包括劳动力规划分析、来源分析、获取/雇佣分析、入职后文化适应与参与、绩效考核发展与员工终身价值、员工关系与保留、员

---

[1] 托马斯·库恩. 科学革命的结构[M]. 金吾伦，胡新和译. 北京：北京大学出版社，2004.
[2] 马海刚，彭剑锋. HR+三支柱：人力资源管理转型升级与实践创新[M]. 北京：中国人民大学出版社，2017.

工健康和安全，从这七个角度去获取数据、建模、分析并得到结果。

范式2：影响力循环

影响力循环范式，主要分为六个方面：一是确认问题，比如雇佣一个员工的招聘成本；二是掌握数据；三是提供意义，用这么多数据分析这些问题的重要性和价值体现在哪里；四是根据调查结果和建议采取行动；五是沟通见解；六是跟踪产出，结果出来后，将算法与执行进行对比，经过几个证伪过程，最终可以得到较为准确的结果。

范式3：穿越今天，打通过去和未来

通过数据，管理者既能知道过去发生了什么，也能知道现在正在发生什么，以及还要知道将来会发生什么。用数据知道过去、知道当下，还要知道未来，这是数据时代的三个阶段。用数据知道过去叫作"信息"，用数据知道现在及其原理叫作"知识"，用数据知道未来叫作"智能"。企业是智慧生命的产物，企业越智能，绩效越高。

如果数据分析做到了既知过去、又知现在、还知将来，我们基于数据分析结果做的政策就是可行的见解，否则就是"模糊"的，就会是"绩效黑箱"。所以在"绩效黑箱"时代，企业的成功是靠机会和运气的，而在智能时代应该可以靠"因果"，人生下来能长到老，就是因果发育过程，企业还远远没到这个程度，而这正是我们想追求的。

范式4：规范性人力资源分析

如图9-2所示，规范性人力资源分析是指对未来的行为可以提出预测和规范（应该怎么做）的分析方法。尽管它也是对过去、现在和未来进行分析，但是比预测性分析更近一步。预测性分析可以知道未来怎么样，但是不确定这么做就是正确的。而规范性分析则是基于未来的预测告诉你应该怎么做，应该怎么往前走。规范性分析是特别重要的课题。

第九章 数字化时代绩效管理的前世今生

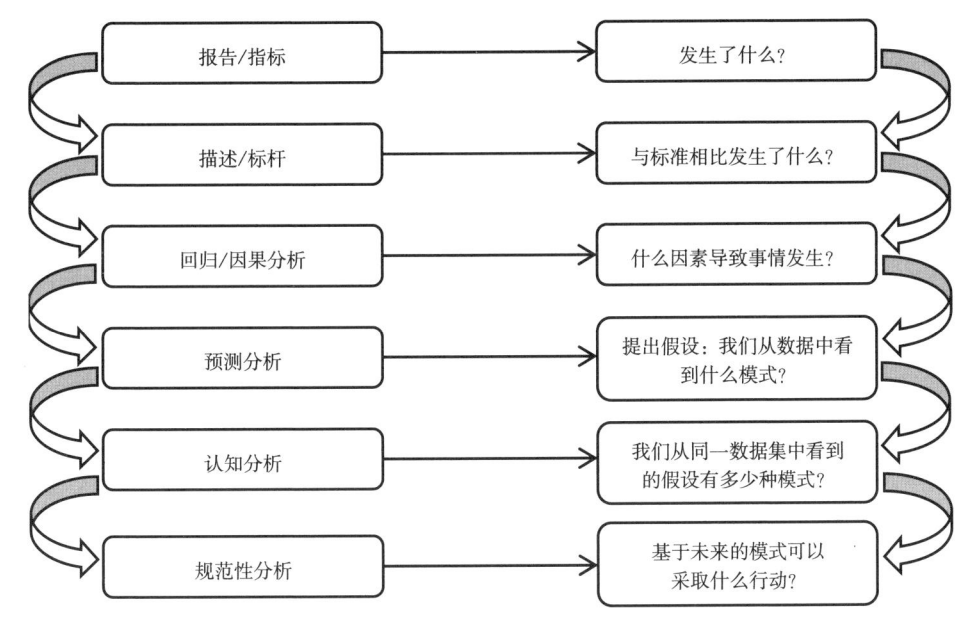

报告/指标	→	发生了什么？
描述/标杆	→	与标准相比发生了什么？
回归/因果分析	→	什么因素导致事情发生？
预测分析	→	提出假设：我们从数据中看到什么模式？
认知分析	→	我们从同一数据集中看到的假设有多少种模式？
规范性分析	→	基于未来的模式可以采取什么行动？

图 9-2 规范性人力资源分析

范式5：水平整合与垂直整合

水平整合、垂直整合与人力资源管理概念中的横向整合、纵向整合是同一个意思。水平整合是人力资源管理每个方面的匹配；垂直整合是从战略一直到人力资源系统的匹配，从竞争挑战一直到人力资源管理神经的末端，比如人力资源管理咨询项目在组织发展、招聘、人才培训、绩效管理、薪酬等方面的匹配度。

图9-3所示是人力资源分析的水平整合与垂直整合示意图。如果了解战略人力资源的相关概念和知识，就很容易看懂这张图。这张图表达的观点是：如果人力资源管理系统真正要帮企业落地战略、获得竞争优势，那么整个系统的神经末端必须用数据说话，用数据驱动人力资源系统，进而帮助企业获得竞争优势。从这个层面看，数字化时代绩效问题可以总结为"如何用数据驱动的人力资源管理系统，帮助企业获得竞争优势"。数据既要对人力资源本身进行分析，还要对业务逻辑进行分析。

```
                    竞争挑战
                  解决竞争挑战的
                    业务战略
                执行业务战略的职能战略
                 （市场、运行、HR等）
            支持业务战略的整合人力资源政策和实践
          具有能够实现业务目标的能力、行为和动机的正确人才
        捕捉人力资本为实现战略目标所做出的贡献的人力资源指标
```

（垂直整合）

人力资源分析

⇧　　⇧　　⇧　　⇧　　⇧

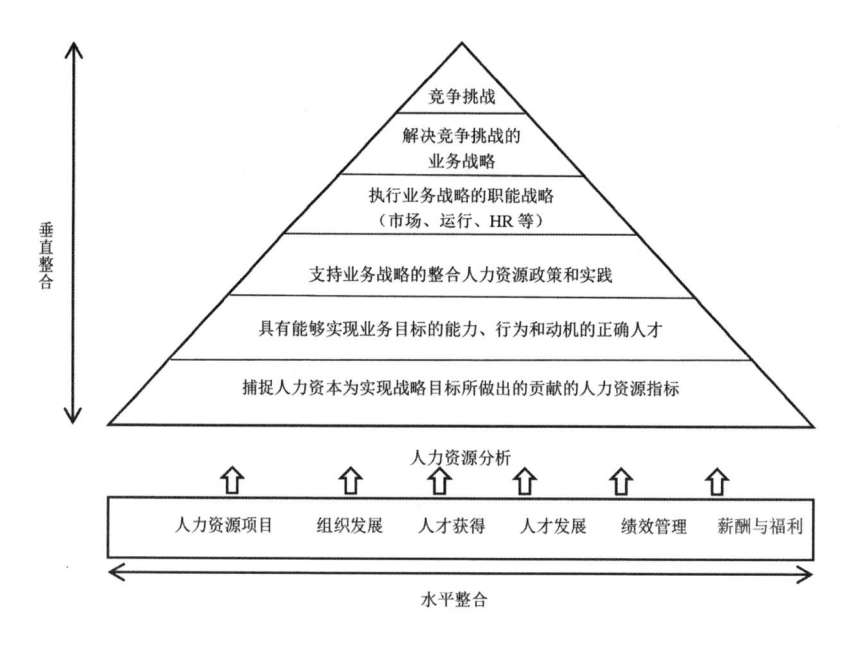

人力资源项目　组织发展　人才获得　人才发展　绩效管理　薪酬与福利

水平整合

图 9-3　人力资源分析的水平整合与垂直整合

总之，科学管理原理、资源理论、数据驱动，这三者应该是管理者学习掌握的重点。

四、新的曙光：AI时代HR的测量问题

近十年来，按照数据的发展，数据分析大致可以说经历了从1.0到4.0四个时代。其中，1.0是描述型数据时代，比如统计参会人数、发言人数等。2.0是大数据时代，比如腾讯公司监测某个时间点的软件使用人数等。3.0是全数据时代，分析者不仅关心大数据还关心不起眼的数据。4.0是人工智能时代，AI帮助管理者进行人力资源数据分析和处理的时代。

以下是笔者基于大数据时代提出的一些问题，这些问题在很多年前就应该受到关注，它们也是AI时代的真问题：

第一，现在什么样的岗位是真正有效的？每个员工每天做计划吗？做的工作计划是正确的吗？工作计划中的事情与战略的匹配度是多少？每件任务的完成对总任务有多大贡献？任务完成率是多少？哪些任务没有完成？没有完成的任务导致执行力受多大的影响？如何把这些没有完成的任务记录下来并放到下一个任务池？如何

通过数据分析发现哪些岗位是高绩效岗位？以一家大型互联网公司为例，如果裁掉100个岗位及在这个岗位上工作的员工，公司的绩效会下降吗？这不一定能够给出结果。用数据来说明岗位效率是一个值得研究的问题。

第二，岗位所需要的能力是什么？素质模型很重要，但提取素质是一件费时且缺乏方法论的事，能否有一种简单方法，迅速动态地提取素质要素？能力是什么？能力的来源是什么？一个人的能力如何定义？这些问题目前还没有得出答案，并且到了大数据时代，将会让我们更加困惑，因为在大数据时代能力是动态的、快速变化的。在这种情况下岗位所需要的能力就需要我们认真思考再给出结果。

第三，员工招聘问题。具体而言包括：简历的困惑——一个人简历写得再好，招聘官也很难获得足够信息判断他能否胜任，是否适合本企业；试用期能否胜任的判断问题；员工的潜力预测等。如果建立员工日常行为记录的数据库（如365天的工作计划和365天的工作总结），招聘问题就会改善很多。

这是很多企业苦恼的问题，劳动成本的提高，比如税的提高、住房费用的提高、社保提高等，导致劳动成本比原来要提高百分之几十。在这种情况下，人力资源管理的主要环节从考核和薪酬变成了招聘，招聘的效率、招聘人员的质量、招聘成本等问题的重要性逐渐显现出来。

第四，培训、绩效、薪酬等问题。诸如此类的问题可能都需要靠大数据来处理，所以人力资源从业者的定位是要从以前的人事经理、战略合作伙伴，成长为将来的AI专家。

通过AI，上述四个问题可能就不再是难题，这给我们HR从业者带来了曙光。

第三节　数字化时代绩效问题的技术解决方案的进步

很多年前，数字化人力资源技术（HR Technology，以下简称HR TECH）刚刚起步。只有少数行业领导了解数据的重要性。这些年取得了令人惊叹的进步。HR TECH为简化流程、有效配置资源和在组织内进行人力资源管理活动创新都提供了有用的工具。本节基于Stacey Harris于2021年所著的*Introduction to HR Technologies*一书，对数字化人力资源技术的定义、发展历史，以及涉及绩效管理方面的部分进行综述，为数字化绩效管理实务提供理论框架[1]。

一、HR TECH的概念和内涵

HR TECH是一个非常宽泛的概念，被用来描述软件应用和起支撑作用的硬件系统，这些系统被用来对员工进行更加自动化的管理。为了更好地了解HR TECH，我们有必要对一些词汇进行简单的考察：

电脑程序（Computer Program）：可由计算机执行，提供特定结果或执行特定任务数据和指令的集合。

软件应用（Software Application）：为终端用户设计的程序或程序组。

软件模块（Software Module）：软件程序的一部分，它在软件应用中创建一个单独的空间或单元，可以划分数据集、安全性或组件。

应用程序接口（API，Application Programming Interface）：是预先定义的一组函数或代码，它允许两个应用程序通过创建访问数据、外部软件包、操作系统或微服务的准则来相互通信，而又无须访问源代码，或理解内部工作机制的细节。

企业资源计划（Enterprise Resource Planning，ERP）：业务管理软件应用程序，包括管理组织业务所需的一套集成软件模块，包括但不限于财务、供应链和人力资源应用程序。这些都是高度可配置的应用程序。

功能套件应用（Functional Suite Application）：建立在行业最佳实践基础上的一组功能性软件模块，与特定的功能领域相关联，如人才管理套件、学习管理套件或时间管理套件。

HR TECH所涉及的范围取决于每一个企业人力资源管理活动的范围，以及企业如何定义人力资源部门。历史上我们对人力资源部门的定义，主要是把它看成一个获取员工、支付报酬和开发员工的部门。但是数字化时代下这个定义太窄了，以至于很难反映一个组织的战略要求。Stacey Harris认为，不管组织的规模有多大，成熟度怎样，一个组织的人力资源管理活动主要包括如下部分：核心人力资源管理模块（Core HR Administration）；人力资源服务资产负债交付（Service Delivery）；时间管理

---

[1] Harris S. Introduction to HR technologies: understand how to use technology to improve performance and processes[M]. London: Kogan Page , 2021.

(Time Management); 人才管理（Talent Management）；人力资源分析与规划（Analytics and Planning）；新兴人力资源管理实践（Emerging HR Practices）等。

当今社会，HR TECH是通过永久账号（Perpetual Licensed Software）/私有化部署和定期账号（Subscription Software）/公有云租用两种方式购买的。HR TECH的选择、采纳和更新并不存在一个刚性的和一蹴而就的方法，但是有些影响因素会影响我们对HR TECH的决策。这些因素包括：企业环境的多样化，包括小时工时制、正式员工和非正式员工构成的员工队伍；快速扩张，导致员工存在于不同国家或地区中；快速增长，导致员工的招聘和入职工作量大量增加；快速变化，导致学习发展、培训和技能更新工作的大量增加；成本关注，导致对时间、任务计划和绩效管理工作的大量增加等。在以上每一种情况下，组织都会寻找新的HR TECH，来降低管理成本，来提升组织绩效。部分人力资源管理活动的HR TECH应用如表9-1所示。

表9-1 部分人力资源管理活动的 HR TECH 应用

人力资源管理活动	一般 HR TECH 应用
核心人力资源职能的行政管理	员工信息管理 员工异动管理 员工合同管理 收入与税收管理
人力资源服务	员工自助服务 经理自助服务 门户和工作流平台 案例和帮助平台管理 参与和反馈系统 内容通信平台
时间管理	工作时间和出勤率 休假管理 缺勤管理 劳动力计划 劳动力预算 生产/任务管理

（续表）

人力资源管理活动	一般 HR TECH 应用
人才管理	人才档案/技能管理 人才获取和招聘 目标与动机管理 学习与发展 绩效管理 薪酬管理 继任与员工职业规划
人力资源分析与规划	人力资源分析 人力资源数据可视化 人力资源报告 人力资源数据管理和存储 组织规划和预测 劳动力规划和预测
新兴人力资源管理实践	RPA智能化流程 数据捕获和监控实践 ONA组织网络分析 VPA智能沟通

尽管在使用HR TECH的时候，会有持续不断的挑战，但是用数据来把握趋势，是很必要的。用HR TECH系统来把握方向，用数据来做更好的决策，能够使我们更快地把握机会，识别风险，做出决策。

二、了解过去：HR TECH的历史

对未来的了解，有益于职业生涯，但是了解过去，对理解HR TECH的发展目前在什么位置，也是很有帮助的。理解技术，不仅是出于兴趣，更加重要的是，可以把技术理解为今天HR TECH系统的基石。

1. 1980—2000年：工作中最好的玩具

在1980—2000年，个人电脑刚刚出现，最开始的电脑是需要插入磁盘启动的。后来随着全天候的互联网的接入，更多的视觉效果、内容和访问量的稳步增长让工作场所中使用电脑的用户逐步增加。在20世纪末期，由于技术获取成本高，HR TECH

很少被标准化地应用。只有一些规模大的跨国企业才有可能考虑使用HR TECH。早期的应用大多是人力资源信息系统（HRIS），工资管理或者时间管理应用，这些应用都是被当成企业资源计划（ERP）的一个补充模块来被购买的。这些应用对员工或者企业管理者的好处可能并不那么明显，但是对人力资源部门的效率提升起了很大的作用。

2. 2000—2010年：开源的兴起

在这一时期，很多HR TECH技术通过开源技术得到发展，并且聚焦在打破过去几代媒体播放器或静态网页的可执行框模式。这一时期的技术开发更加自由，人们也认识到与职业环境相比，个人技术环境变革得更加快速。智能手机的普及与应用，开始展现其改变世界的威力。

3. 2010—2020年：移动优先和用户体验友好

在最近的十年，终端客户基本上被手机、平板电脑和穿戴设备占据了。个性化和便捷性的程度已经达到了如此的高度，以至于70%的企业允许员工使用自己的设备来处理工作问题。这已经是一个移动优先、用户体验友好的世界。

而HR TECH也同样高度商业化、数字化，同时服务都已经在云上了。在今天，企业可以通过购买HR TECH的方式满足80%的数字化人力资源技术要求。只有20%的需求是需要通过个性化定制来满足的。对HR TECH厂商来说，他们需要提供快速的服务，同时通过人工智能、个性化定制和改善用户体验来满足顾客的特殊需求。对HR TECH的购买者来说，主要是购买、管理和整合多种应用，反馈改进应用功能，收集足够的数据以便科学决策。

4. 2020年后：HR TECH重构人力资源工作

2020年对工作模式的塑造大于任何其他年份。在这一年，受社会突发事件的影响，企业的人力资源部门被要求重构工作环境，需要做出关乎员工的安全和员工的保留的一些重要的决定，HR TECH被彻底赋予了新的意义。

对于人力资源部门来说，主要任务永远是去实现企业的绩效，在这个方面，我们的做法不同，会导致很大的绩效的不同。2020年让人力资源从业者聚焦一个问题：当人力资源部门去实现绩效和让员工满意时，不同的做法会导致怎样的不同影响。

这期间见证了产业的巨大变化：健康产业和网购行业借此迅速发展，而旅游与娱乐方面的产业因为不确定性而关闭。一些企业只关注如何赚钱，而对员工的安全和离职不那么关心。而另外一些企业则在收集资料，聚焦安全，与员工密切沟通有关员工减少所产生的问题，尽可能地创新和改变。这些措施里面最重要的工作是，重新分配员工，让人力资源成为企业生存下来的关键。

尽管受某些突发事件的影响，HR TECH的开支可能在下降，但是企业在如何支持员工需求和如何确保员工有更加安全的工作环境方面，却加大了投资。同时更多的投资可能聚焦在生物技术、健康和安全、智力认知和人工智能方面。同时对制度性的社会不正义、滥用算法、数据私有的标准、员工与顾客的数据的合乎道德的使用，以及各种工作要求的价值对健康和幸福的作用等问题，都会引发思考。一些新兴的HR TECH实践主要包括：增加远程工作选择和远程协作能力；强化对员工成长轨迹的跟踪及评估；实施新的协作沟通流程和工具；创造更加弹性的薪酬模式，允许更多的佣金制度、混合薪酬；创建新的社会责任标准、计量方法和治理模式等。尽管上述技术创新可能是针对一些特殊时期的，但是它们对劳动力环境，以及企业在未来应该如何工作的预期，都会产生持续的影响。

第十章 数字化时代绩效管理的创新与实践

第一节 人力资源管理的数字化转型

以移动应用和社交网络为代表的科技创新推动了互联网变革,并已深入到社会生活和经济管理领域的方方面面。同时,注重用户体验的消费和生活习惯快速延伸至工作和企业经营管理中。

随着以"90后""95后"为主体的"数字原生代"((Digital Native,也称"Z世代")逐渐成为劳动群体的主力,劳动群体对工作、对所服务的雇主/企业的期望也同步在发生改变,企业领导者和人力资源管理者需要据此思考管理和服务的升级。

VUCA(Volatility,易变性;Uncertainty,不确定性;Complexity,复杂性;Ambiguity,模糊性)已经成为企业组织生产经营过程中的新常态,科技创新和数字化转型愈发成为组织能力建设的重要因素,如何从内部挖掘并放大企业经营管理的确定性以应对外部市场环境的不确定性,构建敏捷型组织、提升员工软技能、增强组织能力成为企业领导者尤其是人力资源管理者当务之急的课题。

本节从企业数字化转型、组织能力建设等视角探讨科技创新赋能企业人才发展和组织激活。

一、科技创新加速企业数字化转型

1. 数字经济与数字化转型

根据中国信息通信研究院在第六届数字中国建设峰会上发布的报告,2022年,我国数字经济规模达到50.2万亿元,数字经济占GDP比重达到41.5%。全球范围内普遍认为,数字经济是中国经济转型的绝佳契机。不同于传统的IT技术或者信息技术,数字经济不仅仅包括着信息传输、万物互联,包括客户行为、用户偏好、消费心理、雇员心态、社会动态等心理学、社会学范畴的内容,包括移动终端、智能硬件、应用软件等信息技术,此外还可以延伸至全民健康、智慧医疗、数字化教学、数字化文化、智能化媒体等领域。

近年来，数字经济给众多企业带来了巨大的变化，单个企业自己没有办法独自生存，所有东西都是深度关联的。例如，不管我们愿意不愿意接受，国际贸易关系对几乎所有人都产生了影响，互联网上的任何一个信息都可能产生很大的影响。在这样一个信息时代，组织面临的挑战比以往大得多，它不仅仅是技术的冲击，不管是开放还是不开放，它对组织的所有要求其实完全变了。

因此，无论我们怎么看待数字经济，企业都必须直面这样一个事实：数字化转型是不以个人的主观意志为转移的时代命题，数字化进程必然会重塑商业世界。

数字化转型是集业务与技术于一体的创新过程，它既不是在技术上被动地响应业务发展需求，也不是只关注新技术在企业的应用。与以往的工业制造、信息经济等完全不同，数字化转型并不仅限于技术革新，还涉及业务模式、运营流程及客户沟通和员工生产力的重塑。

2. 人工智能与"数字原生代"重新定义人才

数字化转型与科技创新相辅相成，在科技创新领域同样绕不开一个话题，即人工智能的快速发展和深入应用。同时，在互联网环境下成长起来的一代人习惯使用移动互联网获取信息，与朋友、工作伙伴沟通，我们称之为"数字原生代"。当"数字原生代"逐渐成为消费市场的主力时，企业必须按照"数字原生代"获取信息的方式提供产品信息，利用数字化的方式通过互联网传播企业的信息。对不熟悉数字化产品的员工，需要企业提供个性化的员工体验，利用技术加强团队合作，支持独特的学习机会和职业发展。

因此，企业组织需要重新定义人才：雇佣形式从单一的全职员工演进为包括全职员工、灵活用工、自由职业者和外包团队等多种组合，同时劳动者也不仅仅局限在自然属性和社会属性的人才，更包括机器人。

企业人才管理者需要思考，随着人工智能技术的普及和"数字原生代"逐渐成为劳动群体主力，人才该如何结构性调整、系统性优化、持续性发展？

3. 成长型思维：从胜任力到创造力

数字化转型对人力资源管理者提出了核心挑战：

首先，一线操作型员工减少或被替代，新的人才结构应该如何建设？人才的差异化技能和核心竞争力应该是什么？

其次，以跨界和颠覆为核心的创新成为主要的商业模式变革形式的时候，组织应该具备什么样的能力才能应对不确定性？

最后，在数字化时代，企业HR或人才管理的价值在于培养组织和员工的成长型思维，重新思考企业的价值定位是什么（包括跨界竞争者是谁？行业价值链会如何变化？企业未来的业务将怎样转变？下一个核心产品是什么？有什么新技术可以采用？员工未来需要什么样的技能？），而不是单纯的新技术新模式的应用。举例来说，汽车的价值是满足人们出行的需求，而不是拥有一辆车的需求，因此汽车生产商的价值定位和转型方向应该是出行服务提供者，而不是复制出来另外一种型号的汽车。

因此，从人才和组织管理的视角，企业HR在数字化转型的思考方向应该是构建企业的成长型思维：

（1）通过挖掘组织的确定性以应对环境的不确定性；

（2）向未来求知并培养组织的向未来求知能力；

（3）将人才关注焦点从胜任力匹配进化为创造力提升。

4. 数字时代的人才与组织

个性鲜明、崇尚沟通、重视参与、即时激励、为体验而工作的"数字原生代"成为劳动力主体；以员工边界和顾客边界为核心的组织边界被突破，企业需要思考"人才与目标的关系""人才与组织的关系""组织与环境的关系""组织与变化的关系"。利用企业内的网络效应，内部连接员工、外部连接生态伙伴，传统企业中的"传帮带"模式将被企业内部的社交网络所替代，每个人都可以是贡献者，都可以利用自己在某个领域的专业知识指导和帮助其他人。

因此，我们会发现，企业数字化转型的以下特点：

（1）员工的职能将从流程执行转换为业务驱动。

（2）员工将成为企业创新的发源地。愿景驱动人才，人才驱动战略。

面对新经济、新组织、新人类，人力资源如何利用新技术进行数字化转型，实现团队组织的智慧协同，提高生产力；提升新人类的整体体验，赋能员工；打造组织创新活力，激活组织。这成为每个不想被时代抛弃的组织和HR的挑战。

5. 组织绩效由外部因素决定

上文提到以员工边界和顾客边界为核心的组织边界被突破，人力资源作为企业管理的重要组成部分，也在经历着数字化带来的深刻变革。为了快速响应新的商业环境和外部变化，越来越多的企业在重新设计面向未来的组织，从科层等级式组织架构转向高度授权、敏捷的团队网络式组织架构。社会化企业的崛起，零工经济、自由职业者的兴盛，也让连接突破了组织边界。

员工参与、业务敏捷、组织连接、协作环境成为决定组织绩效的重要因素，如图10-1所示。

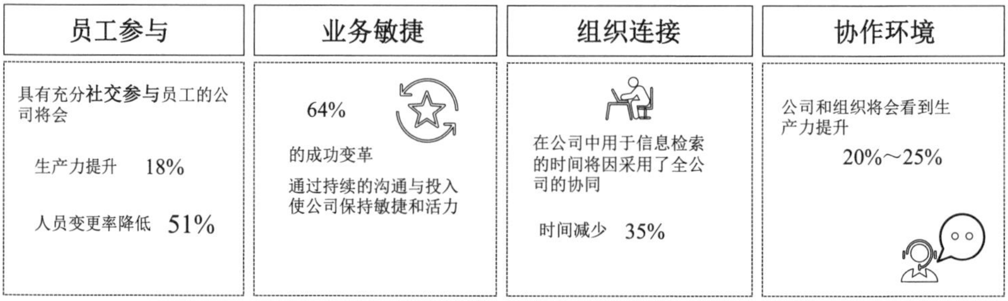

员工参与	业务敏捷	组织连接	协作环境
具有充分社交参与员工的公司将会 生产力提升　18% 人员变更率降低　51%	64% 的成功变革 通过持续的沟通与投入使公司保持敏捷和活力	在公司中用于信息检索的时间将因采用了全公司的协同 时间减少　35%	公司和组织将会看到生产力提升 20%～25%

图 10-1　决定组织绩效的重要因素

6. 打造有明确目标的敏捷团队以应对不确定性

NBA梦之队为何在2004年雅典奥运会折戟沉沙？每一个个体都是英雄，但组合在一起为何却无法发挥合力呢？2018年史诗级的川航3U 8633航班紧急备降，中国机长为何能够创造如此奇迹？

优秀的团队有一个共同的特点：有明确的目标，并在目标充分共识的基础上构建敏捷组织，快速应对不确定性。这也是数字化时代敏捷组织的典型特征。

二、科技创新赋能人才发展与组织激活

1. 数字人才管理机制：协同、赋能、激活、共生

当企业的边界变得模糊，连接与协作变得越来越重要时，企业的各种数字化系统也会穿透技术的"防火墙"并与外界建立更紧密的联系。数字化系统不再是企业内部的流程系统、管理系统和权限系统，更多地将变成支持企业生态发展的数字化

平台。因此，企业人才管理机制需要进化为：

（1）从集中管控到共享服务的协作平台（企业必须选择合适的策略，兼顾业务增长和优化，创造新的价值）。

（2）从注重刚性胜任力到注重软性技能、创造力。

（3）从追求个体价值实现到追求集体智慧共荣。

（4）从分工协作到协同发展（从技术的角度建立敏捷的方式，大胆考虑人工智能等新技术的可能应用场景，建立数字化平台）。

（5）从产业链协作到生态共生（从组织和变革领导力的角度，思考产品的转变、企业组织的转变与合作伙伴的关系）。

因此，数字化人才管理机制可以概括为：广泛深度的连接与协同、人才发展的赋能平台、面向个体和组织的激活、共生型平台化组织建设。

2. 协同：云工作台重构组织逻辑，构建开放互联协作平台

数字化转型的企业由于传统业务边界被突破，内外部连接被重新定义，因此，云工作台重构组织逻辑，在此基础上构建开放互联的协作平台，实现内外部业务经营导向的互联互通。

第一，广泛的社交沟通及团队协作：包括内部员工之间的沟通与协作，外部供应商、外部客户、产业链上下游合作伙伴等的沟通与协作；充分利用视频会议、智能机器人/助手、即时通信等科技创新实现邮件往来、流程管理、项目跟踪、客户互动、供应链协作等。

第二，高效的数字化办公，包括企业信息服务、咨询问答、会议、用车、商旅服务、会务服务、内部商城等，通过云工作台实现数字化办公。

第三，根据业务需要构建可拓展的业务协同服务，包括审批、报表、报告、学习、入离职等服务。

充分发挥移动网络、社交网络、协作网络、内外部网络，分享等科技创新，实现智慧与灵动的云办公环境，充分激发个体创造力。

面向产业链协同的云数字工作台如图10-2所示。

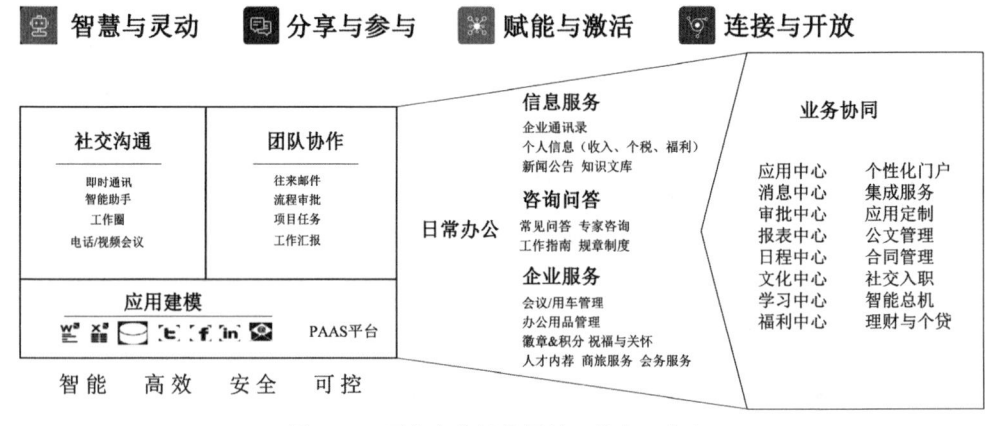

```
智慧与灵动      分享与参与      赋能与激活      连接与开放
```

```
┌─────────────────┬─────────────────┐  ┌──信息服务──────┐  ┌──业务协同──────────┐
│   社交沟通      │    团队协作     │  │ 企业通讯录      │  │                    │
│  即时通讯       │   往来邮件      │  │ 个人信息(收入、个税、福利) │ 应用中心  个性化门户│
│  智能助手       │   流程审批      │  │ 新闻公告 知识文库│  │ 消息中心  集成服务  │
│   工作圈        │   项目任务      │  ├──咨询问答──────┤  │ 审批中心  应用定制  │
│  电话/视频会议  │   工作汇报      │  │ 常见问答 专家咨询│ 日常办公 │ 报表中心  公文管理  │
├─────────────────┴─────────────────┤  │ 工作指南 规章制度│  │ 日程中心  合同管理  │
│          应用建模                 │  ├──企业服务──────┤  │ 文化中心  社交入职  │
│  w x □ t f in      PAAS平台       │  │ 会议/用车管理   │  │ 学习中心  智能总机  │
└───────────────────────────────────┘  │ 办公用品管理    │  │ 福利中心  理财与个贷│
                                       │ 徽章&积分 祝福与关怀│└────────────────────┘
 智能    高效    安全    可控          │ 人才内荐 商旅服务 会务服务│
                                       └─────────────────┘
```

图 10-2　面向产业链协同的云数字工作台

某大型集团企业利用数字办公云工作台实现了超过300%的协同效率提升。将原来的业务审批流程由7～10天缩减到1～3天，并且通过人人互联、人企互联实现了高度的工作协同和组织透明，在提高日常工作执行透明度的同时，为组织提供员工评价依据。

某中国"500强企业"通过提供极致体验的员工服务，让员工感受到企业的"人文关怀"，并积极参与到企业人力资源管理，提高员工获得感，员工满意度明显提升。

3. 赋能：人力资源共享服务再造治理体制，构建共创共享人才赋能平台

人力资源转型为专家中心、业务伙伴、共享服务中心的三支柱模式被认为是人力资源管理转型的成功模式，很多大型集团选择将传统自上而下的、以管控为出发点的人力资源管理体系，升级为以提供服务为宗旨的共享服务模式。

共享服务模式充分利用科技创新，通过员工服务层提供卓越员工体验的员工服务，形成智能、灵动、全员参与、卓越运营的人力资源服务提供平台。

其核心是将原有的人力资源管控业务操作职能（包括选、育、用、留、评）扩展为基础人力资源管控与人力资源共享服务业务支撑并举，既专注高效业务运营和全面员工服务，又具有清晰的管理界面并输出管理价值。

利用人力资源科技创新，人力资源管理将既有的职能跃升为人力资源管理的卓越运营，传统意义上的招聘将会延伸为社会化用工基础上的人才选聘与内部人才供应；传统意义上的培训将会延伸为基于大数据和个体创造力激发的主动式学习、持

续学习、社交与沉浸式体验，以及移动化与碎片化学习；同样伴随大数据、社交网络分析等，传统意义上的人才使用与配置跃迁为基于人才画像和人才图谱等软技能的隐性创造力与显性胜任力并举的人才适配，而不再是单纯的基于刚性胜任力或技能的显性人岗匹配；科技创新使人才保留也不再局限于薪酬、股权、期权、社保和福利等工具，而是创新为内部人才市场、人才共创平台、事业合伙人/合伙制、愿景使命驱动等。

因此，人力资源共享服务再造人力资源管理治理体制，构建共创共享的人才赋能平台，实现端到端、融合线上与线下的人力资源管理全业务流程，将人才的积极参与导入人才管理机制，通过员工参与、卓越运营、集团管控和共享服务，赋能每一个创造价值的员工。数字化人力资源共享服务平台如图10-3所示。

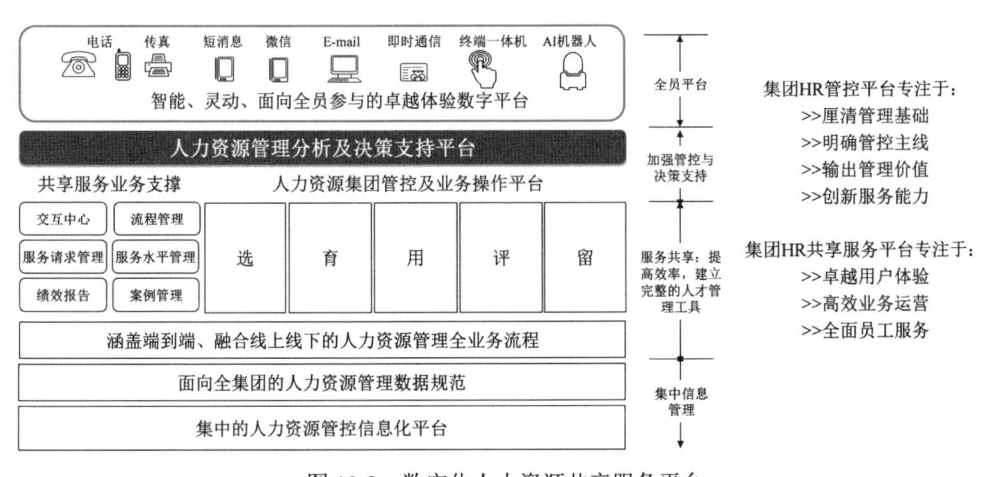

图 10-3 数字化人力资源共享服务平台

某航空公司、某大型钢铁集团、某大型合资啤酒集团、某知名物流公司等多家大型企业通过人力资源管理体系转型，构建人力资源共享服务中心，并升级人力资源管理体系，有效整合人力资源，实现业务标准化，提高人力资源工作效率，降低人力资源职能管理的时间成本和信息系统投入成本。某企业的成功案例表明，该企业每年在运营成本方面能够节约350万元，同时员工离职率降低16.7%。

4. 激活：目标绩效与人才发展聚焦人才生态与组织激活，重塑组织能力

如何将组织绩效与个人目标紧密结合并持续推进，是实现互信的核心路径，人才与组织的目标共识是达成组织绩效的核心策略。组织绩效与团队目标、个人目标、日常任务不仅仅是分解和承诺关系，更重要的是需要通过达成目标共识，在实现目标分解和承诺兑现的同时，实现组织目标的不断迭代和提升，进而实现组织的持续激活和组织绩效的高效达成。

大型央企某汽车集团（参见第十章第四节中的案例）借助于组织绩效实现目标的持续共创和组织的持续激活，以应对全球产业和汽车工业发展的变革与不确定性。

5. 共生：以人力资源业务中台为核心，构建使命导向的数字人才体系

共生型组织多为平台型组织，平台型组织依赖人力资源业务中台构建使命导向的数字人才体系，将组织目标、生态战略，以及对应的组织关键能力，加上组织的文化和基因属性，形成人才管理战略，构建成为快速响应前台业务需求的中台业务能力，进而实现人力资本增值，提升员工满意度和组织竞争力。人力资源业务中台如图10-4所示。

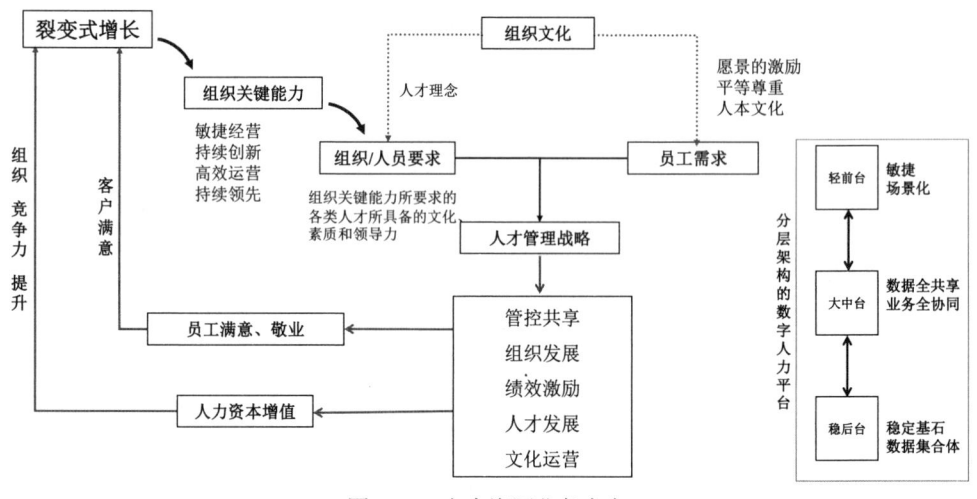

图10-4 人力资源业务中台

遵循Gartner从SOR（Systems of Record，记录性系统）、SOD（Systems of Differentiation，差异性系统）到SOI（Systems of Innovation，创新性系统）的逻辑，构建快速响应的轻前台（例如，华为的"眼镜蛇"组织模式或"铁三角"组织模式），资源组合、人才供应和流程驱动的大中台（数据全共享、业务全协同），稳后台（包括数据集成、外部应用基础、数据集合体、管控体系等）。

轻前台：以协同生态、人才供应、客户体验、共享服务为主构建前台人才服务平台；

大中台：以组织发展、人才发展、文化运营、目标绩效、组织网络分析为主构建核心业务平台；

稳后台：以核心人力资源管理、薪酬管理等，流程规范、外部应用集成、数据一体化等为主构建基础数据平台。

例如，瑞幸咖啡是数字化原生企业，通过数字化嵌入构建人力资源管理数字化中台，聚焦业务响应能力和规模化创新能力，实现共生型组织数字化，在建立目标共识的基础上，实现快速组织裂变。短短18个月的时间，员工人数从100名快速成长到超过2000名，门店数量裂变式增长到超过4000家。

6. 共生共荣的平台型组织：科技创新赋能人才发展和组织激活

数字化企业的最高目标是，实现共生共荣的平台型组织构建。平台型组织的核心特征是：愿景驱动、突破边界、目标牵引、敏捷组织、生态共荣。平台型组织如图10-5所示。

在此基础上升级人才管理的战略、结构和流程，以创造力为核心构建人才能力（包括员工敬业度、劳动力绩效、文化融合、多元化与包容性、变革弹性、员工体验等），进而实现关键绩效驱动和业务成效达成。

某母婴行业新零售全渠道经营的公司，是一家集"母婴+商品+服务+体验+文化+社交+O2O（Online To Offline）"于一体的"独角兽"企业。在多元的业务范畴和商业文化基底中，该公司始终认为，但凡能够为企业带来价值的人就是该企业的员工，因此该企业打破员工边界，实现超过51%的"泛员工化"员工。打破员工壁垒与组织边界，行业与行业之间、组织与组织之间、用户与用户之间无边界重组、泛化，能够使组织更开放、更高效、更具价值创造力。切实实现组织在人力成本降低，组织绩效提升，价值创造增值等多方面取得实质突破。

共生共荣的平台型组织		实践做法 层级4		人才能力 层级3	关键绩效驱动 层级2	业务成效 层级1
愿景驱动 突破边界 目标牵引 敏捷组织 生态共荣	流程	招聘与选拔	员工关系	员工敬业度	生产力	持续增长
		学习与发展	绩效对话	劳动力绩效		投资回报率
			知识管理	领导力		
		奖励与认可	福利	人力资本效率	质量	股东总回报
			劳动力分析	人才管理		
	结构	职业发展	劳动力规划	劳动力敏捷度	创新	生态价值
		能力素质管理	继任计划	变革弹性		资本效率
		工作环境设计	人力资本结构	员工体验	客户	
				文化融合		员工满意
	战略	人力资本战略	组织发展与设计	多元化与包容性		
		变革管理				

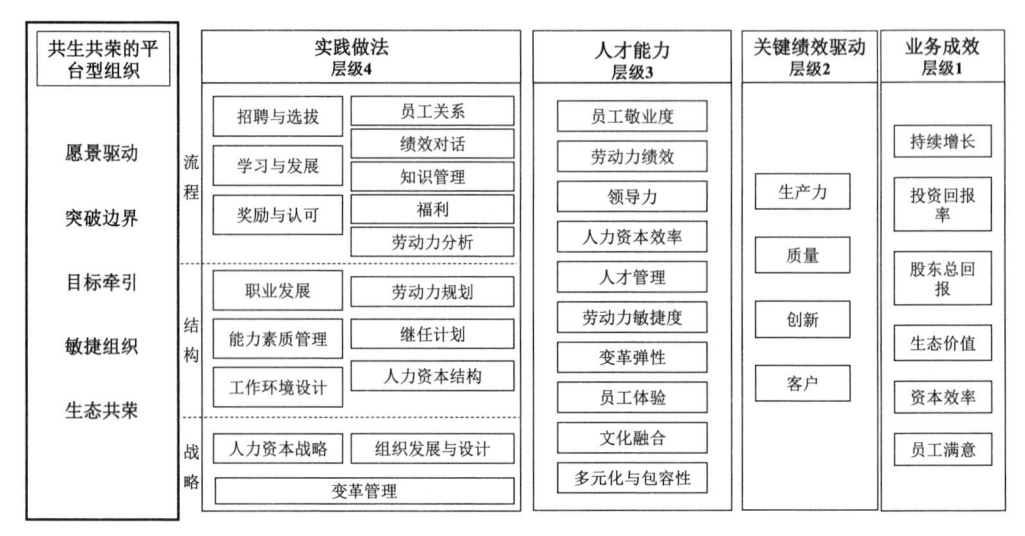

图 10-5 平台型组织

从很多行业标杆企业中,我们也可以看到同样的打破组织边界、为了共同的愿景而建立的共生共荣型组织。

三、人工智能时代的CHO重塑

领英(LinkedIn)公司(以下简称LinkedIn)在一次调查中发现,全球范围内仅仅0.39%的HR管理者会晋升为CHO(首席人才官)。深耕人力资源管理专业领域和基层职能的人力资源管理者垂直上升通道如此狭窄,在数字化、智能化时代巨变的浪潮叠加效应之下,这种窘境可能会进一步加剧,因此,CHO价值重塑已经是必然选择。数字时代的CHO重塑如图10-6所示。

不论是帮助人才成为企业核心竞争力、打造卓越的组织,还是规划自身职场发展,CHO重新定义与CEO(首席执行官)的"合作伙伴"关系是第一步。

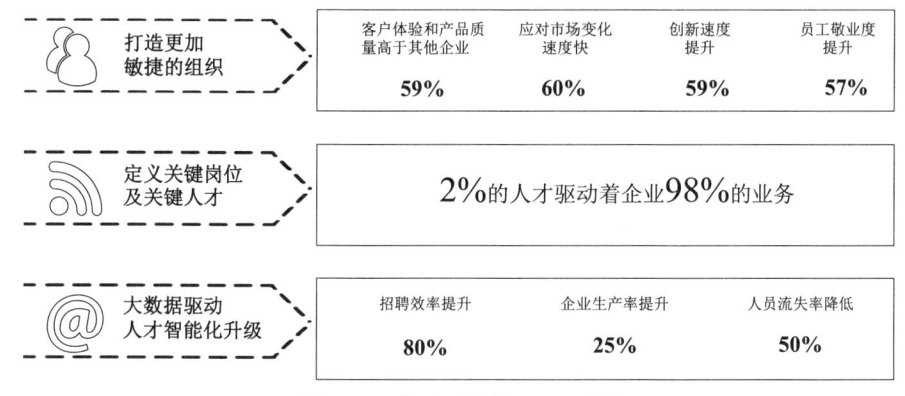

打造更加敏捷的组织	客户体验和产品质量高于其他企业 **59%**	应对市场变化速度快 **60%**	创新速度提升 **59%**	员工敬业度提升 **57%**
定义关键岗位及关键人才	2%的人才驱动着企业98%的业务			
大数据驱动人才智能化升级	招聘效率提升 **80%**	企业生产率提升 **25%**	人员流失率降低 **50%**	

图 10-6　数字时代的 CHO 重塑

麦肯锡前全球总裁鲍达民、管理咨询大师拉姆·查兰与光辉国际全球副总裁丹尼斯·凯利在他们的新书 *Talent Wins: The New Playbook for Putting People First* 中，提出了企业的G3模式——企业的CEO、CHO和CFO（首席财务官）应该形成一个核心领导组织。当其他人在"埋头苦干"，利用增加运营成本来达到企业短期利益时，G3小组能够看到企业的长期发展方向，并保证企业在正确的轨道上运行。当企业出现问题时，CEO应该更多听取CHO的建议，而非一味听管理咨询顾问的。

G3模式的要旨在于，让CHO和CFO一样成为CEO紧密的合作伙伴，成为管理企业的"三驾马车"。G3模式背后体现出的思想是，让人力资本和金融资本一样成为企业战略的决定因素。想要让人力资本上升到与金融资本同样的高度，CHO应该拥抱人才智能时代，打造更加灵活的组织，定义关键岗位与关键人才，并让数据分析与洞察成为人力资源部门的常规运作方式。

未来已来，正如美国神学家伦纳德·斯威特所说："我们不是在进入未来，而是在创造未来。"

数字时代人才管理者需要以CHO-CEO是更紧密的合作伙伴为原则，以重塑组织敏捷度、提升组织能力以应对不确定性为目标，重塑自身在企业经营管理中的价值定位，通过构建广泛深度的连接与协同、人才发展的赋能平台、面向个体和组织的激活、共生型平台化组织建设，实质性地推动企业人才管理数字化转型，为企业的数字化转型提供智力支持。

第二节 新时期绩效管理变革的创新探索

管理学大师彼得·德鲁克认为:"绩效管理是20世纪管理学最伟大的发明之一。"作为人力资源管理和企业管理的重要工具,绩效管理在提升组织效能、促进个体价值提升等方面作用明显。

近五十年来,绩效管理在商业领域内大行其道,其中最知名的代表当属20世纪八九十年代的美国通用电气有限公司(以下简称GE),GE因推行"末位淘汰"的强势绩效文化而著称。时任该公司董事长兼CEO的杰克·韦尔奇说:"对企业经营者来说,最有效的管理手段就是绩效管理,它是建设一个伟大组织的全部秘密。"

随后,绝大多数的《财富》世界500强公司都相继借鉴GE的实践建立了自己的绩效管理制度。绩效管理在企业经营管理尤其是人力资源管理中逐渐占据了核心地位,绩效管理的理论和工具同样在不断创新与发展。在全球范围内,无论是初创企业、快速发展企业还是超大规模跨国企业,均在绩效管理方面投入巨大并对其寄予了厚望。

然而,近年来企业管理研究者和企业经营管理者对绩效管理的关注焦点明显分化,关于考评的推崇和诟病两种截然相反的观点也不绝于耳。尤其是2006年的一篇来自索尼公司(以下简称索尼)前常务董事天外伺郎的文章《绩效主义毁了索尼》更是将讨论推波助澜地上升到了一个新的高度!对绩效管理的"声讨"愈演愈烈。是绩效管理出了问题导致其成为企业发展的桎梏?还是绩效管理的创新乏力以致其工具方法未能与时俱进,无法适应新时代企业经营管理的发展?

数字化、智能化和全球化浪潮叠加的新时期,企业经营管理的环境面临极大的不确定性,伴随而来的是商业模式和业务模式的不断变革;同时,以"90后""95后"为代表的崇尚自我、个性张扬、注重体验和参与的"新人类"进入职场并成为人才队伍的骨干,同样为企业的绩效管理带来新的挑战,引发新的思考:如何在快速变革的商业环境中提升组织敏锐度、强化自身的确定性以应对不确定性挑战?如何有效赋能个体、激活组织以再造组织能力?这些问题日益成为企业经营管理者尤其是CEO(首席执行官)和CHO(首席人才官)思考并亟须解决的问题。

第十章　数字化时代绩效管理的创新与实践

一、数字经济时代，放弃绩效管理还是强化绩效管理？

进入21世纪后，随着信息技术和数字技术的快速发展，企业的生产经营方式发生了巨大的变革，知识型员工在企业劳动力上的比重不断上升，绩效管理面临前所未有的挑战。德勤公司的调查报告显示：只有12%的企业认为他们现行的绩效管理制度对提高公司的商业价值有重要影响，只有6%的企业认为绩效管理投入的时间与回报相符。

因此，在管理学界和企业家群体之中，关于抛弃绩效管理还是强化绩效管理的争论声音不绝于耳。

1. 传统绩效管理的价值与弊端

绩效管理的方式和工具丰富多样，无论是KPI、360度反馈、平衡记分卡（Balanced Score Card，BSC）、个人目标承诺（Personal Business Commitment，PBC），还是目标管理（Management by Objective, MBO）等均在不同类型的企业获得了相应的价值与收益，也暴露出了一些弊端和问题。

导向性：绩效管理的导向性作用明显，即绩效管理所要考核的内容，也是指导企业、团队和个人努力的方向。通俗的说法就是，企业考核什么，员工就会做什么。因此在导向性方面，绩效管理能够有效地将企业的方向落实到员工的行动和行为上。

客观性：无论使用哪种绩效管理工具与方法，均需要通过指标达成来评价，因此绩效管理的客观性属性非常明确，即能够客观地反映指标的执行情况，对于企业管理能够做到有据可查。

周期性和滞后性：绩效管理的周期有月度、季度、半年度、年度等不同类型，多数企业采用半年度中期回顾和年度评价相结合的方式，因此事后性、周期性和滞后性特征明显。

刚性：管理是柔性的艺术，绩效管理是修正柔性与刚性的重要工具，客观性是评价指标完成的特性，刚性则是绩效管理在人力资源管理中的价值体现，刚性的最典型代表是绩效结果的"强制分布"和对应的"末位淘汰"。

与战略目标脱节：在绩效管理在执行过程中，易陷入过分地追求具体指标达成的误区。企业的战略目标的前瞻性和宏观性决定了不可能完全预知并细化到每一个执行细节，同时经营环境的变化对战略目标的调整也不能及时反映到绩效指标，因此绩效管理经常陷入绩效指标与战略目标脱节的困境。

灵活性不足：绩效指标的事先设定、绩效管理的周期性评价、绩效考核的流程性等因素决定了绩效管理灵活性不足的特性，无论是其权威性和严肃性的维护，还是日常执行的评判依据，均无法做到按照业务模式变化、经营环境变化等灵活调整。同时，不少企业在绩效管理实践中信奉"能量化的量化，不能量化的细化"的思想，导致过度量化的绩效指标更进一步放大了其灵活性不足的缺陷，过度的量化和纯粹的客观化追求必然导致执行过程的僵化。

透明性缺乏：虽然绩效指标的分解试图追求客观性，但绩效考核的执行需要评价人员人为地评价，社会人和自然人的属性决定了评价的主观性，进而影响绩效管理的公正性和透明性。

2. 全球企业的绩效管理变革探索

全球企业尤其是互联网企业在飞速发展的过程中，传统的绩效管理模式在时效性、灵活性、透明性等方面备受挑战。

调查显示，58%的人力资源经理认为，绩效回顾是浪费时间；95%的人对他们的绩效评分系统不满意；90%的HR负责人认为，评分没有准确地反馈信息；被评估为高绩效的67%的人并没有看上去比同行贡献更大；仅8%的员工和管理者相信传统的绩效管理流程能够驱动商业价值。如何创新绩效管理以适应组织的飞速发展和经营环境的快速变革，是众多企业思考并探索的重点。

1）谷歌的 OKR 探索

OKR是一套明确和跟踪目标及其完成情况的管理工具和方法，由英特尔公司创始人安迪·葛洛夫发明。并由约翰·道尔引入谷歌使用，1999年OKR在谷歌发扬光大，在Meta公司（以下简称Meta）、LinkedIn等企业中也广泛使用。

OKR的主要思想是，明确公司和团队的"目标"，以及明确每个目标达成可衡量的"关键成果"。谷歌对OKR按照季度和年度进行，季度OKR考核不会变化，但是年度考核目标会随着业务的开展做出相应的调整。通常，员工每个季度会接受4~6个OKR考核。如果考核数量超过该数目，表明这位员工有可能被解雇。每个季度末期将对OKR考核进行打分，分值从0到1。一般的分值为0.6至0.7，如果获得1分，可能是目标制定得太简单；如果低于0.4，员工可能就要反省自己哪里做错了。包括CEO拉里·佩奇在内，所有员工的OKR评分都公开，可以在员工资料库查看自己或同事的OKR目标和得分。因此，谷歌OKR的透明化特征是第一位的，在促进沟通与团队学习，营造高绩效氛围方面作用明显。

2）知名企业的持续绩效管理创新

以推行"强制分布"和"末位淘汰"而知名的GE在2015年郑重宣布"放弃强制活力分布曲线和末位淘汰制"。知识密集型的企业，如德勤公司（以下简称德勤）、埃森哲公司（以下简称埃森哲）等也不约而同地提出"改造绩效管理"和"放弃绩效考核和排名，以项目制的方式考核"等绩效管理变革措施。IBM也在2016年启用了目标设定变革的Checkpoints系统。一夜之间，绩效管理变革成为全球人力资源管理关注的焦点话题。

GE、微软公司（以下简称微软）等全球知名企业的绩效管理变革实践紧紧围绕"持续绩效"展开，强调在绩效管理过程中坚持"关注员工对组织、业务、团队的实际影响力"原则，强化"持续对话，教练式反馈，侧重员工发展"做法，以"绩效管理日常化"和"员工参与度"为准绳，关注团队目标，打造开放、互信、透明的组织。GE的绩效管理变革实践如图10-7所示。

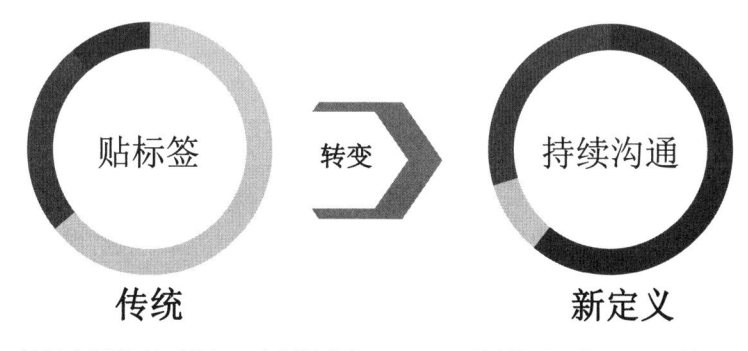

传统（贴标签） 转变 → **新定义（持续沟通）**

传统：
- 在活力曲线的这种评分模式下，大多数人的考核结果都是中等。然而，始终给员工"中流"的评价，对员工的激励作用会越来越小
- 在特别强调自我的时代下，员工不喜欢被贴等级标签或仅被评价

新定义：
- 绩效管理的理念，非打分、排名与惩罚，而是对话、激励与员工发展
- 管理者对员工的管理与评价主要通过"持续沟通"进行
- 考核结果不出现数字，也尽量不与奖金和薪资直接挂钩

图 10-7　GE 的绩效管理变革实践

3. 中国企业的绩效管理实践

海尔、京东、小米、孩子王等中国知名企业尤其是创新型业务为主的互联网企业，在绩效管理变革方面行动极其迅速。组织扁平化、目标透明化、持续对话与反馈等是这些企业在绩效管理创新方面的重要探索方向。

小米创始人雷军曾经公开表示："小米内部确实是没有KPI的。但是没有KPI，不意味着我们公司没有目标。小米对于这个目标怎么分解呢？我们不把KPI压给员工，我们是合伙人在负责KPI的。"

打破传统绩效管理刚性评价，更多地强调挑战性目标管理和激励，是多数中国企业在绩效管理实践中的共识。

4. 目标管理与持续绩效：新时代绩效管理变革的思路与探索

目标管理并非新鲜事物，早在1954年，管理学大师彼得·德鲁克即提出了这一具有划时代意义的概念——目标管理。然而正如上文分析的绩效管理的发展变革，目标管理在应用中很容易陷入传统绩效管理的KPI考核深井中，因此，不少企业借鉴持续绩效管理（Continuous Performance Management，简称CPM）思想，将绩效管理与目标管理紧密结合，强化目标的设定、目标分解、目标跟踪、目标反馈与沟通等环节，尤其是突出了持续的沟通反馈，以跟踪目标的执行情况并适时地调整和优化。标杆企业的绩效管理思路如图10-8所示。

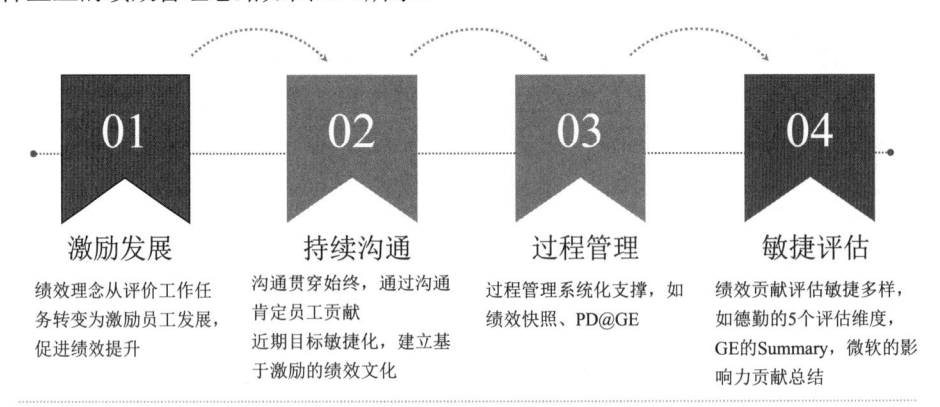

01 激励发展	02 持续沟通	03 过程管理	04 敏捷评估
绩效理念从评价工作任务转变为激励员工发展，促进绩效提升	沟通贯穿始终，通过沟通肯定员工贡献 近期目标敏捷化，建立基于激励的绩效文化	过程管理系统化支撑，如绩效快照、PD@GE	绩效贡献评估敏捷多样，如德勤的5个评估维度，GE的Summary，微软的影响力贡献总结

绩效管理本质是做好员工激励，在目标达成过程中，辅导和发展员工、激发潜力、提升能力和敬业度，最终完成战略目标。

图10-8 标杆企业的绩效管理思路

二、员工赋能与组织激活是人力资源管理数字化转型的核心

企业的核心生产要素从传统的原材料资源、电力资源、信息资源升迁变革为人力资源，因此人才成为企业发展的根本，人才管理机制是企业核心竞争力的体现。当下以用户体验和雇员体验为特征的人力资源管理数字化应用逐渐深入到企业人才管理的实践中，人力资源管理数字化转型成为不以企业经营管理者意志为转移的时代话题。

谷歌创始人之一的拉里·佩奇曾说："未来组织最重要的不是管理与激励，而是赋能。"传统人力资源管理是从组织视角，立足管控和效率的着眼点，来看待员工或人才。而新时代企业人力资源管理，是从人才和组织双重视角重新设定人力资源管理的价值定位，即管理理念需要从关注员工绩效转变为赋能员工创造价值，在管理策略上，从组织激活的视角重构人才管理机制，要求企业建立从愿景与战略、业务目标、人才标准、人才测评、人才盘点到人才发展的完整闭环体系，通过愿景吸引和驱动人才，依赖人才驱动和实现战略，进而实现人才发展和组织激活。创造全新的组织环境激发一线团队与员工内在能量，敏捷适应环境变化；赋能组织中的个体与团队，把企业打造成为一个赋能型的组织是人力资源管理变革的方向。

赋能员工。传统雇主与雇员的关系是一种雇佣与被雇佣关系，管理与被管理关系，员工需要在雇主的既定规则下完成对应要求的工作。伴随着互联网成长的"90后""95后"是物资相对富足的一代，更是"数字原生代"，他们更加崇尚自我、个性张扬，在乎的是用户体验、个人被关注程度或业务的参与深度等。因此，传统的自上而下的、管控型（计划、组织、指挥、协调）的人力资源管理机制必然遇到挑战。数字原生代更加关注雇主能够提供的成长空间和自身的参与程度，人力资源管理者与员工的共同参与、雇主与人才的共同成长共荣发展是他们的核心诉求，同时也是企业应对复杂环境不确定性的根本之路。因此，依托人力资源管理的转型和共享服务的提供，将员工参与引入人力资源管理中，通过内部社交应用和人才市场、学习平台建设等，持续挖掘员工潜能并不断提升，进而提升员工满意度和敬业度，构建赋能员工的人才管理机制是新时期人力资源管理者面对数字化挑战的首要选择。

激活组织。组织能力是企业可持续快速发展、应对环境不确定性的基石，组织活力是一个组织长盛不衰、良性发展的最直观衡量标准。因此，人力资源管理者需要在赋能员工的基础上，着力通过人力资源管理创新，激活每一个员工个体、团队与组织单元，通过目标牵引和人才结构调整与优化激发组织活力；同时，人力资源管理者需要结合企业战略发展和组织目标，深入洞察组织能力的发展演变，以保持组织的持续进步。萨提亚·纳德拉在《刷新：重新发现商业与未来》一书中言道，任何组织和个人，达到某个临界点时，都需要自我刷新……为了迎接智能时代的挑战，自我刷新的三个步骤：拥抱同理心，培养"无所不学"的求知欲，以及建立成长型思维。因此，人力资源管理者通过创新人才管理机制激发组织活力，实现人力资源管理数字化转型的根本目标。

3G资本（3G Capital）是巴西一家私募股权公司，致力于长期价值投资，成立于2004年，其核心创始人为雷曼、泰列斯和斯库彼拉。该公司通过一系列高比例、大规模、长周期的控股型价值投资，组建起了全球最大的食品饮料产业集群，目前控股公司的年收入超过1000亿美元，市值超过3500亿美元。3G资本的成功商业案例包括通过收购整合成立了全球最大的啤酒公司百威英博和全球最大的食品公司卡夫亨氏。在3G资本的成长初期，有很多优秀的人离开了公司，有些人离开后也开创了非常了不起的事业。后来，巴西的首富、3G资本的创始人雷曼意识到，要让真正的人才留下来，很重要的一点是设立远大、艰巨和大胆的目标。他们认为："为了维持前进的动能并留住卓越人才而追寻远大的目标，是值得企业去承受风险的。"因此，在3G资本有一套独特的用人理念：以足够的耐心培育人才，并等待其长成；而一旦人才长成后，又敢于授予信任和委以重任，使之在不同位置的磨砺中迅速壮大，并在这个过程中实现个人梦想和公司发展的统一。

总之，赋能员工是人才管理机制的创新思维，激活组织是新时期人才管理的价值定位，如何通过绩效管理变革引导强化目标共识，由愿景和目标牵引组织发展和人才发展，从而实现员工赋能和组织激活，是新时代绩效管理变革的方向。

三、GOT：目标共进 激活组织

通过目标管理和持续绩效反馈，可以将组织目标与个人目标紧密关联并有效跟踪。但是，在执行过程中，目标跟踪和评价的周期性必然导致目标执行过程中受突发性、随机性、不可预测性的因素影响，二者可能会出现脱节，即便在跟踪反馈环节发现问题，仍然面临着错失最佳调整时机的风险，目标管理仍然存在沦为绩效考核性质的事后评价的窘境，因此需要进一步创新管理工具，将目标管理与日常行为更紧密地结合在一起，既能够确保组织目标、团队目标、个人目标的有效衔接，实现愿景、目标的高度共识；又能够用目标管理来指导日常行为，将日常行动高度协调一致形成共进，日常任务的高质量完成最终确保组织目标的高质量达成；同时通过团队目标的共识和不断共进，推动团队和组织保持活力和创造力，并围绕共同的愿景和目标持续前进，进而实现组织的激活。

1. GOT 的定义

目标绩效持续反馈（Goal Objectives Task，GOT）是充分借鉴谷歌的OKR思想精髓、目标绩效与持续反馈的思想，并延伸到日常任务的绩效管理创新。Goal代表的是组织绩效，即组织的战略目标与业务目标，它是根据企业的愿景和战略确定的组织目标，即基于愿景描绘和组织使命，明确组织未来3～5年的目标期待；Objectives代表的是团队目标，以及对应的岗位绩效，是对组织绩效和企业战略目标的分解落地，即基于战略目标和现状，绘制近1～2年的具体目标策略并产生当期的组织绩效；Task代表的是日常行为或日常任务，是遵循SMART（Specific，具体性；Measurable，可衡量性；Attainable，可实现性；Relevant，相关性；Time-bound，时限性）原则，可执行的细粒度日常工作事项，即基于组织的具体目标，结合员工的个人成长意愿和优势建立个人目标，并对目标完成的过程进行持续反馈，并产生个人绩效。

GOT与传统的以胜任力为核心的绩效考核体系有本质区别。GOT通过目标绩效和持续反馈实现组织绩效与个人目标的充分关联和持续提升，并依赖人才盘点、个人发展计划、人才画像等管理工具的引入，聚焦人才供应与组织激活，进而重塑组织能力，实现目标明确、组织敏捷的团队构建。目标绩效管理和人才供应全流程如图10-9所示。

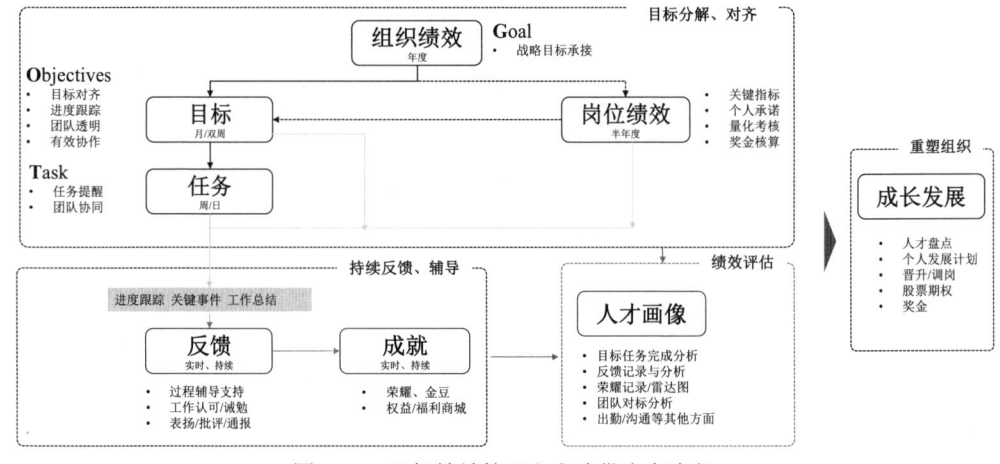

图 10-9　目标绩效管理和人才供应全流程

同时，GOT的核心思想在于，区分组织绩效和业务目标，激发团队围绕业务目标持续奋斗，而不是单纯地围绕组织绩效的考核评价推进工作。组织绩效代表的是企业对于团队的评价维度和业务期望，是结果的综合评价；而业务目标代表的是团队和组织基于愿景、在中长期业务发展策略充分思考的基础上设定的当期组织目标，因此业务目标的挑战性要高于组织绩效，是团队从成长和发展角度对自身发展的定位和期望，这一点与OKR挑战性目标的思想是一脉相承的。

2. GOT 的流程

基于目标管理、持续反馈、任务协同的原则，GOT的流程主要包括组织绩效目标设定、组织绩效目标分解、业务目标共创共识、业务目标跟踪与反馈、日常任务执行跟踪与协同、岗位绩效考核、组织绩效考核等主要环节，同时包括人才盘点、个人发展计划等人才发展的扩展环节。

1）组织绩效目标设定

无论是企业、部门还是团队，组织绩效或者组织目标是业务发展的行动指引，根据企业的战略和组织的业务发展目标，从平衡计分卡的四个维度（财务、客户、内部运营、学习与成长）初步设定组织的目标，以作为组织绩效的评价指引，这个过程就是组织目标设定。

组织目标设定需要遵循SMART原则，将组织绩效落实为切实可行的行动计划。

以客户满意度为例，遵循SMART原则，组织目标可以设定为"到2024财年结束时，在2023年基础上，客户满意度提升5%（以第三方调研数据为准）"。

组织绩效目标设定由业务团队负责人在人力资源管理专家的指导下完成，需要获得企业组织绩效考核部门的认可方可执行。

2）组织绩效目标分解

组织绩效或组织目标设定完成，组织下的每一个团队需要结合自身的业务发展目标，基于组织设定的目标，分解、细化形成自身的可执行的目标和行动计划，这个过程就是目标分解的过程。每一个组织单元或业务单元（公司、部门或团队）在承接上级组织目标的同时，需要根据自身业务的发展要求，分解设定或调整、增加自身的组织绩效对应的组织目标。

以客户满意度指标为例，上级组织的目标设定为"在2024年提升客户满意度不低于5%"，则对于承担直接客户经营的某下级组织而言，在承接这一目标的同时，需要根据业务开展需要细化为"通过产品和解决方案创新和优化降低客户投诉率10%；通过主动客户服务提升客户满意度15%"等。

组织绩效目标分解由业务团队负责人在人力资源管理专家的指导下完成，需要获得上级部门的认可方可执行。

3）业务目标共创共识

组织绩效是指组织需要我做什么或者当前组织需要团队完成什么；而业务目标是在业务或团队发展愿景指导下，团队需要在当期达成何种成效。因此，业务目标的"共创共识会"不是对组织绩效的共识研讨，而是对更有挑战性和发展性的业务发展目标的共识研讨。

组织由骨干员工参与的目标共创共识会，遵循创新设计思维（Design Thinking）的方法和流程，通过市场洞察、愿景分析、业务发展概况、业绩差距分析、机会差距分析形成高度共识；基于初步分解的组织绩效目标，在组织和团队内部充分研讨，并进行行动策略的确定和具体行动计划的制订，确保组织中的每一个成员对组织的目标充分认识和高度认同以形成统一的步调。在此基础上确定愿景驱动的业务目标和具体实施的阶段性组织绩效要求。

以上述客户满意度组织绩效要求为例，业务目标的共创共识会需要基于业务发展需要，全面深入思考和研讨客户满意度对业务发展的重要价值，分析影响和提升客户满意度的关键因素，并聚焦如何提升客户满意度的策略和方法等方面形成共识。

因此，目标共创共识会的价值在于，通过共创的形式，将组织绩效与业务目标进行充分的研讨，既要保证企业根据战略发展所要求的组织绩效能够落实到具体的责任主体并形成详细可执行的行动计划，同时又能够兼顾业务长期战略发展和愿景导向的业务目标设定与共识。

业务目标的共创共识会由人力资源部门主导会议议程，具体研讨环节由业务部门主导并深度参与。

4）业务目标跟踪与反馈

团队成员根据已经确定的业务目标指导日常业务开展。在日常业务开展过程中，加入并强化目标的执行跟踪与持续反馈。团队管理者或业务负责人在目标执行过程中定期与团队成员或下属进行目标执行的跟踪和沟通，围绕目标的执行情况、员工在工作中潜在的障碍和问题、各种可能的解决问题的措施、可能需要的帮助、下一步的行动计划等，进行深入、正面的沟通，以交流各类与绩效和目标相关的信息。沟通的形式和频率需要有每月一次以上固定的正式沟通，包括但不限于定期的书面报告、一对一正式面谈、定期的会议沟通等；同时还要有根据业务需要不定期的非正式沟通，例如非正式的会议，开放式办公交流，闲聊、喝咖啡的间歇时进行的交谈，或是著名的"走动式管理"等。非正式沟通是持续绩效反馈不可或缺的组成部分，其不受时间、空间的限制、事件响应及时性、轻松愉快的氛围和形式等优点更容易拉近主管和员工的距离，从而更有效地完成目标执行过程中的持续反馈。

持续绩效沟通和反馈并不单纯在业务目标执行环节，在目标分解阶段、绩效辅导阶段、绩效考核和反馈阶段均需要对应的目标绩效持续反馈工作。

5）日常任务执行跟踪与协同

如前文所述，绩效管理的根本目标在于促使绩效的实现。因此，必须将组织和个人的目标细化为可日常执行的具体任务，并利用包括移动应用、业务协作工具在内的数字化的手段，实现在业务运作中持续对任务执行的持续跟踪，同时注重任务执行过程中的流程协作与协同。因此，日常任务执行跟踪与协同是GOT流程不可或缺的关键组成部分。

6）岗位绩效考核

业务目标的执行需要发挥每一个团队成员的价值和积极作用，因此，周期性（年度、半年、季度或月度）的岗位绩效考核或绩效考核，仍然是GOT的重要环节，与传统绩效管理的员工绩效考核方式方法相似，唯一的差异在于，GOT强调对员工目标绩效的评价是基于业务目标的，而不是基于组织绩效的，即充分调动员工创造力和活力努力达成挑战性目标。

7）组织绩效考核

组织绩效考核是对团队目标绩效执行情况的评价，是企业战略目标分解实施后执行情况的客观评价，由人力资源管理部门或组织绩效管理部门基于财务、客户、内部运营、学习与成长等多个维度的组织绩效目标进行评价。

目标绩效管理的价值在于，激励人才发展从而达成业务目标，因此GOT强调在目标绩效管理中强化基于组织能力和人才发展的人才盘点、个人发展计划、薪酬激励体系建设等目标绩效管理应用。

对于人才盘点，GOT强调基于业务目标来盘点人的绩效匹配度，强调依据持续反馈沟通中的意见和建议发掘人才的潜能。

3. GOT的关键点与风险点

1）业务目标与组织绩效的选择与平衡

上文所述，业务目标是基于组织、业务和团队愿景的发展目标，而组织绩效则是企业对业务团队承接战略发展的目标，是对团队评价的依据，因此，GOT的实施需要平衡支撑企业战略发展的组织绩效设定，以及业务不断发展的业务目标设定。一般来说，业务目标的挑战性、广泛性要高于组织绩效的要求。

2）目标分解与目标共创共识（目标设定与目标分解）

GOT的精髓之一是对，业务目标的充分共创和共识。目标分解的过程也是组织或团队思考业务发展和行动计划的过程，同时更是团队成员达成结合愿景设定组织业务目标的重要方式，因此GOT思想强调在目标分解过程中与团队成员充分研讨和深入沟通，确保团队成员的深度参与，结合组织发展的愿景和阶段发展计划，发挥团队成员的创造性，通过共创的形式确保组织成员对目标的高度共识，以形成一致步调的行动计划。

3）日常的持续反馈与即时激励

GOT的精髓之一是，强调在目标执行过程中的持续反馈，管理者需要形成日常正式和非正式持续反馈的管理习惯，并充分发挥即时激励的作用，激励、辅导、帮助员工成长，只有员工的共同成长才能推动组织的发展。

因此，在GOT的施行过程中，管理者的思维尤其是人才激励和人才发展思维需要强化。

4. GOT与OKR的区别

从本质上看，GOT是对OKR目标管理思想尤其是创新型、挑战性目标设定思想的继承，同时GOT更加强调目标共创共识和持续的沟通反馈，这是对OKR和持续绩效思想融合的升华。不同于OKR聚焦在目标管理本身，GOT强调执行环节的动态跟踪，因此在任务（Task）执行环节的强化是OKR所不具备的。

（1）战略解码与组织诊断：GOT强调目标共创和达成共识的研讨环节，在研讨过程中，团队成员需要围绕组织愿景进行战略解码，并围绕业务目标的达成进行组织诊断。因此，战略解码和组织诊断是GOT与OKR重要的不同，GOT的有效实施需要组织负责人或业务负责人对业务的愿景深入思考并在团队成员内部进行充分的解码，围绕组织愿景与当前组织能力的匹配度进行深度的组织诊断以确定组织能力需要补充提升和努力的方向。

（2）目标定位与目标共创：基于战略解码与组织诊断，团队和组织能够清晰地定位组织的目标，在此基础上进行深度的目标共创和共识研讨，通过成熟的问题分析方法及工具，确保组织内每个成员均能够清晰地理解组织的目标，并通过全方位的研讨确保业务目标的共同创建和高度共识。因此，与OKR相比，GOT增加了目标共创的全面研讨环节，将目标的设定环节作为团队建设的一项有效工具，它既可保证目标的科学性，又可强化目标的充分共识。

（3）方案设计与落地执行：在目标共创环节，团队中每个成员均围绕业务目标和组织绩效达成"以终为始"的思想，并研讨相应的业务策略和行动计划。因此，GOT更加关注目标达成的方案设计和落地执行的任务分解，并将任务分解和细化到具体的日常任务中,确保行动计划与组织目标保持同步,用目标指导日常行为,日常行为的扎实执行形成合力达成对组织目标的承诺。

(4)持续反馈:遵循持续绩效的持续沟通与反馈思想,GOT反对仅作阶段性的目标执行情况回顾(Performance Review),而是强调进行定期的目标绩效反馈和不定期的任务执行沟通,尤其是在目标执行过程中进行不定期、非正式的沟通反馈(Feedback)。借助于移动应用和社交应用工具,GOT强烈建议在任务执行环节持续、随时地进行反馈。

5. GOT 主要的管理价值

1)提升组织透明度

组织的透明化运营可以提高员工个人的自治性、自驱力并提高自我控制能力,进而提高组织的积极性、速度和效率。当组织的发展变得更敏捷化,并且建立在消息灵通、授权、积极与思考的个体的基础上,决策的速度、效率及质量提升,组织就能够更快地响应市场变化,组织变革会更加容易。

借鉴OKR的精髓,GOT强调目标的共识和持续的沟通反馈,并通过日常行为的跟踪和协调进行矫正,实现组织的透明度提升。即通过目标的共创共识、日常行为执行、持续绩效沟通反馈,在强化组织目标和团队目标的共识基础上,提升组织的透明度,在此基础上将组织的愿景、战略、目标能够落实到每一个独立的个人,并通过独立个人的目标达成,强化团队协作的氛围,积极快速响应市场变化。

2)目标共识与团队凝聚力

只有当个人目标和组织目标达成一致的时候,才能产生效用的最大化。管理者与团队成员共同建立目标,融团队目标与个人目标于一体,使个人目标与团队目标高度一致,可以大大提高团队的生产效率。定期检查和反馈目标进展情况,运用过程目标、表现目标及成绩目标的组合,利用短期的目标实现长期的目标,设立团队与个人的表现目标等都有利于团队凝聚力的培育。

GOT的精髓在于,将组织的目标、团队的目标、个人的目标三位一体地达成高度共识,在提升团队战斗力的同时强化团队凝聚力,即表现为拥有共同目标的团队对成员的吸引力,行动步调一致的成员对团队的向心力,高度公开透明、高效协作的团队成员之间的相互吸引，从而确保维持团队存在的必要条件，而且对团队潜能的发挥有很重要的作用。

3）组织激活与个体发展

在移动互联时代，企业的经营环境不断变化，颠覆创新机会变多，人才和产品的竞争更加激烈，面对这种VUCA状态的商业环境，只有不断创新、能够激活的组织才能够成为敏捷型组织，从而在市场环境中立于不败之地。敏捷型组织既要实现组织的激活和创新，又要兼顾个体的良性发展和不断提升，只有组织和个体同步发展的组织，才能够确保员工更有激情和主观能动性，才能够促进团队的相互成就并团队凝聚力提升，才能够有助于业务创新和单点突破，才能够释放组织活力、实现个人价值。

GOT的价值在于，通过设定具有挑战性的目标来激发个体的自驱力和进取精神，并使组织目标与个人目标的紧密关联和持续反馈，进而驱动组织活力的激活。因此，GOT帮助企业建立充满活力的个人价值实现平台支撑个体发展，通过个体发展和团队的发展，实现组织的激活和活力的保持。

4）组织发展与人才发展

人才发展是人才管理的核心，关注人才的全职业生命周期管理和发展，其主要作用是帮助组织发挥长期优势，为组织持续提供关键人才。因此，人才发展主要包括关键岗位人才的招募、识别、发展、激励和留任等。具体的职能体现在关键人才的招募、薪酬、绩效管理、胜任力模型搭建/任职资格体系建设、人才盘点、人才发展、继任者计划等。组织发展则定位为组织能力的持续提升和变革创新，即如何让组织不断适应外部环境的变化，让组织可持续性地健康发展，让人、团队、组织的潜能最大释放。

从组织发展视角，GOT的组织绩效来自企业的战略，日常目标执行与反馈是对战略目标的分解，沟通反馈则是对组织绩效的周期性回顾和评价。因此，GOT的价值在于，帮助企业连接战略与执行、把握组织实际上的运行状况、验证企业业绩，从而确保组织不断适应内外部商业环境的变化。

从人才发展视角，GOT通过人才盘点匹配组织能力要求和个人能力差距，据此制订个人发展计划，并结合相应的薪酬、晋升等激励措施，实现个人的职业生涯管理和个人能力的持续提升。

6. GOT 典型应用场景

GOT两大思想精髓为目标共创和持续反馈，因此以下五种应用场景能够更大价值地让GOT有施展空间。

中长期业务规划：面对经营环境的不确定性和复杂多变，业务负责人在思考和规划中长期业务发展环节时，结合组织愿景，通过实施GOT，可以更清晰准确地通过市场洞察、战略目标、组织诊断落实组织目标的共创，并通过深度研讨在团队内部形成共识，从而推动组织中长期战略目标的科学、准确、前瞻设定。

年度业务计划：年度业务计划涉及市场洞察、竞争分析、差距分析、组织部署、行动计划等，GOT能够帮助组织通过充分的目标共创与共识的研讨，推动年度业务计划的目标设定、目标分解、行动计划确定、责任主体到人等，并能够有效提升团队凝聚力。

跨组织的目标连接与业务协同：实现不同组织之间业务目标的充分对齐（Align）和高度共识，GOT能够帮助跨组织的团队实现目标的无缝连接和高度共识，进而为业务协同和协作奠定坚实的基础，因此不同组织单元之间可以围绕共同的愿景或组织目标进行GOT共创，实现步调的统一。

季度业务回顾与目标聚焦：GOT的持续绩效反馈思想可以帮助团队和组织实现阶段性业务回顾，并在研讨过程中重新定位组织目标，同时能够将团队成员的行动计划进行纠偏，确保团队成员始终围绕业务目标不断前进。

创新业务或转型目标共创：一般来说，创新型业务或转型业务并没有成熟的业务模式可供借鉴和遵循，需要从愿景设定、目标明确、行动计划制订等方面进行探索，GOT深入研讨能够帮助团队和组织实现创新业务的目标共创指导团队发展。

团队目标共创共识：在具体的项目或专题任务启动之初，在团队内部形成目标共识；小团队内部进一步细分目标设定和目标分解过程中；或者与客户方进行目标的共识研讨等，均是GOT应用的常见场景。

四、中国组织绩效管理变革的探索与实践

1. 用友公司依托 GOT 实现组织能力升级

用友网络科技股份有限公司（以下简称用友公司或用友）诞生于1988年，始终坚持"用户之友、持续创新、专业奋斗"的核心价值观，领航企业服务35年，是全球领先的企业云服务平台，致力于服务中国及全球企业与公共组织的数字化、智能化发展，推动企业服务产业变革，用创想与技术推动商业和社会进步。随着中国企业互联网发展和数字化转型的逐步深入，用友公司提供全方位的数字化转型解决方案。但作为传统软件公司，用友公司在这一过渡过程中，一方面面临着优秀人才向新兴互联网公司流失的风险，一方面面临着经营管理模式的创新，因此，公司需要围绕价值创造、价值评价、价值分配的主线在员工意识、人才能力结构、企业文化、组织架构、业务模式、目标设定与评价、即时激励等方面全面升级。如何保证各方面的变革能够快速落地以应对快速变革的市场环境，是摆在企业面前的核心挑战。

用友公司借鉴OKR和持续绩效管理的思想精髓，并结合行业特性与自身发展的实际状况和挑战，基于存量人才结构提升需求和增量人才融合挑战，创新思路，创造了GOT绩效管理方式。

（1）基于"战略导向"的经营策略，从战略目标出发，将组织目标进行分解，并设定自上而下的KPI，升级为涵盖业务负责人和核心骨干的共创会，通过共同研讨、共同参与的方式实现目标的共同设定与制定，前瞻性思考组织战略与业务单元业务战略的逻辑关系，以及未来发展和当前业务开展的约束关系，不再是简单地围绕任务达成的行动计划制订，而是围绕组织发展设定组织目标，从"讨价还价"被动认领任务的组织绩效下达，变革为主动洞察市场先机思考和规划未来的业务目标设定。

（2）在此基础上，依据SMART原则将目标分解到位落实到人并落实到日常执行环节的每一个明确的任务或可执行动作。

（3）按照月度例行反馈和日常不定期直线主管的实时反馈，从组织目标执行情况、个人发展进度、组织发展建议等视角关注既定目标的执行情况，并结合实际跟踪进行调整和更高挑战性目标设定，形成作战地图，全面跟踪目标执行情况、日常

反馈与即时激励等。

用友公司在推行GOT实践中，围绕员工意识转变、目标行为化提升、文化牵引等关键环节，通过共创会、试点应用等方式，实现了全集团近20000人、60多家二级组织和一级部门的绩效管理变革。

GOT帮助用友公司实现组织长期发展目标与短期业务目标的结合，兼顾个人发展与组织发展的契合，保证了组织目标与日常行为的高度关联，并通过持续的目标绩效反馈，紧密连接个体与组织，进而在达成组织目标的基础上，实现人才发展与组织激活。统计数字显示，在2019年，组织绩效与团队目标的级联效率从一个月缩短到一周，效率提升400%，组织绩效达成率提升27%，员工敬业度提升5%。

2. 银鹭食品集团通过卓越绩效助力人力资源管理数智化变革

作为劳动密集型的制造企业及"得年轻人者得天下"的快消品市场的领头羊，银鹭食品集团（以下简称银鹭）关注员工与组织共成长，围绕"人才、科技、名牌"发展战略，不仅要做优质的食品名牌，同时需要兼顾主流消费者的产品需求。近年来，银鹭一直在不断追赶年轻人的脚步，以创新与升级打造着丰富多元的新产品。在人力资源管理方面，银鹭与新生代员工价值观相匹配，银鹭认为，面对VUCA时代，创新成为企业能够生存的关键，而创新不是被"管理"出来的，而是被"激发"出来的。因此，银鹭在做好目标管理的基础上，需要能够敏捷响应外部变化，真正激发员工内在动力，激发员工的自主性和自驱力，持续探索、创新、创造，这样才能让企业在这个时代赢得竞争，持续发展。

为此，银鹭建立DHR共享中心，其卓越绩效系统于2019年12月全面上线，目前已上线8家组织，涉及超过15000人。目标管理是管理的本质和源头，银鹭把企业战略分解为组织目标和个人目标，以此作为价值评价与价值分配的撬动点。同时结合银鹭的企业文化进行绩效实施，构建信任、尊重、卓越的企业文化，进行持续的回顾校准与反馈。并把绩效结果多元化应用在个人价值贡献衡量、培训计划及实施、员工发展等方面，构建卓越绩效管理。

卓越绩效的建立，助力企业战略目标有效落地，对组织与人员进行持续支持，塑造绩效文化与企业持续竞争力。同时，卓越绩效的成功上线为DHR共享中心建设打下了良好基础，进一步推动了银鹭食品集团人力资源数智化管理。

3. 其他企业的实践与探索

某知名汽车集团借鉴GOT创新实践，将逾2000人的集团管理层和核心骨干的绩效管理纳入GOT进程，将组织目标与组织绩效、个人目标与日常行为紧密结合，以此为工作指引，指导组织发展，希望借助于组织绩效实现目标的持续共创和组织的持续激活，以应对全球产业和汽车工业发展的变革与不确定性。

东北制药集团通过目标绩效管理和持续绩效反馈，确保组织目标、团队目标、个人目标的高度契合，上下同欲。在提升员工生产力的同时，不断优化企业战略，企业整体生产力获得提升，员工生产力提升超过18.4%。为传统老工业基地国有企业改革树立了典范。

第三节 数字化绩效管理流程：一个实际的系统介绍

绩效管理系统旨在帮助组织进行目标分解与对齐，跟踪这些目标的进展情况，及时进行沟通反馈，评估最终绩效结果，进行绩效激励。本节以用友绩效管理系统为例，讲述数字化支撑绩效管理全流程，如图10-10所示。绩效管理系统的使用者涉及全员，包括管理者和全体员工。不论企业采用KPI、PBC进行绩效考核，还是要采用OKR、CPM加强目标管理、过程跟踪与反馈，用友绩效管理系统都可以支持。

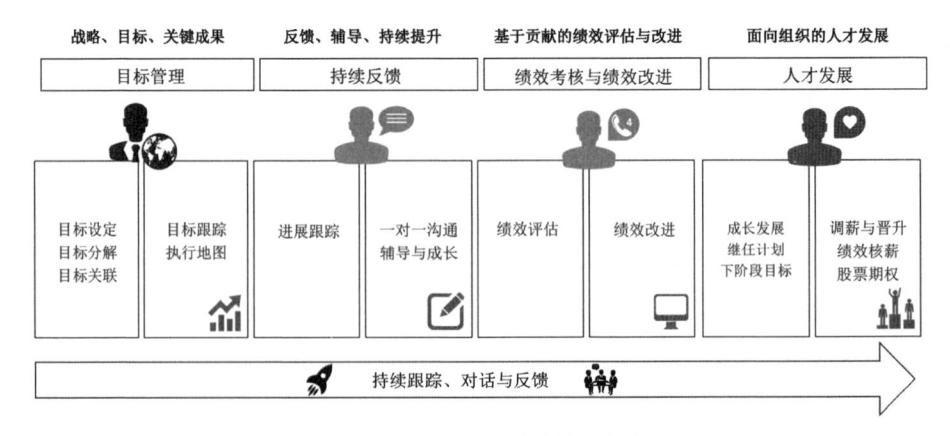

图10-10 数字化支撑绩效管理全流程

第十章 数字化时代绩效管理的创新与实践

目标的分解与对齐：系统既能实现目标自上而下的分解，也支持员工自下向上地对齐目标。绩效管理系统中的"我的目标"如图10-11所示，"目标地图"如图10-12所示。通过目标分解与对齐，实现上下同欲，员工朝着同一个方向努力，避免布朗运动、消耗战斗力。如果企业采用OKR，系统也支持目标O分解成关键成果KR。目标在什么范围内透明，是全公司透明，还是事业部内部透明，或者是对有协作关系的部门透明，都可以灵活配置。还有一个非常关键的要素就是目标的完成截止日期，明确截止日期可以进一步突出目标的焦点和承诺，就像约翰·杜尔说的："没有什么能像截止日期那样推动我们前进"。

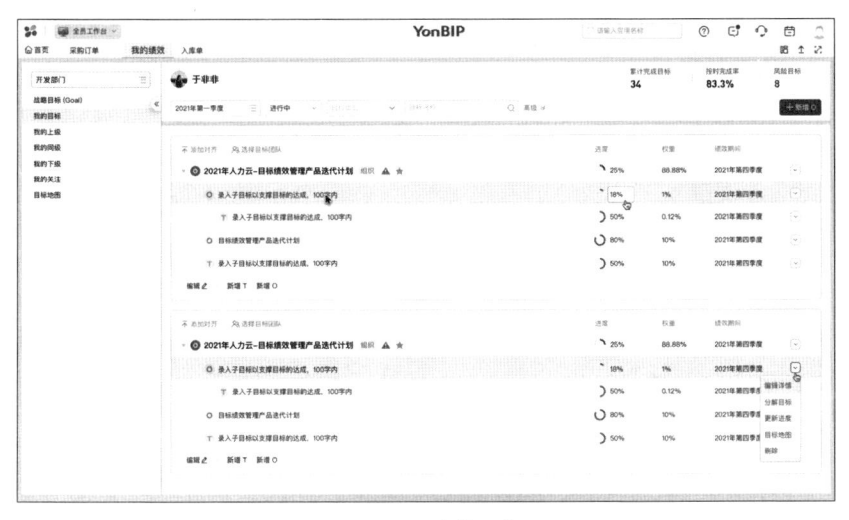

图10-11 我的目标

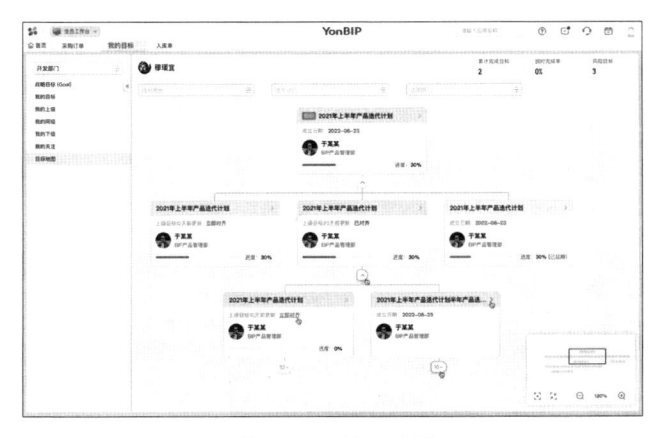

图10-12 目标地图

— 201 —

目标进展定期跟踪： 目标制定以后，还要定期进行目标跟踪回顾，最佳实践是按照周或者双周，至少按照月度进行目标进展的跟踪回顾。目标进展更新如图10-13所示。让管理者了解关键任务进展状况，提前识别风险，提前采取措施。也让关联部门了解关键任务进行状况，工作进行高效协同。

图 10-13　目标进展更新

目标看板： 让不同层级的管理者随时了解自己关注的核心目标的进展情况，方便进行资源的配置和策略的优化。目标看板的一个实例如图10-14所示。比如可以通过目标看板随时查看回款率预算控制率、人均收入预算完成率、净利润预算完成率、期间费用预算控制率、销售预算完成率、毛利润预算控制率等。

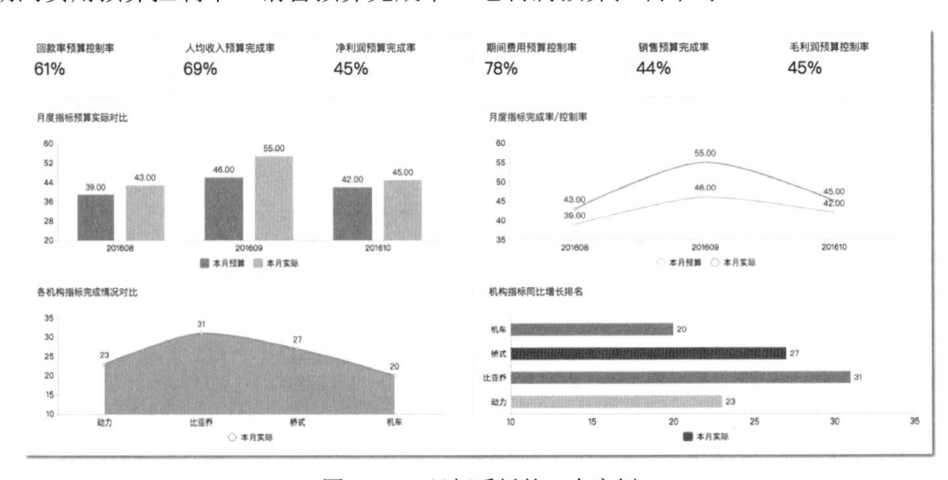

图 10-14　目标看板的一个实例

持续反馈：对员工的反馈包括定期有节奏的反馈，还包括一些实时的反馈。可以是线下的反馈，也可以是线上的反馈；可以是管理者对员工的反馈，也可以是同事之间的反馈。持续反馈示意如图10-15所示。现在，系统支持随时通过手机进行反馈，同时可以给予荣耀勋章，实现及时认可，及时分享员工的喜悦，及时赞扬员工的进步，对员工进行激励。

图 10-15　持续反馈示意

绩效评价：评价维度、评价关系、评价周期都可以灵活定义，考核人可以通过PC端、手机端或手机扫码打分进行评价，如图10-16、图10-17、图10-18所示。

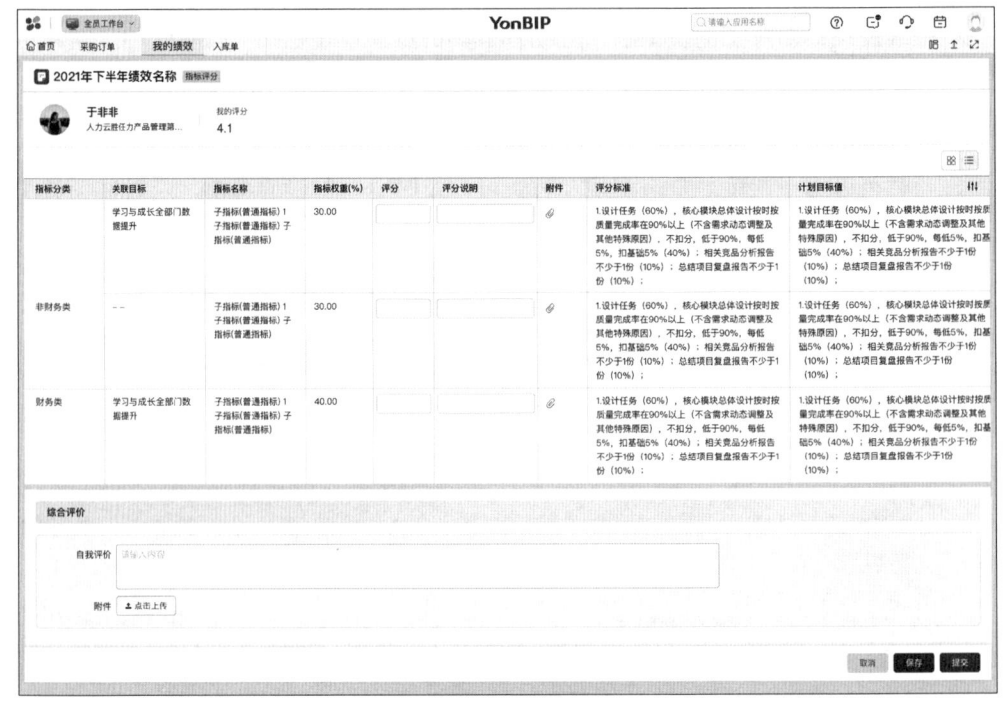

图 10-16　PC 端打分

图 10-17　手机端打分　　　　　图 10-18　手机扫码打分

目前，影响绩效管理技术的主要问题包括：基于历史数据的机器学习中存在的系统性偏差；绩效考核过程中语言描述和评分存在的偏差；处理员工绩效行为数据的隐私要求，道德问题与合规性。绩效管理应用通常作为人才管理程序或人力资源管理系统的一部分而存在，不过也可作为独立的绩效管理系统应用。

第四节 某汽车集团数字化手段赋能绩效管理

一、绩效工作面临的挑战

随着业务的飞速发展，某汽车集团需要建立一整套统一、清晰的战略绩效考评体系，合理地分解企业制定的战略发展规划，为下属各单位制定明确的发展目标方向，通过合理配置企业资源将各经营活动有机地组合起来发展战略重点，并可以帮助集团战略真正地贯彻执行到位。

通过建立有效的员工绩效考核体系，可以更好地体现各单位经营特点，利用绩效考核系统科学地计算出不同岗位序列员工的实际考核成绩，辅助以有效的沟通辅导，并将考核结果应用于员工的综合素质提升，让绩效考核真正落到实处。通过绩效考核系统项目的建设，持续优化和改进目前的绩效考核体系，通过公司业绩目标与利润中心、各部门、团队、员工考核指标之间的层层关联，帮助公司加强对员工的管理工作，使得公司管理与员工发展获得双赢。

集团绩效管理已形成完整体系，目前处于手工作业的阶段。因绩效管理过程需要大量、集中时间段、持续性的沟通与协作，手工作业方式很难适配集团绩效管理要求，具体表现如下：

数据积累与查询问题：缺乏集团统一的绩效管理平台，不利于考核资料存档和组织记忆传承；组织和个人历史绩效考核结果、记录查询困难。

业务规范问题：绩效管理信息化水平较低。绩效管理信息化应用范围有限、深度较浅，管理效率和规范性偏低。

目标承接问题：难以合理承接组织目标，不能体现个人指标有效支撑组织目标。

过程管理问题：绩效管理过程缺失。在指标设定、绩效辅导、沟通反馈和改善环节管理较为薄弱，缺少定期沟通。

管理工具问题：绩效管理工具单一。目前，多以KPI和行为评价为主，难以满足不断发展变化的新兴事业单元管理需求。

覆盖范围问题：董监事绩效管理缺失。

执行效率问题：绩效管理环节较多，指标设定和绩效审核涉及部门多，沟通量大，效率较低。

业务分析问题：缺乏对绩效数据展开分析，目标制定的科学合理性有待进一步提高。

希望借助绩效管理系统的建设，能够从根本上解决以上问题，实现集团绩效管理工作的高效、准确与全面。

二、绩效管理体系

集团绩效管理采取分级分类管理原则，结合授权管理的需求，集团及下属单位各司其职。集团与单位作为两级管控主体，分别管理组织绩效、个人绩效。

组织绩效方面，由集团负责管理下级绩效，包括职能部门、二级单位的组织绩效，二级单位负责管理下属单位的组织绩效。

个人绩效方面，集团负责管理班子与重点人员两个重点人群的绩效，班子包括二级单位班子成员及派驻员，重点人群是总部机关员工（含高管）。

二级单位负责本单位自行管理的高管人员及一般员工、下属单位重点人群等。

某汽车集团的绩效管理由集团进行全盘规划，集团负责业务定位，对组织绩效、高管绩效、员工绩效的全部流程、全部过程进行全面管理，对于所有通过绩效考核系统形成的绩效结果数据，包括组织绩效结果、高管绩效结果、员工绩效结果，进行合理运用，形成统一的结果管理体系。

通过展示平台将组织绩效、高管绩效、员工绩效的经营KPI、党建KPI、服务质量等结果进行梳理，并进行可视化展示，能够更好地利用结果，充分发挥绩效管理的激励作用，更形象地向组织赋能。

三、绩效管理数字化蓝图设计

1. 目标规划

通过绩效管理体系建设，某汽车集团将经营战略转化成一整套可执行的绩效衡量体系，全面落实集团内部绩效管理机制，将组织绩效、高管绩效、员工绩效有效地结合起来，明确各角色的绩效责任，层层落实绩效责任目标，引导和激励员工努力的方向，有效执行绩效管理办法，最终实现"2144"的绩效信息管理系统建设目标，如图10-19所示。

4项提升	管理提升	绩效提升	业绩提升	质量提升
4大体系	绩效制度体系	绩效指标体系	绩效评价体系	结果应用体系
1种文化	以业绩为导向的绩效文化			
2大平台	绩效业务管理平台		绩效数据分析平台	

图10-19 绩效信息管理系统建设目标

打造"2大平台"：统一的绩效业务管理平台、统一的绩效数据分析平台。

培育"1种文化"：以业绩为导向的绩效文化。通过项目的实施，构建全员参与的绩效管理文化。

构建"4大体系"：完善的绩效管理制度体系、目标明确的绩效指标体系、科学合理的绩效考核体系、激励有效的结果应用体系。

带来"4项提升"：通过数据化、信息化、标准化建设带来管理提升、绩效提升、业绩提升、质量提升。

2. 业务蓝图设计

绩效系统是集团董事长重点关注的项目，需要从集团战略管理的高度来理解和构建绩效系统的业务框架，在执行落地环节需要考虑当前实际运行情况，设计具有前瞻性、可操作性的整体业务框架。

集团绩效管理体系主要包括组织绩效、高管绩效、员工绩效三个部分，每个部分的绩效管理相对独立，同时在绩效指标与绩效结果应用之间具有上下承接关系。当前整体绩效管理过程都是由指标开发、绩效反馈、绩效考核、结果应用四个阶段组成，在调研分析后，从集团战略目标出发，梳理和优化整体绩效管理过程，借助系统平台，从效率和效能方面整体提升绩效管理水平。

3. 绩效管理业务流程优化设计

集团绩效管理整体业务流程关键业务节点梳理如下。总体来看组织绩效、高管绩效、员工绩效管理过程都经历绩效考核准备、指标开发、绩效回顾、绩效考评、绩效考核结果运用五个大的阶段，三类绩效管理在各个阶段的管理要求和实际应用各有不同。绩效管理流程如图10-20所示。

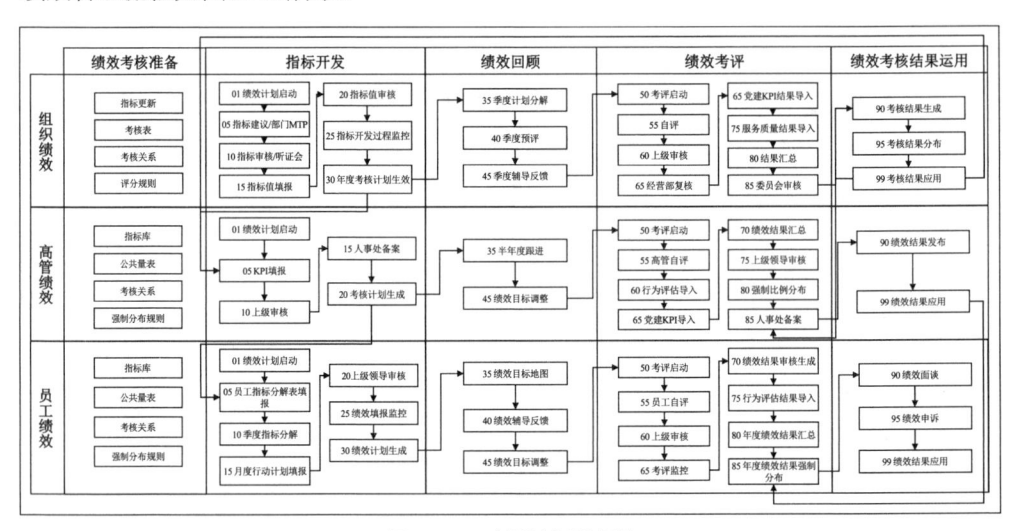

	绩效考核准备	指标开发	绩效回顾	绩效考评	绩效考核结果运用
组织绩效	指标更新 考核建议 考核关系 评分规则	01 绩效计划启动 05 指标建议/部门JMTP 10 指标审核/听证会 15 指标值填报	20 指标值审核 25 指标开发过程监控 30 年度考核计划生效	35 季度计划分解 40 季度预评 45 季度辅导反馈	50 考评启动 55 自评 60 上级审核 65 经营部复核	65 党建KPI结果导入 75 服务质量结果导入 80 结果汇总 85 委员会审核	90 考核结果生成 95 考核结果分布 99 考核结果应用
高管绩效	指标库 公共量表 考核关系 强制分布规则	01 绩效计划启动 05 KPI填报 10 上级审核	15 人事处备案 20 考核计划生成	35 半年度跟进 45 考核目标调整	50 考评启动 55 高管自评 60 行为评估导入 65 党建KPI导入	70 绩效结果汇总 75 上级领导审核 80 强制比例分布 85 人事处备案	90 绩效结果发布 99 绩效结果应用
员工绩效	指标库 公共量表 考核关系 强制分布规则	01 绩效计划启动 05 员工指标分解表填报 10 季度指标分解 15 月度行动计划填报	20 上级领导审核 25 绩效填报监控 30 绩效计划生成	35 绩效目标地图 40 绩效辅导反馈 45 考核目标调整	50 考评启动 55 员工自评 60 上级审核 65 考评监控	70 绩效结果审核生成 75 行为评估导入 80 年度绩效结果汇总 85 年度绩效结果强制分布	90 绩效面谈 95 绩效申诉 99 绩效结果应用

图 10-20 绩效管理流程

4. 系统功能落地

用友DHR数字化人力平台有效支撑某汽车集团绩效管理体系落地，落实该集团绩效管理意图，有序传导集团经营思路与战略目标，其功能架构如图10-21所示。

功能层：绩效管理系统将组织绩效、高管绩效、员工绩效实现统一平台管理，同时通过系统集成，实现与党建考核结果、服务质量评估结果、员工行为评估结果的数据同步,形成应用于全集团的绩效业务管理平台与绩效数据分析平台。

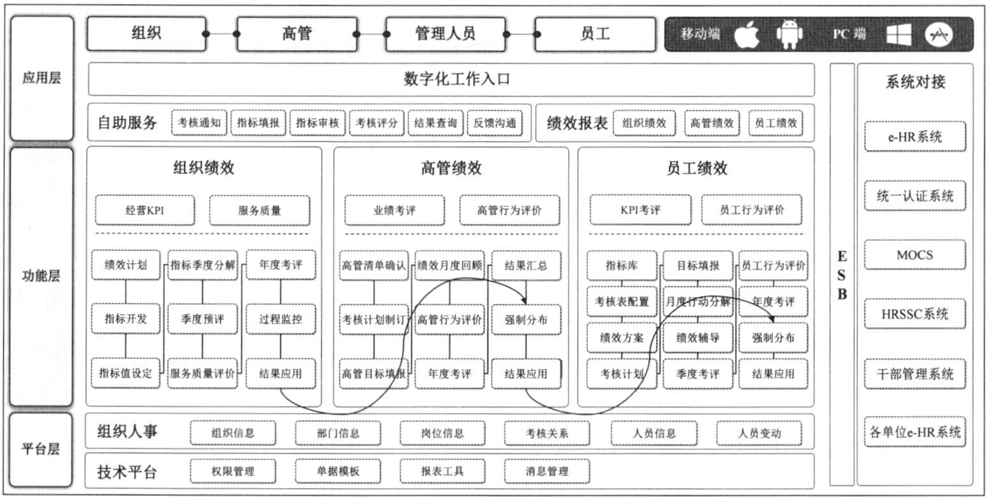

图 10-21 绩效管理功能架构

应用层:为组织、高管、管理人员、员工提供自助服务平台,能够通过移动App进行指标开发、考评评估环节的卓越体验应用。

平台层:绩效管理系统依托于用友IUAP平台,提供成熟、完整的可视化自定义配置功能,能够从应用规模与应用深度两个方面保障绩效系统持续建设。

系统对接:绩效管理系统与e-HR系统基本组织人员数据同步,同时与其他外部6套系统进行集成对接,实现一体化应用。

四、项目价值产出

通过绩效信息管理系统项目实施,实现绩效数据积累,建立绩效考核结果历史数据库;基于业务实际,建立流程化、标准化、规范化的绩效管理信息平台,形成知识管理及绩效体系;实现绩效数据分析,基于历史趋势、模拟测算等,直观地、体系地反映不同场景绩效考核结果,分单位、业态、人员类别等查询分析绩效结果趋势,形成高效便捷的分析能力;实现数据应用,输出上年绩效短板,提示当年绩效优化方向,支撑经营管理策略优化,形成辅助决策及支持力;绩效信息管理系统实施上线,促进集团绩效管理规范化、绩效考核效率化、绩效结果应用化,支持集团整体绩效提升。

第十一章　总结与展望：绩效问题的误区与数字化创新

人力资源管理是企业或组织的关键管理领域之一，也是面向员工发展和组织发展的重要承接力量和管理工具。绩效管理既是企业人力资源管理中老生常谈的话题，也是不断创新的话题，甚至是富有争议的话题。"Z世代"员工更加关注目标达成和个人成长，他们个性鲜明、目标明确、思维活跃，同时也易体现为"更加自我"。随着"Z世代"逐渐成为职场主力军，如何有效激发他们的积极性和创造力，成为企业或组织的人力资源管理挑战之一。此外，人工智能技术不断创新和持续发展，以智能化为代表的数字技术加速渗透到日常的商业环境和企业经营管理中，绩效管理同样面临着新的挑战和创新变革的契机。

第一节　企业为何"谈绩效而色变"

一、从"绩效主义毁了索尼"和微软重生说起

2007年，天外伺郎在《绩效主义毁了索尼》中写道："由于尊崇绩效主义，索尼近几年已经风光不再，并且在一些管理问题上积重难返。"天外伺郎认为，所谓绩效主义，就是"业务成果和金钱报酬直接挂钩，职工是为了拿到更多报酬而努力工作。因为实行了绩效主义，索尼的'激情集团'消失了，'挑战精神'消失了，'团队精神'消失了，创新先锋沦为落伍者"。于是，出现了"过去它（绩效管理）像钻石一样晶莹璀璨，而今却变得满身污垢、暗淡无光"的尴尬处境。

微软错失多个移动互联网的浪潮，收购诺基亚、Windows Phone业务、社交业务均告失败，再加上PC业务的衰退，2014年初的微软市值已不足3000亿美元，不到辉煌时期的一半。在此期间，苹果公司、谷歌、Meta等新兴巨头不断崛起，抢占多个细分移动互联网市场，而微软则持续被诟病，处于前所未有的低谷期。纳德拉临危

受命担任微软历史上第三任CEO后，用18个月的时间完成了微软颓势的逆转。

微软为何能够获得重生？纳德拉在《刷新：重新发现商业与未来》中写道："任何组织和个人，达到某个临界点时，都需要自我刷新。为了迎接智能时代的挑战，自我刷新的三个步骤：拥抱同理心，培养'无所不学'的求知欲，以及建立成长型思维。"在谈到成长型思维的时候，微软绩效管理变革的身影不容忽视。它体现在取消了强制分布的排名和评分体系。尽管每年仍然对员工有数次评定，但是评定的不仅仅是员工个人的工作，还要考察员工如何在同事工作的基础上展开自己的工作，以及如何让自己的工作成果为他人所用。

自从杰克·韦尔奇带领GE崛起，其创造的"活力曲线"就被很多企业奉为"管理宝典"。正是强制分布等管理工具和手段的盛行，导致"绩效主义毁了索尼"的现象发生。微软重生的历程，更是再次引发传统绩效考核被诟病的话题，绩效管理的话题再次被提起，改革绩效管理模式成为了学术界和企业界的共识。包括微软、IBM、埃森哲、Adobe等在内的一些知名美国公司就在这样的大背景之下启动了"取消绩效"的变革。2022年，谷歌宣布取消绩效考核，从其公布的操作细节来看，同样是这一轮绩效管理变革的反映。

传统的企业绩效考核流程一般以年为周期循环，包括年初的绩效计划、年中的绩效回顾及年末的绩效考核等环节。所谓"取消绩效考核"，并非是完全舍弃绩效管理，而是取消传统的绩效考核方法，更准确地说是取消强制分布和年度绩效考核[1]。企业将原来半年或一年的反馈周期改成实时反馈，关注员工成长；取消强制分布以构建理想的团队，使组织在现在和未来保持足够的竞争力。商业研究者乔什·伯辛估计，虽然还有相当长的路要走，但约有70%跨国企业正在转向这一模式。

二、为何绩效管理成为烂尾工程

绩效管理成为"烂尾工程"的原因是多方面的。

首先，某些公司过度强调绩效考核，导致绩效管理的过程出现了问题。这种过度强调结果评价的管理方法，短期导向、量化主义、功利主义和本位主义等特征明显，过度强调了绩效考核工具，限制了员工的发展。如果企业只关注结果评判而不

---

[1] 关于绩效考核方法的详细讨论见第二章内容。

进行选择性评估，必然会导致绩效管理的烂尾现象。

其次，不同发展阶段的企业需要不同的管理工具。对于初创期的企业来说，重点是增加营收额和客户数量，培养员工和团队的业务拓展能力。因此，这类企业更关注如何改进营销策略以实现收入增长。在这种情况下，选择简单、结果评价式的绩效考核工具以支持奖金发放即可。如果不加选择地将成熟企业的绩效管理体系应用于初创企业，很容易导致员工无所适从。

随着企业规模的增长、经营范围的扩大、员工队伍的扩充和组织的变革，快速成长的企业内部的分工与协同越来越复杂，绩效管理也需要发展与之相适应的方法，引入以实现企业组织目标和个人激励为核心的绩效管理是必然选择。然而，在实际操作过程中，许多企业过度强调绩效管理的流程，而忽视了它与组织战略目标的紧密结合。这使得绩效管理与战略目标脱节，个人日常行为与组织目标背离，最终导致"为了考核而考核"的"烂尾"现象。

处于变革与转型中的企业，需要在确保成熟业务稳定增长的同时，促进创新业务的快速发展。因此，绩效管理需要升级为达成组织目标的目标管理，并关注个人成长、激励、发展和价值实现的持续反馈。如果绩效管理仍然停留在僵化的目标执行和监控阶段，忽略了人的因素，仍然会陷入"烂尾"的困境。

因此，绩效管理成为"烂尾工程"的原因包括过度强调绩效考核、不适应不同企业发展阶段的管理工具需求，以及忽视组织战略目标和个人因素等。要解决这些问题，企业需要审视绩效管理的方法，并与组织发展和个人成长相结合，以实现绩效管理的有效实施。

三、企业"谈绩效而色变"的原因分析

绩效管理作为一项重要的管理工具，旨在评估和提升员工的绩效，以实现企业目标的达成。然而，在许多企业中，绩效管理往往被视为一项令人头疼的任务，让人们谈虎色变。这引发了一个问题：为何绩效管理在企业中如此令人不安，而非被看作是一项有效的管理实践？

第一，绩效管理往往容易被错误地实施。许多企业过于强调结果评价，忽视了绩效管理的本质是促进员工的成长和发展。绩效管理不应仅仅局限于量化指标和短

期目标的考核，而应该更加注重员工的能力培养、潜力发掘和个人目标的实现。如果绩效管理被简化为单纯的评级和奖惩，就会带给员工压力，甚至是焦虑，而不是促进员工的发展，这必将导致绩效管理失去其本应具备的正面价值。

第二，在许多企业中，绩效管理缺乏透明性和公正性。如果员工认为绩效考核缺乏公正性，将会严重影响他们的工作积极性和团队合作。缺乏透明性的绩效考核容易导致偏差和不公平，甚至出现以权谋私、认人唯亲的情况。这样的不公正对员工的士气和组织文化都会造成负面影响，进而导致对绩效管理谈虎色变。

第三，部分企业在绩效管理中过分强调量化指标，而忽视了员工的综合素质和潜力。绩效考核的刚性执行，以及考核结果与个人收益甚至是员工晋升、员工用留的强关联等因素，导致员工对绩效管理出现观望、漠视甚至是抵触等现象。如果企业将绩效仅仅看作数字的比较，容易导致忽略员工的创造力、创新能力和团队合作精神等更加重要的因素。在现代企业环境中，绩效管理应更加注重员工的全面发展和个性化需求，而非简单地将其缩减为"结果的排名和考核分数"。

第四，决策层和管理者对绩效管理重要性的低估和投入不足。绩效管理需要耗费时间和精力，而一些管理者往往只将其视为例行公事，忽视了其战略性和长远性。管理者希望通过绩效管理实现组织目标的达成、团队效能的提升、员工的创造力释放等多重价值，但管理者是否深刻意识到绩效管理的价值，是否真正重视绩效管理以避免流于形式，是否真正把握了绩效管理的方向，是否将选择合适的绩效管理方案作为自己的职责，是否进行了持续有效的跟踪和改进……

这些看似困扰人力资源管理者的问题，实则是决策层和管理者对绩效管理的认识和观念问题。如果不能解决这些问题，必然出现这样的现象：管理者要么将绩效管理奉为放之四海而皆准的管理工具，要么将之矮化为"胡萝卜加大棒"的管理手段，导致其对绩效管理既爱又恨。

四、去绩效还是新绩效？

目前，"Z世代"员工逐渐成为职场的主力军，他们具有追求超越和做有意义事情的渴望。他们更倾向于在自我主导下，通过从事有意义的工作来取得进步。正如丹尼尔·平克在《驱动力》中所指出的，现在的时代需要自我管理的复兴，需要员工具备自我驱动力。这种自我驱动力包括：（1）自主性，即能自主决定自己做什么；（2）专注于专长，即不断提高在自己感兴趣的事物上的技能和能力；（3）追求目标的意义，即超越个人欲望，将关注点不仅仅局限于利润、效率和价值，而是追求具有更大意义的目标。

面对这样的职场新一代，是否意味着我们应该放弃绩效管理，以满足他们个性化的需求呢？事实并非如此。尽管"Z世代"员工追求个性发展和有意义的工作，但组织的发展目标仍然是创造价值和达成战略目标。绩效管理是确保这些目标实现的重要手段之一。

因此，面对"Z世代"员工的个性化需求，我们并不需要放弃绩效管理，而是需要创新绩效管理的方法，以满足组织目标达成和个人激励的双重需求。通过合理地结合自主性、专注于专长和追求目标意义的原则，企业可以打造一种"既能促进员工发展，又能实现组织成功"的绩效管理模式。企业需要创新绩效管理的方法，以满足组织目标的实现和个人激励的需求。只有在这样的模式下，企业才能真正实现个人与组织的共同成长与发展。

从组织视角出发，为了解决员工"谈绩效管理而色变"的问题，需要从根本上改变绩效管理的观念和实践。首先，企业应将绩效管理视为一项战略性工具，使之与组织目标紧密结合。其次，应确保绩效考核的公正性和透明度，建立公平的评估体系，让员工感到被认可和尊重。此外，需要重视员工的全面发展和个性化需求，通过提供培训和发展机会，激发员工的潜力和创造力。最后，最重要的是，管理层应给予绩效管理足够的重视和投入，建立有效的绩效管理体系，并与员工进行积极的沟通和反馈。

从员工视角出发，创新的绩效管理方法可以包括以下方面的改进。首先，要将绩效管理与员工的个性化发展相结合，鼓励员工在自己感兴趣和擅长的领域进行专长发展。其次，要注重目标的意义和超越个人欲望的价值，将绩效目标与组织的使命和价值观相对应，激励员工追求更高层次的成就。最后，要建立积极的反馈机制，提供实时的认可和指导，鼓励员工在工作中不断创新和改进。

绩效管理的成功实施需要全体员工的参与和共识。只有树立正确的理念，进行良好的实践，才能使绩效管理成为一项积极推动组织发展和员工成长的工具，而不是一个令人畏惧的任务。因此，避免"谈绩效管理而色变"，需要企业各级管理者摒弃狭隘的"量化思维"，关注员工的全面发展，重塑绩效管理的价值，让企业中的绩效管理焕发出新的活力。

第二节 绩效管理的八大误区

回顾企业的绩效管理实践，存在以下常见的八大误区。

误区1 绩效管理是人力资源部门的事情

人力资源部门是绩效管理流程的发起者和执行者，在绩效管理中起到了重要的支持和协调作用，例如制定绩效考核流程、提供培训和发展机会、协助解决绩效考核方面的问题等。不幸的是，在很多组织中存在一个普遍的误区，即认为绩效管理是人力资源部门的事情。这种错误的观念导致了绩效管理的失败或效果不佳。

事实上，绩效管理涉及整个组织的方方面面，从各级管理层到一线员工，每个人都对绩效的达成和提高承担着相应责任。它需要企业的领导者制定明确的目标和策略，需要各级管理者营造良好的工作环境和文化。同时，绩效管理需要员工了解自己的角色和职责，清楚目标和期望，并积极参与其自我评估和反馈等全过程。

因此，绩效管理不是人力资源部门的独立责任，而是一个全员参与的过程。各个部门需要紧密合作和协调，员工需要积极参与和共同承担责任，企业的领导者需要提供支持和示范作用。尤其是高层领导者的主导和支持、各级管理者的深度参与和配合更为关键。只有当组织中的每个人都认识到绩效管理的重要性，并共同努力，才能实现卓越的绩效和组织的可持续发展。

误区2 赶潮流追时髦，认为OKR放之四海而皆准

绩效管理的工具在不断地发展和创新，其中比较引人关注的是OKR。OKR在谷歌的卓越效果深深影响了许多中国企业，尤其是那些长期以来对KPI工具持批评意见的企业。不少企业纷纷关注并尝试引入OKR。然而，许多企业陷入了一个误区，认为OKR是解决企业绩效管理问题的普遍有效手段，甚至不加选择地引入OKR来升级绩效管理体系。

表11-1所示，是KPI与OKR的简单对比。诚然，KPI是对过去结果的评价和衡量；

OKR则是绩效管理过程的激发,或者说通过设置挑战性目标从而激发员工的创造力,是注重未来的创造。然而,正如人力资源管理知名专家彭剑锋教授所言,"任何工具方法都有它的利弊,都有它的适应性,绩效管理工具不存在绝对的优劣,而是可以相向并行,甚至可以融合使用"。OKR并非放之四海而皆准的管理标准,不同行业的企业、不同发展阶段的企业,以及企业内不同发展阶段的业务,都可能存在不适用OKR的客观问题,包括KPI在内的传统的绩效管理方式也并非一无是处。一般来说,KPI更适用于成熟、明确和稳定增长的业务,OKR更适合创新、无成熟路径可借鉴、需要激发创造力的业务。

表 11-1　KPI 与 OKR 的简单对比

对比项	KPI	OKR
管理目的	识别差异	提升水平
关注焦点	衡量结果	未来创造
发起方式	自上而下	自下而上
考核内容	关键绩效指标	团队目标/关键成果
绩效薪酬关联	直接关联	间接关联
适用场景	工作流程标准化流程	创新型团队
方法优势	提升团队执行力	激发员工主观能动性

2023年2月,某互联网公司宣布调整目标制定和回顾的周期,把原来的双月OKR改为季度OKR,把公司级的双月会改为季度会。公司认为,目前大部分业务相对成熟复杂,双月变化不明显,回顾周期可以更长些。如果业务快速变化,或者处于关键时期,可以选择在季度中增加一次回顾和对齐会议;如果业务变化较慢,可以选择两个季度开一次会议。总体减少会议频次后,也可以增加一些主题会议,让讨论更加深入。

误区3　专业基础不够,概念工具来凑

在实施绩效管理时,企业可能会陷入"专业基础不够,概念工具来凑"的误区,这个误区指的是,企业在绩效管理过程中,过分依赖概念和工具,而忽视了对绩效管理的专业基础建设与绩效参与者(管理者和员工)的价值观因素。在这种情况下,企业可能会将绩效管理看作是一种纯粹的工具和流程,而不是一个综合性的管理系统。

（1）缺乏深度理解和专业知识：企业可能在实施绩效管理时，对其基本原理、方法和技巧缺乏深入的理解。管理者可能只是简单地使用一些概念和工具，而没有深入思考如何将其与组织的战略目标和价值观相结合。这种缺乏专业基础的做法可能导致绩效管理过程的表面化，无法真正提升员工和组织的绩效。

（2）用工具取代目的：企业可能过分强调绩效管理的工具和软件属性，而忽视了核心目的——提升员工和组织的绩效。管理者可能将更多精力放在收集和分析数据、制定指标和完善制度等方面，而忽略了与员工进行有效的反馈和沟通，忽略了提供必要的培训和发展支持。这种"用工具取代目的"的做法可能导致绩效管理过程变得机械化或脱离实际，无法真正促进员工的成长和组织的发展。

（3）忽视价值观领导力的重要性：绩效管理不仅仅是一个技术性的过程，也涉及企业的文化、价值观和领导力。然而，在专业基础不够的情况下，企业可能忽视了管理者领导力方面的建设、企业文化和价值观的引导，无法为他们提供有效管理绩效所需的知识和技能。这可能导致管理者在绩效考核、目标设定和反馈交流等方面出现方向不正确、沟通不顺畅、方法不得当等现象，进而影响整个绩效管理的有效性。

绩效管理需要将"道"与"术"结合起来。其中，"道"是指绩效管理体系，包括驾驭工具的绩效管理理念和逻辑，以及适合企业自身发展的绩效方案；而"术"是指绩效管理的工具和方法，它用于有效地落实绩效方案，实现组织目标。二者相辅相成，共同推动绩效管理体系的落地和价值实现。

不同的企业具有不同的经营理念、发展阶段和商业环境，因此需要定制适合自身的绩效管理方案。快速增长的成长型企业关注业务发展和市场份额，稳定增长的成熟型企业关注基于组织发展的业务创新和转型；资源管控型企业关注组织能力建设和目标实现，业务发展型企业则关注创新、创造和持续发展。这些差异决定了企业需要选择适合自己的绩效管理体系。

在确定了科学的绩效管理体系基础之后，企业可以根据自身的发展选择适合自己的绩效管理工具。无论哪种工具，绩效管理的起点都是对企业战略目标的分解，而绩效管理的成功依赖对过程的及时跟踪和评估。绩效管理的各个环节，包括目标设定、目标分解、绩效评价、持续反馈、结果应用等，都会因为企业业务复杂度的提升而变得难以完成和贯通。因此，通过绩效管理数字化可以优化绩效管理过程，从而高效贯彻绩效管理的理念。

误区 4　部门职责导向，与组织目标脱节

随着企业规模的不断增长，部门划分变得越来越细致，各部门的职责分工也变得更加明确，因此各个部门开始关注各自的目标。然而，在绩效管理过程中，各部门或团队可能过于专注于自身的职责和目标，而忽视了与整体组织目标的一致性。

（1）缺乏整体协作：部门职责导向的绩效管理可能导致各部门之间缺乏有效的协作。每个部门可能只追求自己的绩效指标，而不愿意共享资源或信息，从而影响整个组织的效率和目标达成。

（2）目标冲突：当各部门追求自身的绩效目标时，可能会出现目标之间的冲突。例如，销售部门为追求高销售额则要求缩短生产周期，而生产部门更关注产品质量和成本控制则要求放慢销售节奏。这种目标冲突可能导致资源分配不均衡，影响整体业绩的提升。

（3）短期行为优先：部门职责导向的绩效管理可能导致过度强调短期成果而忽视长期发展。为了实现自身的绩效目标，部门可能采取一些短期行为，比如牺牲长期投资，忽视创新和员工的培训等。然而，这可能会影响组织的可持续发展能力和创新能力。

（4）缺乏绩效整合：当各部门追求自身的绩效目标时，缺乏对绩效的整合和整体评估。这意味着组织无法全面了解各部门的贡献和整体绩效，从而无法制订有效的绩效奖励和提升计划。

因此，绩效管理需要摆脱与组织战略目标脱节的职责导向误区。组织需要明确传递整体目标，并确保每个部门理解和支持这些目标，从而确保组织目标明确并与各部门的目标对齐。在设定组织目标和绩效指标时，要考虑到总体与局部的平衡，确保绩效指标既能反映部门的职责和目标，又能与整体组织目标相一致。同时，需要强调组织和个人的长期发展，在绩效管理过程中设立长期目标，并将其纳入绩效考核和激励体系中，以激励部门在长期发展上做出努力，支撑企业的长期发展和可持续性。

误区 5　指标力求细致全面，为考核而考核

绩效管理存在的另一种常见的误区，即在绩效管理中过度强调指标的细致全面，而忽视了其真正的目的，即促进员工发展和组织的整体成功。这种误区的主要特征是，将绩效管理变成了纯粹为考核而考核的机制，导致了一系列问题。

首先，绩效管理的流程僵化和繁文缛节。不少企业为了追求绩效管理工具的价值发挥而选择让绩效指标尽可能细致全面，组织遵循"能量化的量化，不能量化的细化"的原则，尽可能制定更多、更细的指标和评估标准，给员工和管理者增加了繁重的工作负担。在这种情况下，绩效管理变得机械和僵化，缺乏灵活性和适应性，无法真实反映员工的表现、贡献和价值。

其次，过于注重指标的细致全面容易造成目标的过度碎片化。绩效管理的目的应该是推动整体组织目标的实现，而不是仅仅关注指标的数量和详细程度。如果每个员工都被要求达到过多的绩效指标，那么他们可能会迷失在琐碎的任务中，无法真正专注于关键目标的实现。这种碎片化的目标设定可能会降低员工的动力和效率，同时也会影响组织的整体绩效。

此外，这种误区还可能导致过度竞争和个人主义抬头，甚至形成"内耗"的不良文化氛围。当绩效管理仅仅关注指标的完成情况时，员工可能会为了个人利益而竞争，而不是为了组织整体的成功而协作。这种竞争文化可能导致内部合作关系的破裂和团队协作的减弱，从而对组织的发展和创新能力产生负面影响。

最后，过度强调绩效指标的细致全面，容易忽视员工的个体差异和发展需求。每个员工都具有不同的技能、才能和潜力，绩效管理应该关注并促进个体的发展和成长。然而，在这种误区下，个体差异和发展需求可能被忽视，而员工被过度标准化并一刀切地评估与奖惩。

为了避免这种误区，组织在绩效管理中应该将重心放在员工的发展和组织目标的实现上，而不是仅仅追求指标的细致全面；应该基于组织的战略目标和企业的发展阶段，制定科学、合理、简明的绩效指标，关注员工的整体表现和成长，强调团队协作和共同目标的实现，以建立积极的工作文化和创造性的工作环境。此外，组织还应该提供定期的反馈、沟通和支持，以帮助员工发展并达到更高的绩效水平。

误区 6　刚性执行，一切唯绩效论

绩效管理的权威性和严肃性，经常会导致出现另一种常见的误区，即刚性执行和一切唯绩效论，即将绩效管理变成了单纯追求绩效结果的机制，而忽视了员工的全面发展和组织的长远成功。这种误区带来了一系列问题。

首先，刚性执行的绩效管理导致了组织的僵化、缺乏灵活性及团队协作不顺畅。当一切以绩效为标准时，绩效管理变得刻板而不具备变通性。员工的个体差异、工作环境的变化和组织发展的需求被忽略，无法充分考虑到员工的潜力、成长和创新能力。这种刚性执行限制了员工和组织的发展潜力。

其次，一切唯绩效论可能导致短期行为优先的错误导向。当绩效被过度强调时，员工可能会为了追求绩效目标而牺牲长远的发展和创新。他们可能会专注于短期成果和表面的绩效表现，而忽视了长期战略目标和组织的可持续发展。这种短期行为优先的倾向可能会限制组织的创新能力和长期竞争力。

最后，刚性执行的绩效管理忽视了员工的综合评估和发展需求。绩效不仅仅可以通过数字指标来衡量，还应该考虑员工的技能、知识、潜力和价值观等方面。然而，在一切唯绩效论的误区下，这些关键因素被忽略，导致员工的全面发展需求和满足感被疏忽。

为了避免这种误区，组织在绩效管理中应该将重点放在员工的全面发展和组织的长期成功上。绩效管理应该包括定量和定性的评估方法，考虑到员工的个体差异和发展需求。此外，组织应该鼓励团队合作和知识分享，营造积极的协作文化，以促进创新能力和绩效的持续提升。绩效管理应该被视为一种支持员工成长和组织发展的工具，而不仅仅是刚性执行和对绩效结果的追求。

误区 7　一味追求过程与程序正义

不少企业为了保持绩效管理的公正性和公平性，在执行过程中会选择将其流程设置得足够规范，然而，这时会存在一种常见的误区，即一味追求过程与程序正义，将绩效管理过程中的规则、程序和公正性放在首位。这种误区带来了一系列舍本逐末的问题。

首先，过度强调过程与程序正义可能导致烦琐和冗长的绩效管理流程。当绩效管理过程过于复杂和刻板，员工和管理者需要花费大量时间与精力来理解和执行各项规定及步骤。在这种情况下，绩效管理变得僵化、烦琐，耗费资源且缺乏效率，对员工和组织都会产生不必要的负担。

其次，一味追求过程与程序正义容易忽视实际绩效结果和员工的实质贡献。绩效管理的目的是评估和提升员工的绩效，以支持组织的成功。然而，当过程和程序被过度强调时，员工的实际工作表现和贡献可能被忽略。重视过程和程序可能导致评估结果与员工实际绩效脱节，影响对员工的公正评价和激励。

此外，过度追求过程与程序正义可能导致僵化的绩效考核标准。当过程被过分关注时，可能会出现刻板化的评估标准和指标，无法充分考虑到员工的个体差异和实际工作情境。这种僵化的评估标准可能不适应变化的工作环境和组织需求，限制了员工的发展和创新能力。

最后，过度强调过程与程序正义容易忽视员工的参与和反馈。绩效管理应该是一种互动的过程，员工应该参与评估和目标设定，并有机会提供反馈和意见。然而，当过程和程序正义成为主要关注点时，员工的参与和反馈可能被拒绝、被忽视，导致员工的主观感受和意见无法表达或被忽略，降低了绩效管理的有效性和员工的参与度。

为了避免这种误区，组织在绩效管理中应该平衡过程与程序正义与实际绩效结果之间的关系。绩效管理应该注重简洁、灵活的评估流程，重视员工的实际贡献和成果，同时为员工提供适当的参与和反馈机制。绩效管理的目标是，促进员工的发展和组织的成功，而不仅仅是追求过程和程序的正义。

误区8 千篇一律，无视员工感受和关注焦点

绩效管理的参与主体包括员工、中层管理者、人力资源管理者和高层管理者。数字化时代的典型特征是多样性的参与者和多元化的员工队伍，而传统的、不加个性化区分的管理手段，容易导致管理陷入另外一种误区，即千篇一律，无视员工感受和关注重点，将绩效管理变成了机械的、标准化的程序，而忽视了员工的个体差异和关注重点。这种误区带来了一系列问题。

首先，千篇一律的绩效管理忽视了员工的个体差异和多样性。事实上，每个员工都具有独特的技能、才华和潜力，但当绩效管理过于标准化时，会将所有员工套入同一模式中。这种一刀切的方法无法充分考虑到员工的个体需求和发展方向，可能导致员工感到不被重视。

其次，无视员工感受的绩效管理可能导致员工的不满和士气下降。当绩效管理过于机械和冷漠，不考虑员工的感受和意见时，员工可能感到被当作机器对待而缺失作为员工应得的尊重。这种对员工感受的忽视可能导致员工的工作满意度下降，影响其工作动力和投入程度，进而对绩效产生负面影响。

最后，千篇一律的绩效管理可能削弱员工的个人发展和成长。每个员工都有自己的职业目标和发展方向，但当绩效管理过于刻板时，可能无法提供个性化的发展支持和指导。员工可能感到自己的发展需求被忽视，无法充分发挥个人潜力，从而限制了员工的成长和组织的人才发展。

为了避免这种误区，在绩效管理中，组织应该注重个体化并着重点关注员工感受。绩效管理应该灵活应用，根据员工的个体差异和发展需求制定相应的目标和评估方法。同时，组织应该积极倾听员工的意见和反馈，关注员工的工作体验和情感需求，以提高绩效管理的有效性和员工的参与度。

第三节　绩效管理正本清源

一、绩效管理思想的变迁

在20世纪的管理学领域中，绩效管理被认为是一项伟大的发明。德鲁克早在20世纪60年代即提出了涵盖目标制定、过程监控、评价反馈和结果运用的目标管理思想，这也是现代全面绩效管理的基础。20世纪90年代，GE的活力曲线、强制分布、末位淘汰等绩效管理手段，罗伯特·卡普兰和戴维·诺顿围绕财务、客户、内部运营、学习与成长四个维度设计的BSC，以及风靡一时的PBC、KPI等绩效管理工具层出不穷。它们为组织提供了有效的方法来评估和改进员工的绩效，并为实现组织目标和成功发挥个人潜力提供了关键支持。然而，随着社会环境的不断变化，绩效管理也在不断发展与进化，以适应新的挑战和需求。

绩效管理最初的目的是通过制定明确的目标和标准，评估员工的工作表现，并根据结果采取相应的奖励或纠正措施。在过去的几十年中,这种方法得到了广泛应用,它帮助组织识别高绩效者,激励员工努力工作,并提供改进的机会。

然而,社会环境的快速变化引发了对传统绩效管理方法的反思。许多组织意识到,仅仅依靠年度评估和排名无法全面反映员工的绩效和潜力。同时,现代组织也越来越重视员工的发展和成长,以适应竞争激烈的市场和不断变化的技术。因此,包括OKR在内的绩效管理创新,甚至是绩效管理变革的呼声越来越高,绩效管理开始朝着更加综合化和动态化的方向发展。这些新的趋势包括以下五个方面。

战略和敏捷组织变革导向:数字时代商业环境的不确定性加剧,绩效管理需要重新定位自己的角色,成为支持组织战略落地的关键驱动力。它应该与战略制定和执行紧密结合,以确保组织在变革过程中能够实现预期的绩效目标。这需要将绩效管理与战略目标对齐,确保绩效考核和激励措施与战略一致,以推动组织朝着既定目标前进。

目标共创共识与组织协作:传统的绩效管理注重个体目标的设定和达成,而现代的绩效管理更加强调团队和组织层面目标的对齐与级联,因此需要在建立了充分的目标共创、目标共识基础上完成目标设定、对齐与级联,确保在实际的目标执行过程中组织、团队和个人的高度一致和充分协作。通过共享目标,员工能够更好地理解他们在整个组织中的角色和价值,促进团队合作和协同工作。

实时反馈与持续对话:与传统的年度评估相比,现代绩效管理倾向于提供实时反馈和持续对话。在快节奏的市场环境中,组织需要能够根据实际的绩效结果及时调整策略和目标,以适应变化的市场需求。这意味着绩效管理需要采用更加灵活的方法,包括实时反馈和持续对话,以便及时纠正偏离目标等情况,并引导组织朝着战略方向前进。通过实时的反馈,员工能够更好地了解自己的表现,并进行适时的调整和改进。持续对话则提供了更多的机会,讨论工作挑战、目标进展和个人发展需求,增强了员工和管理者之间的沟通与合作。

人才发展与成长导向:现代绩效管理不再局限于评估员工的过往表现,而是更加注重员工的未来发展和成长。组织鼓励员工制订个人发展计划,提供培训和发展机会,帮助他们提升技能、拓展能力,并实现个人职业目标。这种关注员工发展的方式能够增强员工的满意度和忠诚度,从而提高绩效,改善组织的整体表现。

数据驱动与智能嵌入：随着技术的进步，绩效管理也借助数据分析和智能应用变得更加精确和高效。组织可以通过大数据分析来识别绩效趋势、发现隐藏的模式和提供有针对性的改进建议。同时，绩效管理软件和在线平台的使用使得评估、反馈和目标管理更加简便和快捷。

二、科学绩效管理的关键要素

构建科学的绩效管理体系需要考虑三个关键要素。第一，绩效管理需要立足于组织目标或组织战略的目标设定与目标共识，这既是绩效标准明确的过程，也是评估员工表现的基础。第二，绩效管理需要及时的绩效检视与反馈机制，这样可以帮助员工更加全面地了解自己的表现，以便及时调整和改进。第三，绩效管理需要聚焦人才发展与员工成长，聚焦绩效数据分析与数智化应用基础上的绩效改进计划，即通过公平的评价流程、有效的沟通和协作，以及激励和奖励机制，帮助员工有效提升绩效。

目标共创与目标共识

如前文所述，在绩效管理中需要建立充分的目标共创和目标共识的基础。

首先，明确组织的战略目标，将其转化为明确的绩效目标，以确保绩效管理与组织战略紧密衔接。战略解码是将组织战略转化为明确的绩效目标和行动计划的过程。在绩效管理中，需要将组织的战略目标分解为各个层级的目标，并与员工的绩效目标对齐。目标管理有助于员工理解自己的工作目标，并激励他们为实现这些目标而努力。

其次，通过目标共创，建立目标共识，组织能够确保所有成员都理解并认同组织的目标。这种共享的目标意识有助于员工更好地理解他们在整个组织中的角色和价值，并激发员工的工作动力与创造力。

最后，共享的目标还能够促进团队内部的合作和协同工作，因为每个成员都明确了自己的任务和责任，为实现共同目标而努力。

在现代组织的绩效管理中，目标的对齐与级联至关重要。这意味着组织层面的目标与团队和个人的目标相互关联和支持，形成统一的目标体系，确保各级别组织或团队的绩效都能够为组织整体的成功做出贡献。

为实现目标的共创和共识，组织可以采取一系列的措施，包括开展目标设定的集体讨论，充分倾听员工的意见和建议，鼓励团队之间的合作和知识分享，以及提供适当的培训和支持，帮助员工更好地理解和追求共同的目标。

企业的战略解码与组织目标解读如图11-1所示。由图中可见，年度组织目标、年度关键任务、组织关键绩效指标和个人绩效目标承诺的逻辑关系与设计流程。

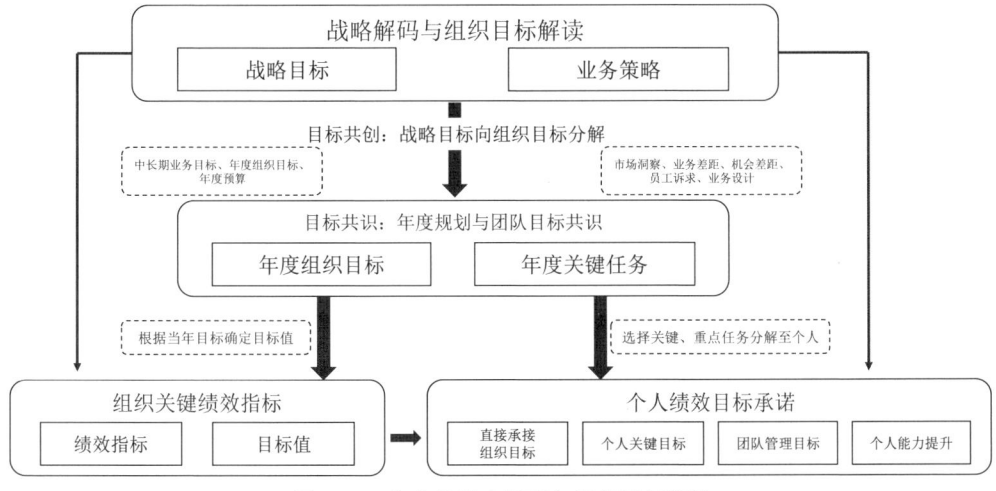

图 11-1 企业的战略解码与组织目标解读

绩效检视与持续反馈

绩效检视与持续反馈是绩效管理的重要组成部分，它有助于建立员工与管理层之间的信任和合作关系，同时也有助于确保组织的整体目标得以实现。通过定期的交流和反馈，员工能够了解自己的工作表现如何，以及如何改进，从而实现个人和组织的成功。绩效检视与持续反馈的关键在于，在绩效管理过程中保证持续互动，其中涉及绩效过程的跟踪与监督、阶段性目标的评估、与员工进行有针对性和建设性的对话与交流，其核心目标是，通过持续的反馈及时跟踪员工的目标执行情况，并通过持续沟通推动员工目标达成和绩效改善。

设定明确的绩效标准：在绩效管理过程开始时，需要确立明确的绩效标准和目标，它们应该能够量化员工的工作表现。这些标准可以基于工作职责、关键任务和关键目标等因素来制定。

跟踪与评估：绩效检视的重要环节是对员工的阶段性工作表现进行跟踪和评估。这包括定期审查员工的工作进展，检查他们是否按照设定的标准完成工作，并识别任何可能的问题或改进点。

反馈与沟通：持续反馈是绩效检视的核心部分。经理或主管应该定期与员工交流，讨论他们的工作表现，提供正面反馈以鼓励积极行为，同时提供建设性反馈以指出需要改进的地方。这种反馈应该是双向的，员工也应该有机会提出问题和意见。

目标调整与改进计划：如果员工未能达到绩效目标，经理和员工应共同制订改进计划，包括设定新的目标和提供培训或资源支持。这确保了员工有机会改进他们的表现，并且目标与组织的需求保持一致。

记录和跟踪：所有的绩效检视与反馈都应该记录下来，以便未来参考和审查。这有助于确保一致性和公平性，并且在员工评估和激励方面提供依据。

奖励与认可：在绩效检视中，如果员工表现出色，他们应该得到适当的奖励和认可，这可以是薪资调整、晋升机会、奖金或其他激励措施。这有助于激励员工继续保持高绩效水平。

绩效改进计划

绩效改进计划是提高员工工作绩效的重要工具。它不仅有助于提高员工工作绩效，同时也有助于组织实现其目标和使命。通过明确定义的目标、合理的计划和持续的支持，员工可以在工作中取得更大的成功，并为组织的成功做出贡献。

识别问题和机会：绩效改进计划的第一步是，基于上述的绩效检视与持续反馈，识别员工工作表现中存在的问题或机会，包括低绩效、工作不达标、目标不清晰、策略不得当，或需要提高的领域等。

设定清晰明确的改进目标：一旦问题或机会被确定，就需要设定明确的绩效改进目标。这些目标应该是具体的、可量化的，以便能够准确地衡量改进的程度。目标应该与员工的工作职责和组织的整体目标保持一致。

制订改进计划：改进计划是达成绩效改进目标的路线图。这个计划包括具体的行动步骤、时间表和责任人。行动步骤包括培训、指导、资源支持、目标调整等。改进计划的制订通常是管理者和员工共同合作的过程。

分配资源：为了成功实施改进计划，可能需要分配适当的资源，包括时间、人力和财务资源，以及帮助员工改进提升的导师，从而确保员工有足够的支持来完成所需的改进。

监督和跟踪进度：改进计划的实施需要进行定期的监督和跟踪，以确保行动步骤按计划执行。在定期的绩效检视和反馈环节，如果发现计划难以落实或需要调整，应及时进行修订。

提供反馈和支持：在改进计划的执行过程中，管理者应该提供持续的反馈和支持，包括正面反馈以鼓励进展，以及建设性反馈以指出需要改进的方面。员工可能需要额外的培训或资源来帮助他们实现目标。

评估和总结：一旦改进计划执行完毕，需要进行绩效考核，以确定是否达到了设定的改进目标。这个评估可以包括与最初的绩效考核结果进行比较，以量化改进的幅度。

第四节 数字时代绩效管理创新与变革及应用实践

数字时代为企业的生产经营管理和人力资源管理带来新的范式，伴随着"数字原生代"逐渐成为职场主力，绩效管理正经历着深刻的变革和创新。以下从六个方面阐述数字时代绩效管理的创新与变革，包括：（1）多样化人才队伍及相应激励因素变化引发的千人千面数字化绩效管理；（2）从单向自上而下的绩效管理到双向的目标管理；（3）从事后评价的绩效考核到过程管理的持续反馈；（4）从绩效应用到绩效改进与绩效发生；（5）从单维的员工绩效到立体的组织绩效；（6）从面向目标的OKR到目标与行为并举的知行合一。这些创新与变革的趋势使得绩效管理在数字时代中更加灵活、高效，并为组织的持续、健康、高质量发展奠定基础。

一、多样化人才队伍及相应激励因素变化引发的千人千面数字化绩效管理

在数字时代，每个个体都具有不同的需求和内在驱动力。有些员工可能更看重工作的自由度和灵活性，而另一些员工可能更看重职业发展和晋升机会。传统的绩效管理模式忽视个体差异，难以满足这种千人千面的个性化需求。

因此，组织需要根据不同员工的需求，深入调研，进行前瞻性规划和设计，提供个性化的激励措施，以激发员工的工作动力和创造力。这就涉及以下4项变化。

（1）必须考虑到不同群体的绩效管理方案的差异。例如，针对研发人员，选择

激发创造力的OKR而不是刚性的PBC；针对营销人员，则要考虑到群体的特点，选择刚性的KPI、持续反馈与超额激励相结合的模式。

（2）在目标设定和目标分解环节，不同的人群参与度的差异十分明显。针对"Z世代"员工，选择目标共创、目标共识的深度参与模式至关重要；而对于较年长的员工，则可能要根据接受程度和接受习惯选择相应的目标设定与目标分解方式。

（3）在目标跟踪和绩效评价环节，需要考虑到不同群体对待绩效反馈的态度而选择对应的策略，针对积极乐观的年轻员工以鼓励和激励为主，针对理性的老员工则以批评与指导为主。

（4）在绩效应用环节，同样需要考虑不同人群的需求和关注焦点，来选择对应的策略，包括鼓励性质的即时激励、物质激励、非物质激励、职业前景激励、充分授权等。

一些互联网公司选择创新方式应对新生代员工，到新生代扎堆的地方招募新生代员工，使用新生代喜闻乐见的方式面对新生代员工，用新生代员工已接受的绩效目标激励新生代员工。

二、从单向自上而下的绩效管理到双向的目标管理

传统的绩效管理侧重于对员工实际工作结果的评估和排名，往往只关注短期的结果和行为。在数字时代，组织越来越注重长期的发展和战略目标的达成，原有的单向的、任务式的、自上而下层层分解的绩效管理显得僵化和生硬，注重自上而下的目标分解与自下而上的个人承诺并举的，以实现业务目标为导向的目标管理，正逐渐成为企业绩效管理的新选择。

目标管理强调组织、团队和个人结合组织或企业的战略设定明确的绩效目标，通过层层分解到每一个个体或岗位，加强目标执行过程中持续的监测和反馈，推动员工朝着目标努力。这种管理方式可以更好地与组织的战略目标对接，使得员工的工作更具有针对性和导向性。

目标管理的核心精髓是，在企业战略基础上的组织目标、团队目标与个人目标的三位一体的上下贯通，以及从个人到团队再到组织的日常行为的步调一致，从而形成自上而下的平滑、无衰减的目标分解，即上下同欲；以及自下而上的承诺、执

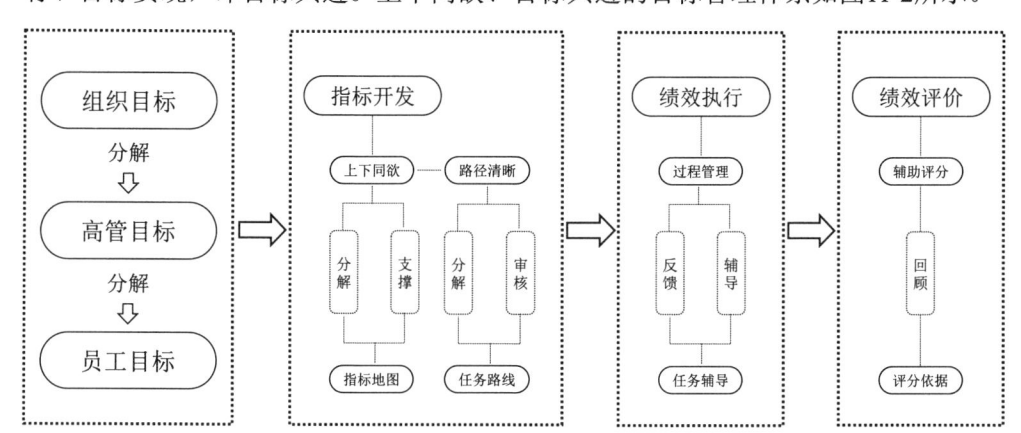

行、目标实现,即目标共进。上下同欲、目标共进的目标管理体系如图11-2所示。

图 11-2　上下同欲、目标共进的目标管理体系

例如,东风汽车集团借助于绩效管理与分析平台的建设,建立了一整套统一、清晰的战略绩效管理体系,即以数字化技术将集团战略层层分解,实现组织绩效、高管绩效、员工绩效的有效连接,充分发挥组织绩效的"指挥棒"作用,同时引导、激励员工沿着正确的方向奋斗,使得公司管理与员工发展获得双赢。

三、从事后评价的绩效考核到过程管理的持续反馈

传统的绩效评价通常一年一度,而数字时代的绩效管理则强调持续的反馈和交流。通过及时的反馈,员工可以更好地了解自己的表现,及时修正个人目标执行的偏差、调整行为、改进工作。持续反馈不仅可以提高员工的工作效率,还可以增强员工与管理者之间的沟通和信任。数字化工具和平台的广泛应用,使得持续反馈更加便捷和高效。

持续反馈有以下两个显著的特点。

(1)沟通频率的持续性,即摒弃一年一度的绩效结果告知或确认的沟通,升级为每月一次的定期沟通,以及不定期的一对一沟通和反馈;

(2)沟通内容不再是单纯的绩效结果反馈,而是扩展为面向个人发展与持续成长的主要职责的重新定位、年度个人目标的回顾、成功期望的思考、资源支持检视、困惑障碍分析,以及对应的发展计划。持续反馈的主要内容与流程如图11-3所示。

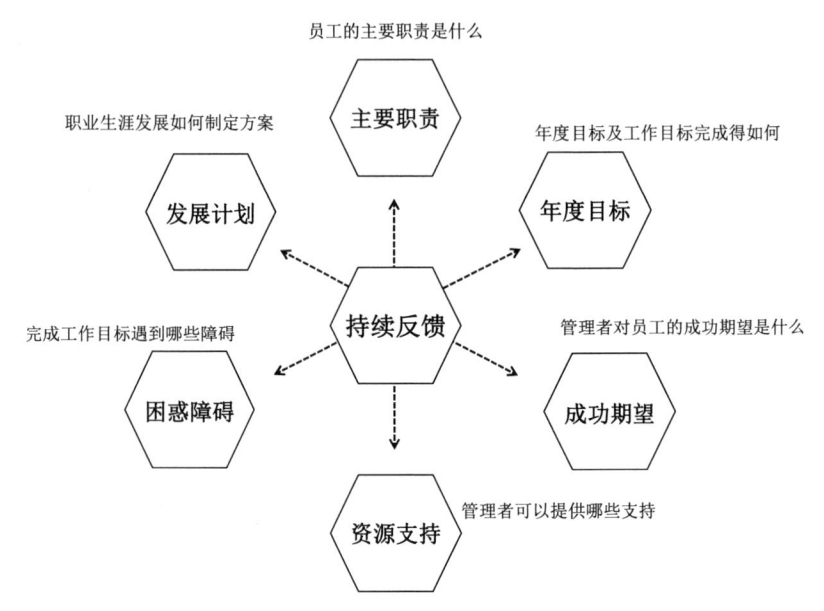

图 11-3　持续反馈的主要内容与流程

谷歌、微软等知名企业选择利用持续绩效的创新变革绩效反馈机制。微软的CEO纳德拉首先废除了鲍尔默任CEO时期的员工评级制度，取消强制分布，用员工合作替代员工间的竞争。从之前强调单个组织与个人的能力，到现在强调整体与团队，实现整体的价值最大化。新的绩效系统不再关注绩效排名，而是帮助员工成长——频繁地与员工进行学习、发展和创造价值的指导性对话，及时反馈与改进，促进员工进步。

四、从绩效应用到绩效改进与绩效发生

数字时代的绩效管理更加注重绩效的改进和提升，以及通过绩效管理达成组织期望的目标，即绩效发生[1]，而不仅仅是对绩效结果的评价、应用，或绩效的过程管理。通过数据分析和人工智能等技术手段，组织可以更加全面地了解绩效的表现及其影响因素，在此基础上发现问题并及时进行改进；同时，强化绩效改进与提升的全员参与，倡导学习型组织的理念，鼓励员工不断学习和创新，以提升整体绩效水平。

---

[1] 关于绩效发生的原理详见第七章。

第十一章 总结与展望：绩效问题的误区与数字化创新

绩效发生的本质是，目标体系与绩效考核分开，强调目标驱动创新，持续反馈，激发员工自我驱动从而创造价值。绩效考核、绩效管理、绩效发生的演变历程如图11-4所示。

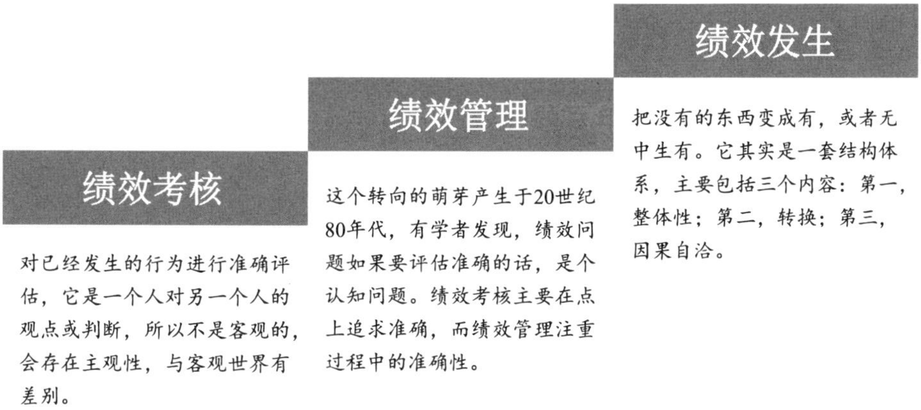

绩效考核
对已经发生的行为进行准确评估，它是一个人对另一个人的观点或判断，所以不是客观的，会存在主观性，与客观世界有差别。

绩效管理
这个转向的萌芽产生于20世纪80年代，有学者发现，绩效问题如果要评估准确的话，是个认知问题。绩效考核主要在点上追求准确，而绩效管理注重过程中的准确性。

绩效发生
把没有的东西变成有，或者无中生有。它其实是一套结构体系，主要包括三个内容：第一，整体性；第二，转换；第三，因果自洽。

图11-4 绩效考核、绩效管理、绩效发生的演变历程

例如，中国交通建设集团通过组织绩效管理创新，利用数字化手段落地思想，促进绩效管理提升。通过数字化手段，该集团的目标过程管理更加可执行：以绩效管理为抓手，为深入推进三项制度改革，实现"管理人员能上能下、员工能进能出、收入能增能减"提供支撑。

五、从单维的员工绩效到立体的组织绩效

数字时代的绩效管理将关注点从某个员工的个人绩效转向整体组织绩效[1]。员工的绩效与组织的绩效密切相关，而组织的绩效不仅仅取决于员工的个体能力，还与组织的战略、文化和流程等因素息息相关。因此，数字时代的绩效管理需要将员工绩效与组织绩效相结合，通过绩效管理的手段来推动整个组织的发展和进步。组织绩效与员工绩效相互融合形成立体的绩效管理体系，如图11-5所示。

---

[1] 个人绩效与组织绩效的关系详见第四章。

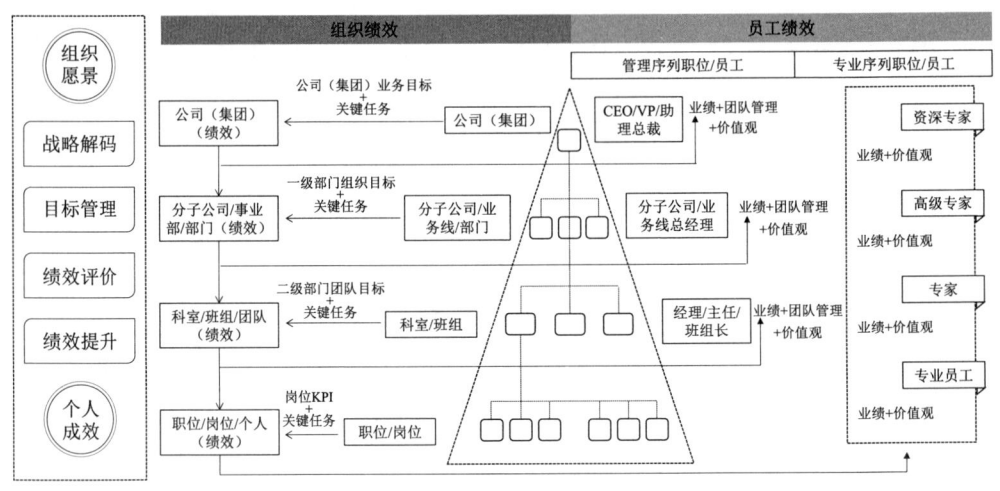

图 11-5　组织绩效与员工绩效相互融合的立体绩效管理体系

六、从面向目标的OKR到目标与行为并举的知行合一

在本质上OKR和GOT是数字时代下的两种目标管理方法的创新。OKR强调设定明确的目标，并通过关键成果的追踪和评估来实现目标的达成；而GOT则更加注重目标的设定、目标实现的过程和日常行为的跟踪。GOT更强调知行合一，即将目标的执行与日常的行动相结合，将目标达成、持续反馈与员工个人成长发展相融合。知行合一的目标绩效管理体系如图11-6所示。

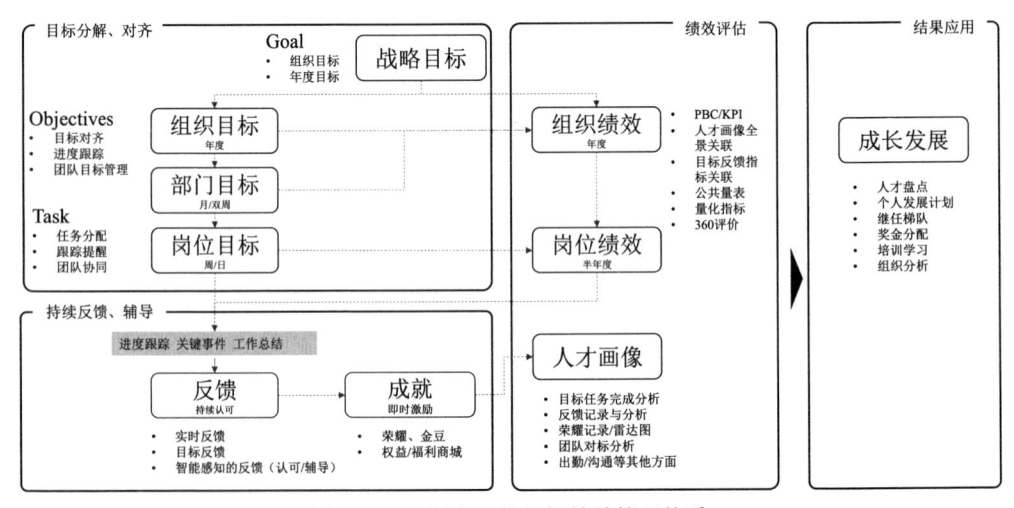

图 11-6　知行合一的目标绩效管理体系

第五节 结　语

　　绩效管理是组织人力资源管理的重要工具，也是锻造组织能力的关键策略。绩效管理的创新正在从绩效考核和绩效管理，向注重价值创造的绩效发生转变。与此同时，数字时代的绩效管理经历了创新与变革，千人千面的激励因素变化、从人效到智效的演进等，都反映了数字时代绩效管理的新要求和趋势。这些创新与变革的趋势使得绩效管理在数字时代中更加灵活、高效，促进了组织的持续发展。为了适应数字时代的要求，组织需要不断更新绩效管理的理念和方法，这包括注重个体差异、强调目标管理和持续反馈、推动绩效的改进和提升、关注组织整体绩效/智效的优化。只有通过持续的创新和变革，组织才能在数字时代中保持持续的竞争优势。

　　本书主要从三个方面进行了探讨：西方学者对绩效问题百年研究的综述，绩效驱动力、绩效管理洁癖和绩效发生原理，以及绩效管理中的数字化问题。我们希望这些研究能够启发和帮助更多的企业，推动人力资源管理创新和组织能力的不断提升，以便企业能够在对标世界一流价值创造、三项制度改革等工作中，取得更卓越的成效。

附录　专业术语中英文对照

中文	英文
绩效考核/绩效评估	Performance Appraisal
绩效管理	Performance Management
人力资源管理	Human Resource Management
评估者/考核者	Rater
被评估者/被评估者	Ratee
认知	Cognition
绩效改进	Performance Improvement
目标设定	Goal Setting
培训	Training
报酬制度	Reward System
绩效反馈	Performance Feedback
激励/动机	Motivation
组织战略	Organizational Strategy
绩效管理系统	Performance Management System
个人绩效	Individual Performance
组织绩效	Organizational Performance
客户满意度	Customer Satisfaction
员工保留率	Employee Retention Rate
偏差	Bias
晕轮效应	Halo Effect
图形评分法	Graphic Rating Scale
认知过程	Cognitive Processes
人口影响因素	Demographic effects
行为日记	Behavior Diary
关键事件法	Critical Incidents Technique
强制分布法	Forced Distribution Method
行为锚定评分法	Behaviorally Anchored Rating Scale, BARS
宽大效应	Leniency Effect
严苛效应	Leniency Effect

居中趋势	Central Tendency
参考框架	Frame of Reference, FOR
公平感	Justice Perception
元分析	Meta-Analysis
360度评估	360-Degree Assessments
刻板印象	Stereotype
绩效规划	Performance Planning
绩效执行	Performance Execution
绩效审查	Performance Review
生产力测量与提升系统	The Productivity Measurement and Enhancement System, ProMES
薪酬管理	Compensation Management
绩效评级/绩效考核	Rating
（绩效评价中的）判断	Judgement
特质	Trait
社会认知	Social-Cognitive
社会知觉	Social-Perception
标高	Elevation, E
差异高度	Differential Elevation, DE
刻板印象准确性	Stereotype Accuracy, SA
差异准确性	Differential Accuracy, DA
因子分析	Factor Analysis
效用	Utility
宽容	Tolerance
方差	Variance
实证	Empirical Study
区分指数	Discrimination Index
效度	Validity
区分效度	Discriminant Validity
构造效度	Construct Validity
信度	Reliability
认知兼容性理论	Cognitive Compatibility Theory
协方差	Covariance
系统性偏差	Systematic Bias

行为观察法	Behavior Observation Scale, BOS
员工离职率	Employee Turnover Rate
组织环境	Organizational Environment
协变量	Covariate
调节变量	Moderator Variable
内隐人格理论	Implicit Personality Theory
差异准确性现象	Differential Accuracy Phenomenon, DAP
随机误差	Random Error
归纳	Induction
演绎	Deductive
组织文化	Organizational Culture
组织行为学	Organizational Behavior
工业与组织心理学	Industrial and Organizational Psychology
聚合模型	Aggregation Model
时间节奏	Temporal Pacing
团队绩效	Team Performance
工作流结构	Workflow Structure
团队心智模型	Team Mental Model
战略人力资源管理	Strategic Human Resource Management
实地研究	Field Study
心理安全感	Psychological Safety
关系冲突	Relationship Conflict
人才管理	Talent Management
敬业度	Employee Engagement
选拔技术	Selection Techniques
高绩效工作系统	High Performance Work System, HPWS
最佳实践	Best Practices
薪酬	Compensation
福利	Benefit
工作和工作设计	Job and Work Design
招聘和选拔	Recruitment and Selection
员工关系	Employee Relations
沟通	Communication
升职	Promotion

退出	Withdrawal
资源基础观	Resource-Based View
组织氛围	Organizational Climate
资产回报率	Return on Equity, ROE
职业发展	Career Development
工作灵活性	Work Flexibility
员工参与	Employee Participation
信息共享	Information Sharing
组织公民行为	Organizational Citizenship Behavior, OCB
工作满意度	Job Satisfaction
组织承诺	Organizational Commitment
组织支持感知	Perceived Organizational Support
人力资本	Human Capital
绩效辅导	Performance Coaching
任务澄清	Task Clarification
程序性	Procedural
互动性	Interactivity
自我效能	Self-Efficacy
领导成员交换	Leader-Member Exchange, LMX
非正式反馈	Informal Feedback
政治氛围	Political Climate
正义感	Sense of Justice
调节作用	Moderation Effect
发展计划	Development Plan
终止	Termination
系统等效原则	System Eequivalence Principle
绩效管理相关反应	Performance Management Related Reactions
绩效管理相关学习	Performance Management Related Learning
转换	Transfer
工作态度	Work Attitudes
组织吸引力	Organizational Attractiveness
赋权	Empowerment
幸福感	Wellbeing
创造力	Creativity

任务绩效	Task Performance
反生产行为	Counterproductive Work Behaviors, CWB
组织人力资本资源	Unit-Level Human Capital Resources
涌现因素	Emergence Enablers
劳动生产率	Labor Productivity
组织创新	Organization Innovation
安全绩效	Safety Performance
企业社会责任	Corporate Social Responsibility
旷工	Absenteeism
绩效驱动力	Performance Drivers
管理洁癖/严肃的精神	Spirit of Seriousness
扎根理论	Grounded Theory
治理结构	Governance Structure
资源	Resource
企业家	Entrepreneur
产品与服务	Product & Service
人力资源战略	Strategic Human Resource Management
企业演化理论	Business Evolution Theory
可持续	Sustainable
五力模型	Five Forces Model
企业生命理论	Business Life Cycle Theory
GREP计分卡	GREP Scorecard
GREP人力资源计分卡	GREP Human Resources Scorecard
平衡计分卡	Balanced Scorecard
任职资格	Job Qualifications
数字化时代	the Digital Age
敏捷性	Agility
关键绩效指标	Key Performance Indicators, KPI
自为的各种不同的任务	For-Itself's Various Tasks
缺失的合成	Missed Synthesis
无我	Selfless
自洽	Self-cause
自失	Lost Self
可欲的	Desirable

象征价值	Symbolic Values
自由	Freedom
存在的呼唤	Quest for Being
绩效发生	Performance-genesis
整体	Totality
转换	Transfer
自我调节	Auto-regulation
行动	Action
运算	Operation
节奏机制	Rhythms
平衡	Equilibration
因果—意向—行动—结果	Cause-Intention-Act-End
代入感	Positioning
规划	Project
TTPM框架	Totality-Task-People-Motivation
（考核）背景	Context
（考核）目的	Purpose
（考核）工具/格式	Format
（考核指标）维度	Dimension
锚	Anchor
流程	Process
量表	Scale
角色	Role
目标与关键结果	Objectives and Key Results, OKR
社会权力	Social Power
社会交换理论	Social Exchange Theory
互惠原则	Reciprocity Principle
群体动态	Group Dynamics
人岗匹配	Person-Job Fit
编制管理	Staffing Management
人工成本利润率	Labor cost-Profit Rate
心理契约	Psychological Contract
人才盘点	Talent Mapping

边际生产力理论	Marginal Productivity Theory
道格拉斯科布生产函数	Douglas Production Function
绩效黑箱	"Black Box" in Performance Manangement
大拇指定律	Thumbs-Up Law
任务管理	Task Management
动机管理	Motivation Management
人才管理系统	Talent Management System, TMS
人力资源规划	Human Resource Planning
范式	Paradigm
人员分析七支柱	Seven Pillars of Personnel Analysis
影响力循环	Impact Cycle
规范性人力资源分析	Normative HR Analysis
科学管理原理	The Principles of Scientific Management
数字化人力资源技术	HR TECH
电脑程序	Computer Program
软件应用	Software Application
软件模块	Software Module
应用程序接口	Application Programming Interface, API
企业资源计划	Enterprise Resource Planning, ERP
功能套件应用	Functional Suite Application
核心人力资源管理模块	Core HR Administration
时间管理	Time Management
人力资源分析与规划	HR Analytics and Planning
新兴人力资源管理实践	Emerging HRM Practices
永久账号	Perpetual Licensed Software
定期账号	Subscription Software
人力资源信息系统	Human Resources Information System, HRIS
易变性	Volatility
不确定性	Uncertainty
复杂性	Complexity
模糊性	Ambiguity
数字经济	Digital Economy
客户行为	Customer Behavior
用户偏好	User Preference

消费心理	Consumer Psychology
社会动态	Social Dynamics
胜任力	Competency
组织边界	Organizational Boundaries
网络效应	Network Effects
科层等级式组织	Bureaucratic Organization
零工经济	Gig Economy
共享服务	Shared Service
平台型组织	Platform Organization
个人目标承诺	Personal Business Commitment, PBC
目标管理	Management By Objectives, MBO
绩效回顾	Performance Review
持续绩效管理	Continuous Performance Management, CPM
人才测评	Talent Evaluation
SMART原则	Specific, Measurable, Attainable, Relevant, Time-bound, Smart Principles
目标绩效持续反馈	Goal Objectives Task, GOT
个人发展计划	Individual Development Program, IDP